JOANN'S WEG NAAR ZELFLIEFDE

Volg onze auteurs en boeken ook online.

lsamsterdam

JOANN VAN DEN HERIK

IK BEN
WIE IK BEN

JOANN'S WEG NAAR ZELFLIEFDE

IK KAN ALLES
WAT IK WIL

IK VERDIEN LIEFDE
EN RESPECT

VAN ONZEKER MEISJE TOT CURVY MODEL

UITGEVERIJ LUITINGH-SIJTHOFF

Omslagontwerp Studio Room, Naarden
Omslagbeeld Ryan Hall
Foto p. 6-7 © Nigel Barker, Joann in finale *Curvy Supermodel* 2018
Column *COSMOgirl!* juni 2021 met toestemming gepubliceerd
Foto's Joann op schutbladen © zie p. 288
Opmaak binnenwerk Crius Group, Hulshout

ISBN 978 90 245 9838 0
ISBN 978 90 245 9839 7 (e-book)
ISBN 978 90 245 9976 9 (luisterboek)
NUR 284/450

www.instagram.com/joannvdherik
www.youtube.com/c/joannvdherik
www.tiktok.com/@joannvdherik
www.lsamsterdam.nl
www.boekenwereld.com

Uitgeverij Luitingh-Sijthoff vindt het belangrijk om op milieuvriendelijke en verantwoorde wijze met natuurlijke bronnen om te gaan. Bij de productie van dit boek is daarom gebruikgemaakt van papier waarvan het zeker is dat dit niet tot bosvernietiging heeft geleid.

De voorwaarde
om zélf liefde
te kunnen geven
of ontvangen,
is zelfliefde.

'Look out 'cause here I come
And I'm marching on to the beat I drum
I'm not scared to be seen
I make no apologies, this is me.'
– 'This is Me', uit *The Greatest Showman*

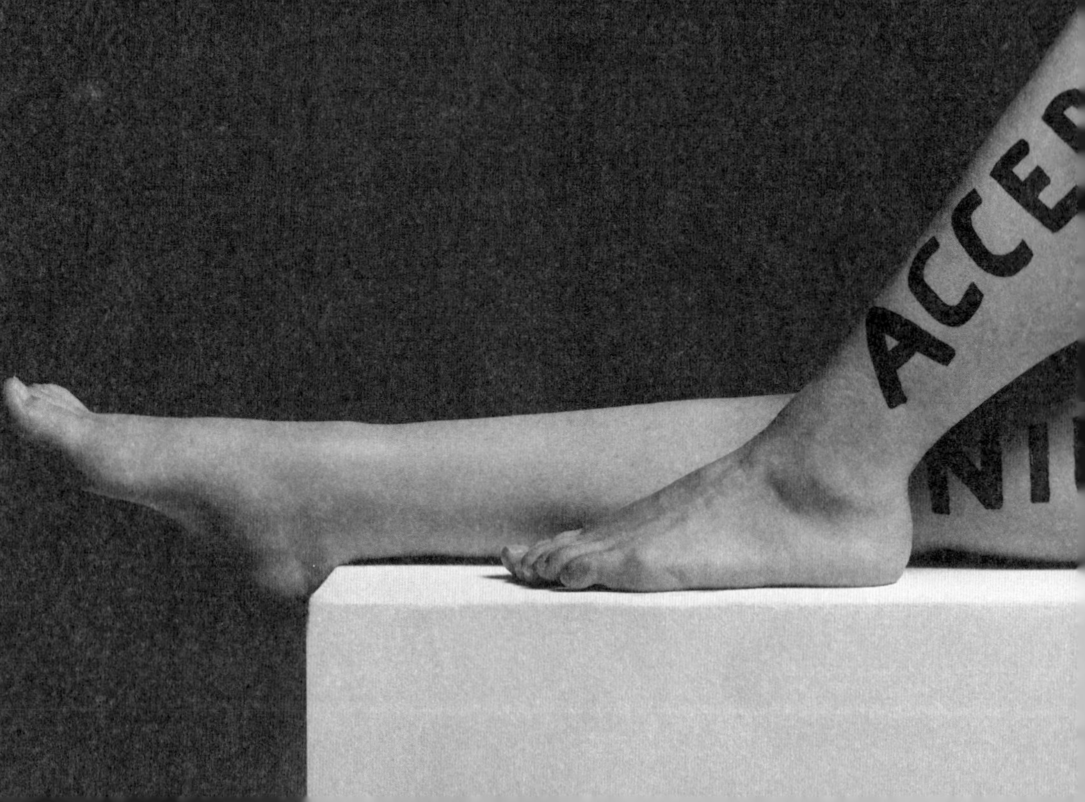

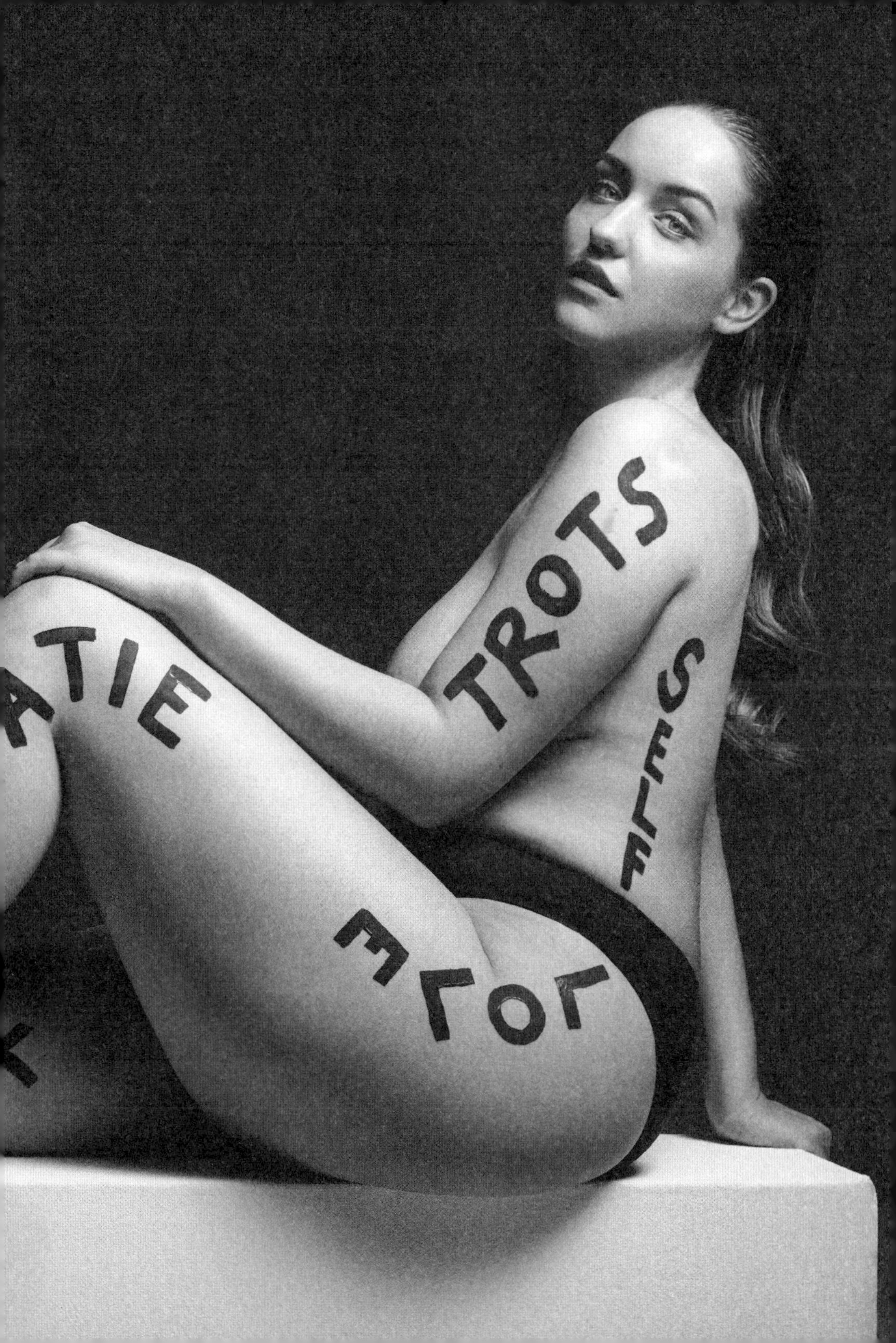
TROTS

PROLOOG

Wat een dikke walrus, bah

Ik hoef geen dikke vrouwen op aarde. Die verzorgen zich gewoon minder goed en zijn erg lelijk

Vol afgrijzen scrol ik verder door de reacties bij mijn online-interview voor *De Telegraaf*.

Dikke, luie mensen zoeken gewoon een excuus om dik te mogen zijn. Kom gewoon van die bank af met je gejank

Accepteer dat je een dik wijf bent dat graag de Mac binnenwandelt

Ga afvallen, jankerd

Wat een goor wijf

Dik zijn staat gelijk aan ongezond en iemand die niet goed voor zichzelf zorgt. Dikke mensen behoren ook vaak tot de lagere sociale klassen en kosten bakken met geld. Afmaken die hap!

Ik zucht en staar naar het telefoonscherm. Waarom dacht ik ook alweer dat het een goed idee was om de comments te bekijken? Een jaar geleden zou ik me bij het lezen van deze hatelijke reacties het liefst hebben opgesloten en me dagen – misschien wel weken – verdrietig, depressief en minderwaardig hebben gevoeld. Ik zou meteen weer aan mezelf zijn gaan twijfelen en er zeker een citroensapkuur of een nieuw dieet tegenaan hebben gegooid – het zoveelste dieet dat zou falen. Want luister: diëten werken niet. Is bewezen. Daarom verdient de dieetindustrie er zoveel geld aan. Je moet namelijk steeds opnieuw beginnen.

Gelukkig maken de opmerkingen me niet meer zo onzeker, maar blij word ik er ook niet van. De gedachten schieten als sissende slangen door mijn hoofd. Waarom denken mensen dat dit oké is? Dat ze iemand mogen uitschelden of uitlachen, alleen maar omdat die persoon dik is? Wat is dat voor onzin? Ik pers mijn lippen op elkaar. Leg je telefoon neer, Joann. Anders vliegt die zo door de kamer. Ik omklem de telefoon zo stevig dat mijn knokkels wit uitslaan. Die vooroordelen ook! 'Dikzak, kom eens van die bank af.' Dat hoor ik zo vaak, hè. Nou, ik heb nieuws voor je: ik zit daar echt niet vaker dan iemand anders. Of dat ik niks aan sport zou doen. JOEHOE, IK DOE HEEL VEEL AAN SPORT! Dat ik ongezond eet. Hoe denken ze dat te weten? Dat ik niet goed voor mezelf zou zorgen. Hello, I'm a model, darling… als ik niet goed voor mezelf zou zorgen, zou ik dat nooit vol houden.

Opeens baal ik van mezelf. Waarom heb ik na al die tijd nog steeds het gevoel dat ik mezelf moet verdedigen? Niemand heeft er iets mee te maken hoe ik leef! Ik ga toch ook niet bij de slijterij mensen staan uitmaken voor alcoholist. Net of dat helpt, trouwens. Als je echt iemand wilt helpen, dan laat je zien dat je er voor deze persoon bent. Dan vertel je ze dat ze er mogen zijn en dat ze liefde en respect verdienen. Liefde kan misschien voor een verandering zorgen, haat nooit.

Ik bedenk me dat deze reacties ook gelezen zullen worden door mijn volgers. Jonge, onzekere meisjes. Meisjes met een maatje te veel of met een eetstoornis. Of jongens die onzeker zijn over hun uiterlijk. En die zouden allemaal de bevestiging krijgen dat dik zijn iets is om je voor te schamen. Dat dik zijn erger is dan doodgaan. Ik weet nog precies wanneer ik dat zelf dacht...

Mijn hand trilt lichtjes en mijn vingers zijn verkrampt als ik de telefoon neerleg. Ik moet hier iets mee. Ik wil laten zien dat iedereen waardevol is en respect verdient. Dat je het recht hebt om van jezelf te houden en gelukkig te zijn. Welke vorm, kleur of gewicht je lichaam ook heeft. Wat zou ik mij begrepen en gezien hebben gevoeld als iemand dat vroeger tegen mij had gezegd. Misschien was ik dan ook iets liever tegen mezelf geweest.

Ik masseer de kootjes van mijn vingers totdat die weer normaal aanvoelen. Dan sla ik mijn handen in elkaar. *Oké, vetzak, kom met die luie reet van de bank af.* Er vormt zich een lach om mijn lippen. Nooit gedacht dat ik daar een grapje over zou maken. Heel lang was alles wat met mijn gewicht te maken had pijnlijk en taboe. Gelukkig zijn de scherpe randjes er nu af. Oké, ik ben dik. Ik heb flinke borsten en volle billen. En benen met tijgerstrepen – mijn nieuwe naam voor striae. Voor tijgerstrepen hoef je je niet te schamen. Ze zijn het bewijs van het gevecht dat je lichaam heeft moeten leveren om je te laten groeien en sterker te maken. Mijn benen met tijgerstrepen, die me naar Londen, Kaapstad en naar New York hebben gebracht voor modellenwerk. Die me over de catwalk laten paraderen of over een rode loper. Misschien niet de allermooiste benen, maar wel míjn benen. Liefdevol geef ik er een klopje op.

Oké, waar was ik? O JA: ACTIE! Ik open mijn laptop en mijn vingers beginnen als vanzelf te typen. Ik weet wat ik wil vertellen. Een verhaal. Mijn verhaal over zelfliefde.

Hoe JoJo leerde vliegen.

DEEL 1

OP DE AUTOMATISCHE PILOOT

1

Nog half in slaap rekte JoJo zich uit en tastte de vloer af naast het bed, waar haar telefoon ongenadig lag te piepen. Ze tikte op het scherm. Nog één keer sluimeren en dan ga ik eruit, dacht ze. Haar bh knelde en zorgde voor een trekkerig gevoel onder haar borst. Stomme tieten. Ze liet zich terugvallen in bed en sjorde de bh omlaag. Door het slapen had deze grote rode striemen achtergelaten op haar huid. Maar ze dacht er niet aan om zonder bh naar bed te gaan. Als het kon, wilde ze zo min mogelijk met die vreselijke dingen geconfronteerd worden. Ze bleef nog even verdwaasd liggen en wreef de slaap uit haar ogen.

'Kom je naar beneden of hoe zit het?' riep haar moeder. JoJo zuchtte, sloeg het dekbed van zich af en zwaaide haar benen over de bedrand. Haar voeten raakten de grond. Ze wogen zwaar, alsof ze geen zin hadden in deze nieuwe dag. Ze pakte haar telefoon en checkte de tijd. Over een halfuur moest ze op haar fiets zitten. Shit, dan moest ze wel opschieten. Ze plukte wat kleren van de grond. Te kort, te laag, niet wijd genoeg, te veel kleur... Uiteindelijk viel haar oog op een grijze sweater die op haar stoel lag. Die kon wel. Ze wurmde zich in een skinny spijkerbroek. Haar telefoon trilde. Snel checkte ze het bericht in de WhatsApp-groep LOVEEE...

Victoria:

Wat denken jullie? Kan dit? Of lijk ik obese in deze outfit?

Ze staarde naar de selfie die Victoria in de spiegel had gemaakt. Ze had een felrood getailleerd jurkje aan. Jezus, wat was die meid knap! En slank. JoJo zou er echt uitzien als een tomaat in zo'n outfit.

Sanne:

Nee hoor, you are perfect

JoJo zag dat Didi ook een reactie aan het typen was.

Perfect. JoJo staarde naar zichzelf in de spiegel van haar kaptafel. Een grote, wijde sweater om haar 80F te verbergen op een te strakke spijkerbroek, waardoor elk rolletje op haar bovenbenen zichtbaar was. Mijn god, wat haatte ze haar benen! Al die putjes, striae en cellulite zorgden ervoor dat ze haar benen het liefst voor de wereld verborgen hield. Net als haar borsten trouwens… en haar buik… en haar billen.

Didi:

Model!!! Die benen ook. FLAWLESS!

Victoria:

Aaaw thxxx girl.

Model. Ze zou er een moord voor doen als iemand haar zo zou noemen. Maar verder dan het volgen van modellen of ze van een afstand aanbidden, zou ze waarschijnlijk nooit komen. Als ze zichzelf met Victoria vergeleek, snapte ze ook wel waarom. Ze moest er iets aan doen, vergeleken bij haar vriendinnen was ze echt huge. Anders zou ze gegarandeerd buiten het groepje vallen. Misschien zo'n sapkuur waarover Victoria het weleens had. 'Hartstikke gezond, meid. En binnen no time helemaal in shape.' Ze kon het haar bijna horen zeggen. JoJo hees haar spijkerbroek op in de hoop de vetrollen glad te trekken. Ze kon niet genoeg shape krijgen…

Terwijl ze zichzelf nog een keer kritisch bekeek, slaakte ze een kreet van ongenoegen. Niet alleen zag ze er in vergelijking met Victoria uit als een zwangere koe, ook zat er een ENORME puist op haar voorhoofd. Ze kon zich niet herinneren dat ze bij haar vriendinnen ooit zo'n joekel had gezien. Bij niemand, nu ze erover nadacht. Zo kon ze niet naar school. Ze sprintte naar de badkamer om haar gezicht wat beter in de verlichte spiegel te bekijken. Het gelige puntje was gespannen en zo groot als de kop van een lucifer. Die moest weg. Ze voelde hun kritische blikken al.

'Jeetje JoJo, zoiets kun je toch niet laten zitten?'

Haar maag draaide om bij de gedachte. Snel pakte ze twee watjes en begon te knijpen, het gele pus spoot tegen het spiegelglas. Bijna direct begon de puist te bloeden. Ze stelpte het bloeden met een stapel natte watten. Code rood. Hier waren serieuze maatregelen nodig. Behendig bedekte ze de puist met een laag foundation. Als een metselaar die een muurtje aan het afsmeren is. Daarbovenop volgde een laag poeder zodat er alleen nog een verdikking zichtbaar was. Tevreden aanschouwde ze het resultaat. JoJo – puist: één-nul.

'JoJo, waar blijf je nou? Het is al laat…' Mama weer. Snel haalde ze een borstel door haar haar en een tandenborstel over haar tanden. Eten deed ze wel op de fiets.

De meiden stonden bij de ingang, hun vaste plek om elkaar op te wachten voordat de les begon. Snel plantte JoJo haar fiets in het rek en liep naar het groepje toe.

'Hey JoJo, was het lekker warm in je bedje?' grapte Victoria, terwijl ze een hand door haar krullen haalde en haar ogen over JoJo's gezicht en lichaam liet glijden.

Er trok een vervelend gevoel door JoJo's buik. Misschien had ze toch iets anders aan moeten trekken... Ze probeerde haar antwoord nonchalant te laten klinken: 'Kleine ochtendcrisis, je weet wel.'

Didi trok een vies gezicht 'Hè bah! Wij kunnen ons geen ochtendcrisis veroorloven, hoor. Right girls?'

JoJo lachte geforceerd en wipte ongemakkelijk heen en weer.

Victoria grijnsde om Didi's verontwaardigde uitbarsting. Al snel ging haar aandacht weer uit naar belangrijkere zaken. 'Oké, waar waren we?' Ze stak een arm door die van Eline. 'Vanmiddag dus. Om drie uur bij jou. En laten we op je slaapkamer gaan zitten. Dan hebben we geen last van je broertje. Of van je moeder.'

Eline knikte. 'Heb jij nog van die maskertjes, Vic? Mijn huid voelt echt niet oké de laatste tijd.'

'O schat, ik heb niet alleen maskertjes! Mijn moeder heeft een nieuwe beautysite ontdekt. Wacht tot je mijn nagellak ziet. To die for!' Victoria keek in JoJo's richting. 'Kom je ook?'

Didi lachte spottend. 'Met zo'n krater kun je wel een maskertje gebruiken.'

Snel gleed JoJo's hand over haar voorhoofd. Blijkbaar toch geen één-nul.

'Of je moet geen hulp willen?' vervolgde Victoria.

'Tuurlijk wel, Victoria,' antwoordde JoJo vlug. 'Graag zelfs.'

'Nou, dat is dan afgesproken,' zei ze voldaan. 'Zien we elkaar na school.' Victoria pakte Didi's hand en trok Eline aan haar arm de school in. Sanne en JoJo haastten zich achter hen aan. 'Let's go, bitches. Anders moeten we straks weer een briefje halen.'

'Kijk, jij hebt gewoon een heel vette huid met grove poriën. Daarom heb je zoveel last van onzuiverheden,' zei Sanne, terwijl ze voorzichtig een watje over JoJo's gezicht haalde en vervolgens de grijze zijde omhooghield.

OMG, zelfs mijn huid is vet, dacht JoJo, terwijl ze in de spiegel de bewegingen van Sanne volgde. Haar oog viel op Didi, die achter hen Victoria's nagels aan het lakken was. Suzi Calls the Paparazzi van OPI. Zelfs haar nagellak was bijzonder. Eline zat naast hen met een romig groen maskertje op haar gezicht. De lucht van nagellak vermengde zich met de frisse komkommergeur van het masker, waardoor de slaapkamer net een schoonheidssalon leek.

'Geloof me, JoJo, hydrateren is key,' had Eline met een veelzeggende knipoog beweerd. Vol bewondering gluurde JoJo naar het tafereel achter zich. Het was duidelijk dat Victoria, Didi en Eline helemaal op elkaar waren ingespeeld. Vol overgave deelden ze de laatste trends op beautygebied: fijne lipscrubs, beautyblenders, whiteners, highlighters. Noem het op en het kwam voorbij. Ze kwebbelden alsof ze de producten zelf hadden uitgevonden.

'OMG, nu je het zegt. Niet normaal hoe lang ze zijn!'

'Ja, én helemaal natuurlijk, hè.' Victoria knipperde een paar keer overdreven. Ze had er duidelijk plezier in.

'En je gebruikt het alleen voor het slapengaan?' De grote ogen in Elines groene gezicht gaven haar een komische uitstraling.

'Jaaa, één streepje boven elke wimperrand, je weet niet wat je meemaakt. Chill, toch?'

'Megachill,' verzuchtte Eline.

'Ik moet er natuurlijk wel goed uitzien bij die casting.'

'Waaaat? Niet! Je mag komen?' Didi stootte bijna het nagellakpotje om.

'Hm.' Victoria rechtte haar rug en schudde haar haar over haar schouders. Ineens was ze het natuurlijke middelpunt van de kamer.

'Ze waren erg onder de indruk.' Het klonk triomfantelijk.

'O, ik weet zeker dat jij die job gaat krijgen. Honderd procent,' kirde Eline.

'Duizend procent,' beaamde Sanne.

Stilletjes nam JoJo Victoria via de spiegel op. Natuurlijk zou Victoria die job krijgen. Ze was het toonbeeld van schoonheid: superslank, lang blond krullend haar, blauwe ogen, een perfecte huid en vrolijke kuiltjes in haar wangen. JoJo moest zich beheersen om haar niet continu aan te staren. Dat iemand zo knap kon zijn. Naar eigen zeggen deed ze er niet zoveel aan. Ze keek van Victoria terug naar haar eigen spiegelbeeld en voelde een zweem van jaloezie. Haar huid was rood en glimmend van de lotion en er zat een dikke bobbel met schilfertjes op haar voorhoofd. Dat uitknijpen had ze niet goed aangepakt. Tenminste, dat zei Sanne. Je moest nooit knijpen en het al helemaal niet met make-up proberen te camoufleren. Waarom had ze niet een klein beetje van de schoonheid van Victoria? Iets wat haar ook een casting zou kunnen bezorgen, of een modellenjob. Ze zuchtte. Zelfs al had ze iets van haar schoonheid, dan was haar kont nog steeds te groot. Dus dream on.

'Precies! Welke normale meid wil er in hemelsnaam in een jongensteam spelen?' Didi was inmiddels begonnen aan Victoria's andere hand, en probeerde een punt te maken door het nagellakkwastje heen en weer te zwaaien. Eline volgde het gesprek met een geamuseerd lachje op haar gezicht. 'Dan spoor je toch niet helemaal. Alleen al daarom kon het niet goed gaan.' Didi trok haar neus op. 'En hoe die meid zichzelf ook kleedt... Hoe zal ik het zeggen? Not our type of girl.'

'Over wie gaat dit?' fluisterde JoJo, terwijl ze Sanne aanstootte.

Sanne keek haar veelbetekenend aan. 'Aniek. Je weet wel, die bij ons bij kunst zit? Victoria heeft haar uit ons groepje gezet. Net voordat jij dit jaar bij ons in de klas kwam. Persoonlijk vond ik haar wel aardig, eigenlijk.' Peinzend staarde Sanne naar haar nagels.

JoJo kende Aniek eigenlijk alleen van gezicht. Ze hadden een paar vakken samen en ze herinnerde zich vaag dat ze haar vorig jaar weleens bij het groepje had gezien. Ze keek weer naar Victoria, die vol overgave haar nagels aan het droogblazen was. Even borrelde er een onbehaaglijk gevoel omhoog: zouden ze haar ook zomaar uit het groepje kunnen gooien?

'Is dit niet veel te ordinair?' Victoria bekeek kritisch de kleur op haar linkerhand.

Didi stopte met lakken. 'Wat? Echt niet! Dat roze is juist perfect!'

Eline knikte driftig met haar hoofd. 'Ja, dit is dé kleur van de Hollywood collection. "A classic pink polish that the camera won't miss."' Eline kende de slogan uit haar hoofd. 'Past precies bij een aanstormend model, zou ik zeggen.'

Victoria stak haar hand omhoog. 'Wat vind jij, JoJo?'

JoJo slikte. 'Eh... ik denk dat een filmsterrennagellak jou op het lijf geschreven is?'

Victoria glimlachte goedkeurend. 'Dan laat ik het nog even zitten. Kijken of ze er bij de casting ook zo over denken.'

JoJo trok een wenkbrauw op. Mocht je met nagellak naar castings? De modellen die zij volgde, zeiden altijd dat je zo naturel mogelijk moest gaan. Zou ze er een opmerking over maken? Ze staarde naar hen via de spiegel. Victoria babbelde alweer druk met Eline over een of andere guy terwijl Didi het kwastje in de nagellak doopte om het karwei af te maken. Ze stelde zich voor hoe het gesprek stil zou vallen. En hoe Didi haar met rollende ogen en een spottend lachje zou onderbreken. Zeg nou zelf, wie zou er meer verstand van hebben?

Haar huid begon te tintelen toen Sanne haar wangen bewerkte met een koude, korrelige substantie.

'Nou als deze scrub niet helpt, dan weet ik het ook niet meer, JoJo,' zei ze lachend.

Nee, besloot JoJo, ze kon beter haar mond houden. Zeker tegen Didi. Didi was de nummer twee in het groepje, Victoria's secondant. Kwam je aan Victoria, dan kwam je aan haar. Waar Victoria je kon laten vliegen, kon Didi je met scherpe opmerkingen meedogenloos neerhalen. Maar zo bedoelde ze het niet. Tenminste, dat zei Victoria. Didi had lang donkerbruin haar, een getinte huid en een atletisch lichaam met strakke billen en ronde stevige borsten. Didi en Victoria konden samen altijd rekenen op veel bewonderende blikken, niet alleen van de jongens en zeker niet alleen van de leerlingen. Een femme fatale en een engel. Eline en Sanne waren iets gewoner, maar nog steeds zo knap dat JoJo vandaag nog met hen zou willen ruilen. Eline had steil donkerblond haar dat ze vaak in een paardenstaart droeg. Ze had een huid als porselein en groengrijze ogen. Een rij helderwitte tanden maakte het geheel af. Sanne was heel dun en fijntjes, had rossig krullend haar met vrolijke sproetjes en een paar lippen waar JoJo jaloers op was. Iedere dag prees ze zich gelukkig dat zij, de doorsnee dikkerd, ooit in dit iconische groepje was opgenomen. Op school keurden maar weinig leerlingen haar een blik waardig en als ze dat al deden, dan was het alleen om haar met Victoria, Didi, Eline of Sanne te vergelijken. Want zeg nou zelf: ten opzichte van hen scoorde ze zwaar onvoldoende.

Met een warme washand poetste Sanne de restanten van de scrub van haar gezicht. Hij gleed over haar grove neus en de te dunne lippen. Een magere vier, áls ze dat al haalde. Haar ogen konden er wel mee door. Maar ja, wie zag die in zo'n gezicht...

'Vic, moest ik nou dit maskertje op doen bij JoJo?' Sanne hield een potje omhoog.

'Is dat het kleimasker voor een vette, onzuivere huid?'

'Yup.'

'Ja, die is perfect. Je mag hem wel houden, JoJo. Ik kan daar toch niets mee. Elke week een of twee keer gebruiken. Doet wonderen. Zeker met zo'n huid.'

Met een spateltje begon Sanne het masker aan te brengen. De natte, koude smurrie hechtte zich snel aan haar wangen en voorhoofd.

'Let op, nu worden de onzuiverheden pas echt je poriën uit gezogen.' Sanne nam haar werk als JoJo's redder erg serieus. 'Meid, jij krijgt straks een glow, dat wil je niet weten.'

Victoria keek toe hoe Sanne het grijze goedje over JoJo's gezicht uitstreek. 'Zodra mijn nagels droog zijn, heb ik nog wel wat meer producten voor je.'

JoJo keek verrast op. 'Bedankt, Vic, zo lief van je.'

'Geef haar ook meteen die poederdeo,' zei Didi, terwijl ze het nagellakpotje dicht draaide. 'Die moet ze echt zo snel mogelijk gaan gebruiken.'

JoJo merkte op hoe Victoria snel een blik wisselde met Eline en verstarde. Net als de klei die indroogde op haar huid. Bedoelde Didi nou dat ze stonk? Hadden ze het daarover gehad?

'Wat Didi wil zeggen, is dat die deo echt geweldig is,' verbeterde Eline Didi snel.

'Ja, zeker als je wat voller bent. Dan zweet je nou eenmaal wat meer.' Victoria stond op en gaf JoJo een geruststellend klopje op haar schouder. 'Don't worry, we got your back. Daar zijn we vriendinnen voor. Toch?' Ze richtte haar blik op JoJo's spiegelbeeld. 'Heb je weleens overwogen om je gezicht wat te shapen?'

JoJo wilde haar vragend aankijken, maar het masker maakte haar gezicht uitdrukkingsloos. Victoria stak haar vinger uit, raakte het ingedroogde masker aan en streek voorzichtig over JoJo's neus en jukbeenderen. Het kriebelde, alsof haar gezicht elk moment zou kunnen afbrokkelen. 'Je weet wel, met een bronzer je gezicht contouren. Dat zou echt veel voor je kunnen doen.' Haar vinger gleed langs JoJo's haarlijn. 'Daar zou ik me eens in verdiepen als ik jou was. Op YouTube staan megaveel tutorials. Gewoon even zoeken op shapen of contouren.'

Eline zuchtte bewonderend. 'Wat een goeie tip, Victoria. Dat ik daar niet aan gedacht heb!' Ze richtte zich tot JoJo. 'Je zou echt een veel minder rond gezicht krijgen. Scheelt zo een paar kilo!'

JoJo staarde met verwonderde ogen naar haar grijze gezicht in de spiegel. De klei was inmiddels hard en vormde scheurtjes op haar voorhoofd. Een paar kilo lichter door make-up? Dat was de moeite waard om te onderzoeken…

IK MOET
VERANDEREN.

IK BEN DIK
EN LELIJK.

MIJN DROMEN
KOMEN NOOIT UIT.

2

JoJo keek in de grote ronde spiegel van haar kaptafel. De kaptafel was antiek, waardoor het enigszins verweerde glas haar spiegelbeeld vervaagde. Maar het meubel was van haar oma geweest en dus kon JoJo het niet over haar hart verkrijgen om hem weg te doen. Hoewel het beeld in de spiegel niet haarscherp was, kon ze moeiteloos aangeven wat er mis was met haar. Haar neus was te groot, haar kaaklijn niet scherp genoeg en haar cheekbones verstopt onder een laagje vet. Er zat een donkere schaduw op haar bovenlip, die trouwens veel te dun was, en haar tanden waren te geel. En te klein. En niet kaarsrecht. Op social media had iedereen een rij mooie witte tanden, zoals Eline. Niet zoals JoJo. En als ze al een imperfectie hadden dan was het iets bijzonders, zoals een spleetje tussen de voortanden of een speciaal moedervlekje boven de lip of leuke sproetjes op de wangen. Geen puistjes, haartjes of littekentjes. Aan die donkere haartjes op haar bovenlip moest ze echt iets doen. Ze leek wel een man.

JoJo zuchtte, de ontevredenheid nestelde zich in haar binnenste en schuurde tegen haar buikwand. Waarom was er zoveel mis met haar? En waar moest ze beginnen? Want behalve dat ze niet knap genoeg was, was ze ook nog eens veel te dik. Als ze de magazines moest geloven zeker een paar maten. Je haalde zo'n blad niet als je een maat groter dan 36 had, of je moest een bijzondere afwijking hebben. En zij had 42! Victoria had maat 32, of size zero, zoals ze het zelf graag noemde. Didi had meer curves, maar dan wel op de juiste plekken. Bij JoJo was het vet naar haar bovenbenen gezakt in plaats van op haar billen te blijven hangen. Eline zat meer in de richting van maat 36/38 en bij Sanne leek een XS soms nog te groot.

Ze maakte haar blik los van haar spiegelbeeld en pakte haar telefoon. Ze had via de zoekwoorden shapen en contouren een tutorial op YouTube gevonden: Shaping for beginners. Het filmpje beloofde killer cheekbones en de look van een model. Ideaal voor mensen met een vol gezicht. Zoals zijzelf. Ze had het filmpje al meerdere malen bekeken en de producten die nodig waren gekocht. De bronzer, blush, highlighter en make-upkwasten lagen nu uitgestald op haar kaptafel en terwijl ze de tutorial aanzette, plaatste ze de telefoon op het laadje onder de spiegel. Als eerste zou ze starten met de driehoek op haar wangen. Ze pakte een van de kwasten en de bronzer. Die was niet te donker en een klein beetje grijzig. Voorzichtig streek ze de kwast vanuit haar oorschelp in de richting van haar mondhoek. Had ze toch de verkeerde kleur gekozen? *Niet meteen in paniek raken, JoJo, je moet het zo nog blenden.* Goh, ze klonk al een beetje als de make-up artist. Ze grinnikte en stak haar tong uit naar haar spiegelbeeld. Nu de lijn naar boven. Ingespannen zette ze een tweede lijn en kleurde de driehoek lichtjes in. Tijd voor een andere kwast. Ze verwisselde de kwasten en begon de driehoek te vervagen. Ingespannen vergeleek ze haar eigen vorderingen met de beelden van het filmpje. Leek het al ergens op? Haar telefoon begon te trillen. De kwast schoot naar haar kaaklijn. Haar vriendinnen. Ze tikte op hun groepsapp.

Victoria:

Babes… me moeder heeft gedoneerd! Shoppen?

Didi:

Ofc! Nooit genoeg outfits 😊

Eline:

I'm in. Wanneer?

Victoria:

Za? Sanne?

Sanne:

Ja srry, was me huiswerk aan het maken

Didi:

Hw is voor losers. Schrijf het wel over

Sanne:

Ja dat weten we 😊

Didi:

Lol

Victoria:

JoJo?

Ze hadden haar niet eerder mee uit winkelen gevraagd. De kwast trilde in haar hand. Wat als ze erachter kwamen dat ze gelogen had?

Victoria:

?

Didi:

Die zit vast te eten…

Didi:

Sanne:

Died! Doe es normaal

Ze legde de kwast weg en pakte de telefoon van het laadje. Didi vond haar duidelijk een veelvraat. Helemaal als ze zou weten dat ze maat 42 had. Kon ze nog wat afvallen voor zaterdag? Was ze nou maar eerder op internet gaan zoeken. De telefoon gleed langzaam weg in haar warme handen. Ze moest iets zeggen, want iedereen kon zien dat ze de berichten had gelezen.

JoJo:

Ja hoor is goed. Hoe laat?

Victoria:

Za 2 uur voor de Zara

Er volgden twee duimpjes en een groen vinkje. JoJo besloot ook voor het duimpje te gaan. Zaterdag twee uur, dat scheelde weer een halve dag. Ze keek naar de mislukte driehoek op haar gezicht en had ineens geen zin meer om het af te maken. Ze had nu andere dingen aan haar hoofd. De komende dagen moest ze minder eten. Veel water drinken ook. En misschien nog wat afvaltips googelen. Niemand mocht erachter komen dat ze geen 38/40 had.

Het was bijna twee uur toen JoJo het plein op wandelde. De anderen stonden er al. Zo te zien hadden ze het ergens heel druk mee, want ze zagen haar niet aankomen. Ze ving een flard op van hun gesprek.

'Doe jij dat straks maar, Vic. Jij kunt dat goed.'

Didi was de eerste die JoJo opmerkte. Ze stootte Victoria aan, die iets in haar tas propte. 'Jezus JoJo, niet te snel, hè...' Ze rolde met haar ogen.

Het was dat ze haar zelf hadden meegevraagd, anders zou je denken dat ze niet op haar zaten te wachten.

Haar hand trilde toen ze die opstak. Ze had de afgelopen dagen consequent haar brood weggegooid en alleen het fruit en de komkommer opgegeten. Ook had ze elke dag twee liter water gedronken. De eerste dagen ging dat best goed. Tot ze het de derde dag niet meer kon houden en een heel pak pindakoeken en een doosje bonbons had leeggegeten. De verpakkingen had ze onder in de container verstopt. Haar moeder wist toch niet precies wat er in de voorraadkast lag. Dat hoopte ze in ieder geval. Tijdens het avondeten had ze na een paar hapjes aangegeven dat ze geen zin meer had. Haar moeder had haar verwonderd aangekeken. Normaal was ze een prima eter. Ze had gezegd dat ze misselijk was en was naar bed gegaan. Het trillerige gevoel kwam waarschijnlijk door het tekort aan eten, maar de gedachte aan een gezamenlijke paskamer hielp ook niet. Ze keek naar de anderen. 'Heb ik iets gemist?' Eigenlijk wilde ze vragen wat Victoria net zo haastig wegstopte, maar ze wist zeker dat ze dan op een kat van Didi kon rekenen. Daarom slikte ze het wijselijk in.

'Eerst de Zara dan maar?' Victoria's woorden klonken als een vraag, maar dat was het natuurlijk niet. En dus volgde iedereen haar gedwee naar de ingang.

In de winkel kopieerde JoJo het gedrag van haar vriendinnen.

Liep een van hen naar de blousejes, dan begaf JoJo zich naar de blousejes. Trok iemand een jurkje uit het rek, dan keurde JoJo een jurkje. Hield iemand een spijkerbroek voor, dan checkte JoJo een paar modellen. Nooit pakte ze groter dan L, hoewel dat er ook bijna niet hing. XS, S en M in overvloed, meer dan genoeg L en her en der een XL. Ook naar de maatstaven van Zara was ze enorm. Voor de eerste passessie had ze bedankt. 'Ik kan niks vinden. Ik kijk wel hoe het jullie staat.'

De meiden hadden daar genoegen mee genomen en waren in tweetallen giebelend de paskamers in gegaan. Victoria stond echt alles. Als ze een vuilniszak aan zou trekken, zou je nog denken dat het de laatste mode was, bedacht JoJo, terwijl ze het pasfestijn volgde. Didi kon, vanwege haar curves, niet alles hebben qua maat, maar zodra er een beetje stretch in zat, was het resultaat oogverblindend. Eline en Sanne moesten het vooral van bepaalde kleuren hebben. Aardetinten voor Sanne, fellere kleuren voor Eline. Maar geen van hen kwam naar buiten in een outfit die echt niet kon. Wanneer JoJo ging winkelen was ze al blij als ze één outfit kon vinden die wel kon.

Na de Zara was de H&M aan de beurt.

'Nu ben jij, JoJo,' had Victoria gezegd. 'Laten we allemaal een leuke outfit voor JoJo zoeken!' Enthousiast begon iedereen in de rekken te snuffelen, terwijl JoJo er een beetje bedremmeld bij stond.

Uiteindelijk viel de keuze op een babyblauw T-shirt van ribtricot dat Eline had uitgezocht en een gewassen high ankle stretch jeans met een hoge taille die Sanne uit een rek had geplukt. Een goede combi, volgens Victoria. Het shirt was ruimvallend en had een hoge ronde hals, dus een L zou waarschijnlijk geen probleem vormen. De broek was skinny met supersmalle pijpen. JoJo kreeg het al warm bij de gedachte dat maat 42 misschien niet eens zou passen. Toch pakte ze zonder een spier te vertrekken de maat 40 aan. Het was stretch en hopelijk was het haar geluksdag. JoJo wilde naar de paskamers lopen.

'Zal ik meegaan?' Victoria keek haar aan.

'Nee joh, hoeft niet. Ga jij maar met de anderen mee. Jullie hebben al genoeg voor mij gedaan. Zie je zo. Het zal wel druk zijn bij de paskamers.'

Victoria aarzelde, maar haalde toen haar schouders op. 'Oké, tot zo.'

Bij de paskamers was het gelukkig niet zo druk als JoJo verwacht had en ze kon meteen doorlopen. Snel trok ze haar kleren uit en liet deze vallen op het ijzeren bankje aan de muur. Haar ogen ontweken de spiegel. Ze wilde liever niet geconfronteerd worden met haar spiegelbeeld in bh en onderbroek. Daar werd ze altijd stikchagrijnig van. Ze gooide het shirt over haar hoofd. Die paste. Gelukkig waren haar borsten zo zwaar dat ze een beetje in haar bh hingen. Anders had het shirt zeker te strak om haar voorgevel gespannen. De broek was een ander verhaal. Ze besloot te gaan zitten en stroopte hem als een panty om haar kuiten. Zodra die op haar knieën hing, kwam ze overeind. Het lukte haar om haar bovenbenen en heupen in de broek te sjorren. Daarna maakte ze een paar sprongetjes om de broek op de juiste plaats te krijgen. Ze haalde opgelucht adem. Hindernis één was overwonnen. Nu nog dicht. Staand zou dat niet lukken. Daarom plaatste ze haar billen op de grond, dicht bij de muur, stak haar benen in de lucht en liet haar voeten op het bankje rusten. Haar bovenlijf paste precies op de vloer van het pashokje en met ingehouden adem probeerde ze de rits dicht te krijgen. Net toen ze een hap lucht wilde nemen, riep iemand haar naam.

'JoJo, ben je daar?' Victoria.

JoJo wist met moeite een benepen 'Ja' uit te brengen.

'JoJo?'

'Ja, ik ben hier. Wacht even, ik kom eraan.' Haar hart bonsde terwijl ze met ingehouden adem over de grond kronkelde en uit alle macht probeerde om de broek dicht te krijgen. Het slotje zou zeker een deuk in haar wijsvinger achterlaten. Even was ze bang dat ze de rits kapot zou trekken, maar toen schoot het lipje omhoog in de richting van de knoop. Ze haalde opgelucht adem. Stram kwam ze overeind, als een oude vrouw die net een uur grondoefeningen had gedaan. Haar buik leek gevangen in een stalen korset. Maar de broek was dicht en ze kon Victoria onder ogen komen. Snel schoof ze het gordijn opzij.

Victoria's blik gleed over haar lichaam. 'Waar was je? We maakten ons zorgen.'

'Het was druk,' mompelde JoJo, terwijl ze een losgekomen haarlok uit haar gezicht streek.

'Nou, dit kan toch prima?' zei Victoria.

Waarschijnlijk het beste compliment dat ze ooit van haar zou krijgen, dacht JoJo. Ze draaide zich om en bekeek zichzelf in de spiegel. Ze leek naast Victoria wel een reus. 'Ja, kan wel,' beaamde ze en ze haalde haar schouders op. 'Helaas geen modellenfiguur. Maar ja, je kunt niet alles hebben.'

Victoria grinnikte en bekeek haar via de spiegel. 'Bijzonder.'

'Wat?'

'Nou, dat je helemaal niets moois ziet. Je moest eens weten… Anderen zijn jaloers op jouw ogen en je haar.'

Verbaasd haalde JoJo een hand door haar haar. 'Echt?'

Victoria keek opzij. 'Ik zou willen dat ik 's morgens met zo'n bos wakker zou worden. Weet je wat ik allemaal moet doen om… Jeetje, wat heb jij gedaan? Haar oog viel op JoJo's achterkant. 'Je rug zit helemaal onder het stof. Heb je op de grond gelegen of zo?' Ze klopte met haar hand het vuil van JoJo's rug en billen.

'Waarschijnlijk op de grond gevallen tijdens het passen.' JoJo aarzelde even, maar toen graaide ze haar shirt uit het pashokje, knoopte die rond haar hoofd en rolde met haar ogen. 'Die pesthokjes ook... Stofnesten zijn het! Stofhokjes! Stoffokjes...' Het klonk overdreven verontwaardigd en haar haren staken wild uit het provisorisch aangebrachte hoofddeksel.

Even staarden ze elkaar aan. Toen begonnen ze allebei te lachen. Victoria gaf JoJo een paar petsen tegen haar achterste om het laatste stof te verwijderen. 'Haha... stoffokjes.'

JoJo grinnikte. Er trok een warm gevoel door haar buik.

'Eindelijk! Daar zijn jullie.' Didi, Eline en Sanne staken hun hoofden om de hoek.

Victoria trok haar hand gauw terug. Haar lichaam en gezicht vielen meteen weer in de plooi. 'Jezus, moeten jullie ons zo laten schrikken?'

'We moeten nu weg. Eline moet supernodig plassen en ik verga van de dorst.' Aan Didi's ogen te zien was er haast geboden. Niemand zei iets over JoJo's outfit. Zelfs niet over het shirt dat om haar hoofd geknoopt zat.

'Geef mij die kleren,' zei Victoria tegen JoJo, terwijl ze haar blik afwendde. 'Dan schiet ik het wel voor.'

'Zo, dat was op het nippertje.' Eline schoof tussen Sanne en Didi op het bankje. 'Hadden jullie ook iets voor mij besteld?'

'Jij wilde toch een milkshake?' Didi schoof Eline een beker toe.

'Jeetje, wat een grote. Ik weet niet of ik die op krijg, hoor. Ik zit altijd zo vol van een milkshake.'

'Relax, een medium shake is 330 calorieën. Vanavond een keer geen aardappels eten, dan ben je oké.' Victoria keek Eline bemoedigend aan. 'Schijnt sowieso te helpen, koolhydraatarm eten. Echt onvoorstelbaar wat je dan allemaal mag! Slagroom, kaas, worst, spek, mayonaise. Maar niets wat meer dan vijf gram koolhydraten bevat. Dus geen aardappelen, brood, pasta of fruit en alleen bepaalde soorten groenten.'

'Zoveel vet kan toch nooit goed voor je zijn?' Het was eruit voordat JoJo er erg in had. De anderen staarden haar aan alsof ze net had opgemerkt dat ze in hun drankjes had gespuugd.

'Ik bedoel... niet dat ik er verstand van heb, hè,' haastte ze zich erachteraan te zeggen. 'Ik ben duidelijk niet de slankste hier,' zei ze met een lachje.

Victoria schudde meewarig haar hoofd en nam een slokje van haar cola light. 'Als je ervan afvalt, zal het best goed voor je zijn.'

'Over afvallen gesproken.' Didi grijnsde. 'Wie heeft Iris laatst nog gezien? Die is me toch aangekomen, zeg. Echt niet normaal. Zo goor. Ik liep er van de week achter. Kon het niet nalaten om er een foto van te maken. Mijn god, wat een kont!' Didi haalde haar telefoon tevoorschijn en zocht de foto op. 'Moet je kijken.'

Ze gaf haar telefoon door aan Victoria. 'Jezus, wat heeft zij gedaan? Een abonnement op de Mac genomen? Zeggen die ouders daar niks van?' Victoria hield de telefoon omhoog zodat iedereen mee kon kijken.

'Als jouw moeder dit zou zien dan zou ze een spontane hart...'

De vernietigende blik van Victoria zorgde ervoor dat Sanne midden in haar zin bleef steken.

Verbaasd gluurde JoJo in de richting van Eline, maar die keek discreet de andere kant op terwijl Didi zachtjes achter haar hand zat te lachen.

Sanne sloeg haar ogen neer. 'Sorry Vic, ik bedoelde het niet zo.'

Even hing er een ongemakkelijke stilte. Toen wees Victoria weer naar de telefoon die nog steeds in de lucht hing. 'We hadden het dus over Iris.'

'En haar gigantische kont,' zei Didi snuivend.

JoJo liet haar billen over de harde bank glijden. Het zou zo haar kont kunnen zijn. Ze besefte dat de foto stiekem gemaakt was, onderweg naar een lokaal op school. Eigenlijk best een kutstreek. Echt weer iets voor Didi. En waarom zei niemand er iets van?

Victoria, die nog steeds wat geïrriteerd oogde, drukte de foto onder JoJo's neus. 'Kijk, da's pas ongezond.'

Jojo beet op haar lip.

'Ik snap niet dat iemand er zo bij wil lopen,' vervolgde Victoria. 'Tegenwoordig hoeft dat ook helemaal niet meer. Je kan online zoveel tips vinden om af te vallen.'

'O echt?' Eline leunde voorover en sperde haar ogen verder open. 'Waar zoek jij dan op, Victoria?'

De vraag zorgde dat Victoria iets ontspande. 'Nou, zoals ik net al zei "koolhydraatarm" of "keto-dieet". Maar je kunt ook op "vastenkuur" zoeken of "sapkuur".' Ze keek om zich heen en ging wat zachter praten. 'Of je zoekt op insta naar "thin" of "thinspo".' Ze keek de anderen met een veelbetekenende blik aan.

'Thinspo?' JoJo had geen idee waar ze het over had.

Didi liet een spottend lachje ontsnappen. 'Dat is de favoriete tag van meiden die de pro-ana religie aanhangen.'

'Huh?'

'Didi bedoelt dat die tag vaak gebruikt wordt door meisjes met een eetstoornis,' verduidelijkte Sanne.

'Misschien had Iris daar ook eerder op moeten zoeken,' vervolgde Didi met leedvermaak. 'Nu moet ze van haar moeder naar een personal trainer. Eigen schuld, dikke bult. Afbeulen die hap! Moet ze maar niet zoveel vreten.'

Eline schoof haar milkshake weg. 'Ik hoef niet meer. Hier, Sanne, pak jij hem maar. Jij kunt het hebben.'

'Waarom geeft iedereen zijn eten altijd aan mij? Ik kan er niets aan doen dat ik nergens van aankom.' Met een overdreven zucht nam Sanne een slokje. Daarna gooide ze de shake in de afvalbak.

Ook JoJo's zin in een milkshake was verdwenen. De boodschap was duidelijk. Overgewicht is je eigen schuld en iets om je voor te schamen. Misschien moest ze vanavond ook maar het avondeten overslaan. Opeens kreeg ze een idee. 'Victoria?'

Victoria keek JoJo vragend aan.

'Ik zou best wel wat meer willen weten over dat diëten en zo. Zou je mij...'

'Natuurlijk, schat. Daar zijn we toch vriendinnen voor. Nu we het erover hebben...' Ze sloeg met een hand tegen haar voorhoofd. 'Helemaal vergeten.' Ze rommelde in haar tas en haalde een magazine tevoorschijn. 'Ken jij Cameron McCarthy uit de serie *Pretty Amazing*?'

Ja duh, wie kende haar niet. Cameron was hét voorbeeld van schoonheid. Maatje 34 maar toch curvy op de juiste plekken, lang roestbruin golvend haar, blauwe ogen, volle lippen en een paar lange, slanke, perfect gebruinde benen. JoJo volgde haar al een tijd op Instagram. Ieder meisje wilde Cameron zijn, iedere jongen wilde Camerons vriendje zijn. Je kon geen magazine openslaan of je kwam wel een artikel over haar tegen.

'Wat is er met haar?' vroeg JoJo achterdochtig.

'Nou, ze heeft net een interview gedaan voor *GirlsInc*. Daarin geeft ze aan dat ze vroeger ook last had van vetrolletjes. En weet je hoe ze daarvanaf is gekomen?'

'Nee?' Er vormde zich een knoop in JoJo's buik.

'Door skinny tea te drinken en vet te laten bevriezen. Werkt top volgens haar. En nu dachten wij' – ze gebaarde naar Didi, Eline en Sanne, die rondom de tafel zaten – 'dat jij misschien ook iets aan die tips zou kunnen hebben.'

De knoop in JoJo's buik werd een balletje dat pijnlijk heen en weer stuiterde.

'Omdat jij...' Victoria twijfelde even. 'Nou ja, omdat jij ook wel wat aanleg hebt om dik te worden.' Bij het laatste stukje van de zin haalde ze haar neus op. Ze kreeg het woord 'dik' maar moeilijk over haar lippen. Ze gaf JoJo het magazine. 'Hier, voor jou. Ik denk dat het je kan helpen om meer zelfvertrouwen te krijgen.' Met haar grote, blauwe ogen keek ze JoJo aan. 'Dat gun ik jou. Echt. Én er staan tips in hoe je meteen al dunner kunt lijken met maat 42...'

Het stuiterende balletje werd een ballon, die ongecontroleerd tegen JoJo's binnenste flapperde. WAT? Er knapte iets in haar. Ze had zich zo goed voorbereid. Ze had de afgelopen dagen nauwelijks iets gegeten, in de winkel precies dezelfde kleding bekeken, zich net in die maat 40 gewurmd. Victoria had zelfs afgerekend! Hoe kon dit? Wat moesten ze wel niet van haar denken! MAAT 42 IS ENORM. Ze wilde dood. Hier, nu, aan deze tafel. Ze hoorde iedereen al over haar fluisteren. Die JoJo is echt OBESE! Erger nog dan Iris. Holle Bolle Gijs in het kwadraat. Ze slikte en probeerde zich groot te houden. 'Dank je, ik zal ernaar kijken.' Ze pakte het magazine aan, haar mond was kurkdroog.

Didi gaf Victoria een knikje met haar hoofd.

'O ja, nog even over morgen,' vervolgde Victoria op zakelijke toon. 'Je kunt eigenlijk niet mee. Didi mag maar drie mensen uitnodigen van haar moeder.'

'Dat is niet erg, toch? Het is maar voor een keertje,' fleemde Eline. 'Bij mij kun je gewoon weer meekomen. Trouwens, Sannes moeder doet ook nooit moeilijk. En ik zou toch zo snel mogelijk dat magazine gaan lezen, als ik jou was.' Ze sloeg een arm om JoJo heen. 'Misschien kun je er dan meteen mee beginnen...'

'Shit! Halfzes al? Ik moet ervandoor, anders krijgen ze thuis een hartflip.' Didi graaide haar spullen bij elkaar.

'Wacht Died, ik ga mee.' Victoria stond op. De anderen volgden haar voorbeeld.

Voordat JoJo het goed en wel doorhad, was iedereen verdwenen en zat ze alleen aan het tafeltje. Ze staarde naar het magazine in haar hand. Ze voelde haar ogen vollopen.

'Gaat het wel?' Er landde een warme hand op haar schouder.

Met een schok kwam ze overeind. Ze keek midden in het gezicht van een meisje. Iemand. Het was Aniek van school, besefte ze. Snel probeerde ze zo normaal mogelijk te doen. Het magazine glipte uit haar hand en gleed onder de tafel.

'Je ziet er een beetje verloren uit.'

'Hm, ik ben oké.' JoJo wilde niet dat ze haar tranen zou zien en bukte om het magazine op te rapen.

'Aniek? Aniek, kom je?'

JoJo onderscheidde een gedaante bij de deur.

Aniek keek over haar schouder. 'Effe wachten, Tom, ik kom zo.'

JoJo knipperde haar tranen weg en volgde Anieks blik. Een slungelachtige jongen met donkerblond haar staarde haar een beetje schaapachtig aan. Hun blikken kruisten elkaar en zijn hand ging voorzichtig omhoog. Aarzelend groette JoJo terug.

Aniek keerde zich weer naar JoJo. Ze hield haar hoofd schuin terwijl ze haar aandachtig bestudeerde. 'Weet je het zeker?'

JoJo kwam overeind, frommelde het magazine achter haar rug en veegde een hand over haar gezicht. 'Ja, ik weet het zeker. Dank je wel, Aniek.'

'Nou, tot morgen dan?'

'Ja, tot morgen.'

Aniek rende naar de deur. Een felgekleurde kimono-achtige blouse wapperde achter haar aan. Ze sprong omhoog en wilde haar vuist op de schouder van de jongen laten landen, maar hij wist haar behendig te ontwijken.

'Je wordt traag, ouwe,' zei de jongen grinnikend.

Zijn gezicht kwam JoJo vaag bekend voor. Zat hij ook niet bij haar op school?

Voordat de deur dichtviel, draaide hij zich nog een keer om, glimlachte en stak zijn hand op.

DIK ZIJN IS
MIJN EIGEN SCHULD.

IEDEREEN IS PERFECT
BEHALVE IK.

IK VERDIEN
GEEN VRIENDSCHAP.

Kom uit je negativiteit.
Maar hoe?

Ga nu zelf aan de slag!
Kijk op hypnomaster.nl/joann voor
een speciaal onlineprogramma
en zet je eerste positieve
stappen naar de new you!
xoxo Joann

3

Ze staarde naar de cover van het magazine. Cameron McCarthy staarde naar haar terug met een paar perfecte blauwe ogen. OOIT WAS IK ONZEKER, stond er bij haar foto. *Jaja, en ooit vond jij jezelf lelijk, natuurlijk.* JoJo zuchtte en keek van de cover naar haar spiegelbeeld. Kon dit ooit goedkomen? Het was niet vreemd dat ze haar niet meenamen. Ze was niet echt moeders mooiste en dan ook nog eens veel te dik. Zou ze zichzelf meenemen? Dat ze daarover twijfelde zei al genoeg. Maar als ze zou afvallen, als ze ook in een maatje 36 of 38 zou passen, dan zou alles anders zijn. Want dunne mensen zagen er gewoon beter uit. Dan kon ze ook coolere kleding kopen en zou iedereen zeggen: 'Meid, wat heb jij gedaan? Je ziet er goed uit! Zullen we iets gaan doen?' Zelfs een keertje Mac was dan geen probleem. Want dan straalde je niet uit dat je een hongerige veelvraat was. Zeg nou zelf. Met een dikkerd aan tafel leek het eerder een vreetclubje dan een vriendinnengroep. Niet dat ze zoveel at. Maar ja, met zo'n maat leek dat natuurlijk wel zo.

Snel bladerde ze naar de tips om dunner te lijken.

Tip 1: geef je borsten een push-up.

Bleh, die wilde ze juist een push-down te geven door ze zo veel mogelijk te verstoppen. Haar moeder had gezegd dat ze beter truitjes en blousejes kon kopen met een wat lagere hals omdat ze dan slanker zou lijken. Zelf deed ze dat ook. Maar dat was echt de slechtste tip ever. Stel je voor dat iedereen zou zien dat ze van die ballonnen had. Nee, een hoge hals en zo wijd mogelijk. Thank you. Next!

Tip 2: Voorkom dat je buik opzwelt.

Oké, hoe werkte dat?

Geen koolhydraten eten, las ze.

Dat zei Victoria ook al. Dat brood moest ze dus maar blijven weggooien.

Weinig zout eten en niet meer dan een vuistvol opscheppen per maaltijd.

Een vuistvol, dat was wel weinig. Kon ze dat volhouden?

En als dat niet werkt: koop corrigerend ondergoed of een korset.

Wat?

Dé manier om snel en makkelijk het figuur van je dromen te krijgen. Let op, overmatig gebruik van een korset geeft risico's.

Maar dan ben je wel slank… Zou ze haar moeder kunnen overhalen om een korset te kopen? Maar die risico's dan? Aan de andere kant: als er niet eens bij stond wat de risico's waren, dan zou dat best meevallen, toch? Misschien kon ze er een van haar zakgeld kopen. Dan kon ze eindelijk die hoge jeans combineren met een wijde crop top…

Ho, nu niet afdwalen! JoJo richtte haar aandacht weer op het magazine.

Tip 3: Trek je knieën wat omhoog en trek je buik in als je gaat zitten. Zo vestig je de aandacht op je bovenlichaam en op je knieën en krijgt het vet op je dijen een lift. Een soort virtuele liposuctie.

Liposuctie. Een paar van die meiden uit het programma *Temptation* hadden dat gedaan. Plaatselijk vet wegzuigen op je buik of je bovenbenen. Het werkte, want in die programma's zat echt iedereen strak in zijn vel… Een echte liposuctie zou mama vast niet goed vinden, maar als ze het op deze manier kon bereiken: waarom niet!

JoJo ging op de grond voor de spiegel zitten om de juiste houding te vinden. Scheelde het iets? Ze maakte een selfie. Voor

Instagram. Ze moest wel blijven plaatsen, wilde ze geen volgers verliezen. Niet dat ze er veel had...

Tip 4: Drink veel water. Zo blijf je gehydrateerd, heb je minder honger en voorkom je lelijke oneffenheden van je huid zoals cellulitis of striae.

Cellulitis en striae. Ja, daar kon ze over meepraten. Ze trok haar sweater omhoog en bekeek de strepen op haar buik. Afschuwelijk! Ze had de afgelopen zomer geprobeerd ze weg te werken met waterproof foundation toen ze met vriendinnen wilde gaan zwemmen. Tegen water kon de foundation wel, maar er zaten allemaal bruine strepen op haar nieuwe bikini. Vanaf dat moment had ze besloten dat het veel verstandiger was om gewoon niet meer mee te gaan. Dat was voor iedereen beter. Zelf hoefde ze dan niet met een knoop in haar buik door het zwembad te lopen en haar vriendinnen voelden zich ook minder opgelaten. Want iedereen zag je, hè. Ze probeerde altijd zo voorzichtig mogelijk het water in te gaan, zodat er geen water op zou spatten. Want tja, hoe meer gewicht, des te meer geluid en golven.

'Zeekoe,' had een groepje stoere gasten haar genoemd. En niemand had het voor haar opgenomen. Het liefste was ze door de grond gezakt.

Tip 5: De laatste tip om slanker over te komen: bewerk je foto's. All of them! Vervolgens volgde een lijstje met apps die je daarvoor kon gebruiken. Let op probleemgebieden als buik, billen, borsten. Een grote kont was oké, maar dan wel strak en gelift.

Nou, dat kon ze vergeten. Haar kont was groot en plat. Ze zag op social media steeds meer meiden voorbijkomen met prachtige grote, ronde billen, een wespentaille en puntige borsten die sexy de camera in keken. Haar taille was op zich prima, maar haar billen en borsten werden door de zwaartekracht niet de camera in getrokken, eerder de grond.

Met de apps kon je ook je gezicht een frisse touch-up geven: je ogen en lippen vergroten, je neus verkleinen en je cheekbones accentueren. Een soort grote verdwijntruc, zeg maar. Bye lelijke meid, hello knappe chick! Misschien moest ze dat eens proberen. Ze zocht een app die in het magazine werd genoemd. Die Cameron had maar geluk. Die hoefde haar foto's niet te bewerken, die was mooi van zichzelf. Ze opende haar selfie in de zojuist gedownloade app. Via het knopje Face kon ze met een schuifje haar ogen, neus, wenkbrauwen en lippen vergroten of verkleinen. Eerst de lippen maar. JoJo schoof het knopje iets naar rechts en haar lippen werden voller. Ze constateerde hoe ze langzaam veranderde van de dochter van Cruella de Vil in het jonge zusje van Angelina Jolie. Nou, die kon best helemaal naar rechts. Dan de neus. De stevige vorm werd een elegant wipneusje. Daarna nog wat bredere wenkbrauwen en een tikje grotere ogen. Eigenlijk vond ze haar ogen best prima, maar nu ze toch bezig was, kon ze het niet laten om een echt instawaardige versie van zichzelf te maken. Tevreden bekeek ze het resultaat. Ze had nu wel iets weg van die perfecte meisjes die ze op social media volgde. Via de knop Reshape kon ze haar figuur bewerken. Nadat ze haar billen, buik en borsten een fantastische zandloper make-over had gegeven, klikte ze op Retouche. Vooral de krater op haar voorhoofd verdiende aandacht. Tot slot kon ze nog een filter te kiezen. Ging ze voor 'Golden Hour' of 'Vintage'? Nee, 'Influencer' was wel geschikt voor haar nieuwe ik. Ze grinnikte. JoJo sloeg de foto op en plaatste hem direct op haar instafeed en vervolgens door in haar story met als kop: NEW POST! Zo zouden waarschijnlijk meer mensen de foto zien en kon ze hopelijk rekenen op extra likes of volgers. Vol spanning keek ze naar de zojuist geplaatste foto. Ze ververste het scherm een paar keer, zodat ze de actuele stand van zaken bij kon houden. Hm, tien likes, dat was nog niet echt veel. En geen reacties. Ze moest wat meer geduld hebben. Ze scrolde door haar tijdlijn.

Mooier, slanker, fantastische benen, topmodel... Weer een beauty in bikini op een droomlocatie. *Zo'n platte buik ga ik dus nooit van mijn leven krijgen*, verzuchtte ze, terwijl ze in haar vetrollen kneep. Waarom lijkt het of de HELE wereld een perfect lichaam heeft? Waarom heeft NIEMAND last van haartjes, puistjes, putjes, wallen, strepen, rollen of vet haar? Zou er iets mis zijn met haar? In gedachten tikte ze op de zoekfunctie, waardoor ze uitkwam op haar ontdekpagina. Meteen vulde het scherm zich met tientallen foto's en filmpjes van modellen en celebs. Haar oog viel op een plaatje onder in het scherm. WTF, die meid was echt wel dikker. JoJo tikte op het plaatje. Er stond een titel bij in opvallende kleuren: 'Deze week in *TopMagazine*: Elke body een bikinibody'.

Zo! Die durfden. Ze checkte de caption.

'Maddy heeft maat 46 en laat zich niet meer de wet voorschrijven. Ieder lichaam mag volgens haar gezien worden en verdient respect. You go girl! The world needs more you. #bodypositive.'

Bodypositive? Lichaamspositief?

Haar oog viel op de reacties:

😫
Vet varken, die verdient geen respekt
Zij promoot gwn obesitas
Trek ff iets aan dikke trol

Haar maag trok samen. Bodypositive. Wat dacht ze? Je kon wel net doen of er niets aan de hand was en lekker positief in je bikini op de foto gaan staan, maar dan kreeg je gewoon wat je verdiende: haat.

Ze bladerde door het magazine. Ze moest dat artikel over Cameron nog lezen. Het ging over de tijd dat Cameron van screentest naar screentest werd gestuurd. De audities waren stressvol en maakten haar onzeker. Dit veroorzaakte eetbuien en leidde tot vetrollen en maatje 36. Ze voelde zich groot en opgeblazen.

O jee, van maat 34 naar maat 36: het einde van de wereld, dacht JoJo sarcastisch. Ze zou willen dat ze maat 36 had!

Maar goed, dik zijn maakte dus zelfs Cameron McCarthy onzeker. Hierdoor ging ze zich verdiepen in natuurlijke manieren om af te vallen. Ze stuitte daarbij op skinny tea. Volgens Cameron echt een wondermiddel. Met twee kopjes per dag kon je jezelf ontgiften én slank drinken. 100% natuurlijk, dus zonder risico. THE MIRACLE OF TEATOXING, stond er groot bij. JoJo klonk het als muziek in de oren. Jezelf reinigen terwijl de kilo's eraf vliegen? Sign me up!

Ook was er een kliniek die Cameron eenvoudig afhielp van haar laatste vetrolletjes door ze te bevriezen. Bevriezen? Yes, bevriezen! Zonder operatie of verdoving, helemaal veilig en met blijvend resultaat.

JoJo ging rechtop ging zitten. Nog een wondermiddel!

Ze zocht of het artikel extra informatie bevatte over het vet bevriezen of de skinny tea, maar het laatste deel ging alleen nog over de serie *Pretty Amazing*. Ze besloot ze allebei te googelen. Toen ze haar telefoon oppakte, zag ze dat haar post al flink wat meer likes had gekregen. Dat bewerken was echt een wereldtip! Tevreden googelde ze op 'vet bevriezen'.

Meteen kreeg ze een scherm vol resultaten.

Af van dat hinderlijke vet?

Gezond, mooi en slank? Bevries je vet.

Een misselijk gevoel zette zich vast in haar buik. Was er iets ergers dan dik zijn? Ze klikte op een van de vermeldingen.

Cryolipolyse is een veilige en effectieve methode om vetcellen te bevriezen.

De plaatjes logen er niet om: prachtige mensen met strakke lichamen lachten JoJo toe.

Bijwerkingen zijn zeldzaam.

Ook goed. Ze scrolde door naar de kosten. Afhankelijk van het aantal behandelingen varieerde dit van 200 euro tot 2000 euro. Dát was een probleem. Misschien kon ze ervoor sparen? Maar ja, dan moesten haar ouders er ook mee instemmen. Teleurgesteld checkte ze de thee. Dat zou wat makkelijker te verbergen zijn. Ook bij de zoekterm 'skinny tea' waren de resultaten talrijk.

Snel even wat kilo's kwijt?

Nooit meer dik en opgeblazen!

Een verpakking met vrolijke kleuren trok haar aandacht. Gekozen tot product van het jaar. Dat moest een goede keuze zijn. Ze maakte aanstalten om de thee online te bestellen, maar bedacht zich dat het pakketje dan thuis aan zou komen. Mama ging natuurlijk meteen vragen stellen als dit bij de post zat. Misschien kon ze Victoria om hulp vragen? Zij zou wel een manier weten. Victoria wist voor elk probleem een oplossing. En problemen had JoJo zeker.

NIETS IS

GOED AAN MIJ.

Zo makkelijk is het om je foto met een app te bewerken

IK BEN RAAR.

ANDEREN ZIJN

ZOVEEL BETER

DAN IK.

4

JoJo bekeek de verpakking aandachtig.

21 ZAKJES MET LIEFDE, stond erop.

Als het waar was wat de thee beloofde, dan zou er zoveel liefde volgen dat het haar zou duizelen. Liefde voor zichzelf, liefde voor haar lichaam, liefde van haar vriendinnen en misschien zelfs liefde van een jongen... Bij die gedachte kleurden haar wangen rood. De verpakking bevatte twee soorten thee: een voor de ochtend en een voor de avond. Beiden bestonden uit een mix van natuurlijke kruiden zoals gember, citroengras, Chinese oolongthee, senna, zoethout en pepermunt. De ochtendthee hielp het lichaam om voedsel om te zetten in energie en vet te verbranden en de avondthee ontgiftte het lichaam op natuurlijke wijze.

Gegarandeerd het hele jaar een bikinibody, stond erbij.

Wat een geluk dat Victoria de thee voor haar had willen bestellen. Ze mocht het zelfs in delen terugbetalen.

'Geen probleem, JoJo, komt goed.'

De schat.

Victoria's moeder had kennelijk geen enkel probleem met het bestellen van producten om af te vallen.

'Dat hoort er nou eenmaal bij,' vertelde Victoria. 'Net zoals uiterlijke verzorging, make-up, mooie kleding en af en toe een spuitje Botox. Je moet toch goed voor jezelf zorgen? Je kunt er echt niet bij lopen als een slons. Dan kun je je toekomst net zo goed meteen bij het oud vuil zetten.'

JoJo was jaloers hoe zorgeloos Victoria over dit soort dingen praatte. Alsof het de normaalste zaak van de wereld was. Tandenpoetsen, douchen en een beetje opmaken, ja, dat hoorde erbij. Maar de rest?

De thee had ze dus gewoon echt nodig. Wilde ze nog iets van een toekomst hebben. JoJo schonk het kokende water over het zakje, alsof het een magisch ritueel was. Ze was een meisje met een missie: kill the MF fatcells! Wat zou ze ervaren na het eerste kopje? Zou er meteen iets in haar lijf gebeuren? Er schoot een prettige tinteling door haar buik. De hete damp sloeg van het kopje en drong in haar neusgaten. De avondthee had een zoetige en tegelijkertijd frisse geur. Waarschijnlijk door het zoethout en de pepermunt. Dat waren meteen ook de enige twee ingrediënten die ze kende. Ze keek op haar telefoon, de thee moest drie minuten trekken. De minuten leken voorbij te kruipen. Zou ze hem maar mee naar boven nemen voordat haar ouders terug waren van de sportschool? Waarom voelde het alsof ze iets moest verbergen? Ze zette wel vaker thee, dus waarschijnlijk zou niemand erop letten. Maar boven kon ze er rustiger van genieten. En dan kon ze erna nog een tweede kopje maken. Ze staarde naar het amberkleurige vocht. Zou dit haar leven veranderen?

Met klamme handen trok ze het papier van de wc-rol. Dat was op het nippertje! Waarom voelde ze het niet aankomen? Het ene moment was er nog niets aan de hand, het volgende moment schoot er een megakramp door haar darmen die de ontlasting met de snelheid van een kruisraket naar de uitgang lanceerde.

Wat zei de beschrijving ook alweer? De avondthee kon een stimulerende werking op de darmen hebben die vaak zo'n 8 uur na gebruik in werking zou treden.

Toen ze die ochtend dus voor de eerste keer naar de wc had moeten rennen, had ze opgelucht ademgehaald en aangenomen dat ze er op school verder geen last meer van zou hebben. Wat een tegenvaller. Ze grabbelde in haar tas, op zoek naar parfum om de stank te verbloemen. Er ging een deur open.

'Ik snap niet dat Vic dat kind zo aanhaalt. De manier waarop ze naar aandacht snakt, is echt om te kotsen.'

JoJo's adem stokte. Didi.

'Jeetje, Didi, je bent altijd meteen zo hard. Wat kan jou dat nou schelen.' Dat was Eline.

'Wat kan het mij schelen?' Gesnuif en toen: 'Getver, wat stinkt het hier.'

Geluidloos liet JoJo de deksel naar beneden zakken om met opgetrokken benen op de wc-pot te gaan zitten. Ze ging nu echt voor geen goud naar buiten. Niet met deze geur. Dan zou het meteen duidelijk zijn.

'Je zou verwachten dat ze hier toch regelmatig schoonmaken,' vervolgde Didi.

'Er zijn hier geen ramen,' antwoordde Eline. 'Dan blijft de stank hangen.'

'Ah, echt? En ik maar denken dat het op wc's altijd naar bloemetjes ruikt. Nou, ik ga straks wel. No way dat ik nu in zo'n hokkie kruip.'

JoJo hield haar adem in en spitste haar oren. Een van de twee, waarschijnlijk Didi, sproeide overdreven veel deodorant door de ruimte. Een plakkerig zoet aroma dreef in de richting van de wc-hokjes.

'Anyhow,' ging Didi verder, 'ik snap niet waarom we hele dagen met dat kind bezig moeten zijn. Alsof we niks beters te doen hebben.'

'Victoria wil haar gewoon helpen.'

‘Ze is niet te helpen. Ze moet net als Iris hard op haar flikker krijgen van haar ouders zodat ze minder vreet.’

JoJo richtte zich op. Ging dit…? Meteen voelde ze haar buik in opstand komen en kromp weer in elkaar. Het was warm en bedompt in het wc-hokje en de weeïge geur gaf haar het gevoel dat ze moest overgeven.

‘Ik vind dat wel een beetje gemeen van je. Ze is toch best aardig?’

‘Aardig,’ schamperde Didi. ‘Wat heb je daar nou aan. Ze past toch niet bij ons, Eline. Moet je kijken hoe ze eruitziet. We zijn net de reus en de vier prinsesjes.’

‘Didi!’ Elines stem klonk half verontwaardigd, half geamuseerd. ‘Volgens Victoria is daar echt iets aan te doen. Leuk toch, zo’n grote make-over. En met dat magazine en die outfit wordt het misschien wel wat.’

Dit ging over haar! Verbijsterd staarde ze naar de deur. What the… Ze kneep haar ogen dicht en kokhalsde. Een make-over… Hadden ze dit achter haar rug… Ze balde haar handen tot vuisten en drukte haar nagels in haar handpalmen. Ze mochten niet merken dat ze hier zat.

‘Nou, ik mag hopen dat het werkt. Victoria ook altijd met haar “projecten”. Net zoals bij Aniek. Ook zo’n kansloze missie.’

‘Stel je niet aan. Het is toch lief dat Vic wil helpen… Zeg, heb jij die roze lipgloss bij je?’

Er werd een tas open geritst, daarna was het stil. Er volgden enkele smakkende geluiden en wat kort gegrinnik.

Een kansloze missie… Haar hoofd bonsde en er liepen zweetdruppeltjes langs haar voorhoofd. Het liefst zou ze de deur van het zweethokje openrukken om haar eens flink de waarheid zeggen. Maar dat durfde ze niet. Schijterd. Haar been begon te slapen. Ze leunde iets naar achteren om haar been wat meer ruimte te geven. Zachtjes ademde ze in en uit, ze voelde zich licht in haar hoofd.

'Died?'

'Ja?'

'Weet jij trouwens hoe het met Vics casting is afgelopen?'

'Hm...'

'Is dat een ja?'

'Hm...'

'Doe niet zo geheimzinnig. Je maakt me nieuwsgierig.'

'Niks geheimzinnigs aan. Ze zal er zelf nog wel over beginnen. Kom, je weet wat voor een hekel ze aan wachten heeft. Dan is ze de hele middag niet te genieten.'

Er klonken voetstappen, daarna sloeg er een deur dicht.

JoJo bevrijdde zich uit haar benarde positie, rukte de deur open en hapte naar adem. Haar hart ging nog steeds tekeer. Ze schudde met haar been om de tinteling te laten verdwijnen en wankelde naar buiten. Onvast leunde ze tegen de deur van het wc-hokje. Ze staarde naar haar spiegelbeeld. Haar gezicht stond grauw. Ze wist niet of ze moest lachen of huilen. Het was duidelijk. Ook zij vonden haar een vetzak. Maar wist ze dat eigenlijk niet al? Gelukkig vond Eline haar 'best aardig'. En Victoria dacht dat er iets van haar te maken viel. Didi hield er duidelijk een andere mening op na. Maar dat was Didi... Toch? Misschien beter om haar een beetje te ontlopen de komende tijd.

Ze strompelde naar de kraan en liet het koude water over haar polsen lopen. Langzaam trok de misselijkheid weg. Ze keek in de spiegel. *Kom op JoJo, niet janken. Wees blij dat ze zich over je willen ontfermen. Drink gewoon die thee. En val af. Dat wil je zelf toch ook?* Ze spatte het koude water in haar gezicht en fatsoeneerde haar haar. Ze ging ze allemaal versteld laten staan.

'Ja, natuurlijk is het een leuke meid. Er staat zelfs een aantrekkelijk smoeltje op. Maar je moet ook aan haar gezondheid denken.'

JoJo liet de deur zachtjes achter zich dichtvallen. Haar moeder was in de woonkamer met een vriendin in gesprek.

'Kijk Elisa, ik denk maar zo: als je nu niets doet, krijg je er later spijt van. Want dit stopt natuurlijk niet bij maat 42. Voordat je het weet, zit ze op 44 of 46. Je weet hoe je zelf altijd aan het jojoën bent. Dat wil je toch niet voor je kind? Wat zegt Leendert hierover?'

Jezus, had vandaag iedereen een abonnement op 'praten over JoJo'? Zo te horen had mama's vriendin er ook niet veel vertrouwen in. Maat 44 of 46... Niet als het aan haar lag. Of aan de skinny tea. De buikkrampen waren het bewijs dat de thee effect had. In haar gedachten verdween het vet zo het riool in. Dag probleem, hallo nieuw leven...

'Leendert? Jeetje, Annelies, daar hebben wij het nooit over. Vroeger viel niemand over haar gewicht. Ze was gewoon een stralend kind. Ik sleepte haar altijd voor de camera. Dat vond ze geweldig. Elke vakantie deden we wel een paar fotoshoots. Ze was gek ook op verkleden, zingen en toneelspelen. Als je haar gezien had in de schoolmusical...' Het viel even stil. 'Ik weet eigenlijk niet eens precies wanneer dat is veranderd.'

Ha, JoJo wist het wel. Op de lagere school was ze inderdaad niet veel forser geweest dan de anderen, ze had zich ook nooit een buitenbeentje gevoeld. Ze was een typisch meisjesmeisje met grootse dromen. Ze wilde actrice worden of misschien wel presentatrice of model... Maar toen, eind groep 8, begon de ellende. Ze schoot de lucht in, werd ongesteld en haar borsten groeiden als kool. Letterlijk. Bloemkolen. Voor ze het wist stond ze met haar moeder bij de drogist voor pakjes maandverband en in de lingeriezaak voor een bh, cup reuzin. Ze was elf en niet meer zoals de rest. Een klein meisje in een groot curvy vrouwenlichaam. Kon het erger? Bij de gymles of in de hockeykleedkamer wilde ze het liefst opgaan in de achtergrond zodat niemand de bh op zou merken. Ze liet haar moeder zwemfeestjes afzeggen omdat ze geen tampons durfde te gebruiken. Om nog maar te zwijgen over de bikini die ze dan aan zou moeten trekken. En op de middelbare school groeide ze gewoon door. Vooral in de breedte...

Ze treuzelde bij de kamerdeur. Moest ze naar binnen gaan? Ze besloot even te wachten.

'Misschien kun je laten onderzoeken of ze geen schildklierproblemen heeft. Er moet iets aan de hand zijn, zou je denken. Het is niet normaal dat ze zo dik is. Ken je Marissa nog? Haar dochter werd ook steeds voller. Zij heeft een personal trainer ingeschakeld.' Als dat niet over Iris ging.

'En weet je, zoiets kan ook werken,' ging Annelies door. 'Je moet op een gegeven moment gewoon ergens een grens trekken. Ik bedoel: je wilt toch ook dat je kind straks een leuke vriend en een goede baan krijgt?'

Oké, tijd om in te grijpen. Met wat kabaal opende JoJo de deur.

'Hey, meis!' Haar moeder propte nog snel een zakdoekje weg in haar mouw.

Fuck, ze huilt om mij. Om deze grote teleurstelling. Eigenlijk had ze in de aanval willen gaan, maar nu ze haar moeder zo zielig zag zitten, besloot ze zichzelf in te houden. Zwijgend plofte ze op de bank.

'Annelies en ik hadden het net over je,' ging haar moeder verder.

Ja, jullie hadden het net over Miss Piggy die hier de hele bank in beslag neemt.

'Annelies heeft door haar werk ervaring met kinderen die wat voller zijn,' vervolgde haar moeder voorzichtig. 'En volgens haar is er dan vaak iets aan de hand.'

'Iets met een gendefect of met de schildklier of zo,' vulde Annelies haar moeder gretig aan. 'Daar kun je dan niks aan doen, hè. Je moet dan echt naar een dokter.'

Nee, het zou maar eens haar eigen schuld zijn. Omdat ze zich niet kon beheersen, omdat ze zich gewoon vol móést proppen.

'O?' was het enige wat JoJo kon uitbrengen. Ze ging wat ongemakkelijk verzitten.

'En nu dachten wij dat het misschien een goed idee zou zijn om een afspraak met de dokter te maken, lieverd. Dan kunnen we bekijken of hij iets voor jou kan doen. Zullen we dat vanavond met papa bespreken?'

'En denk dan ook meteen aan die personal trainer van Marissa.'

Naast medeleven bespeurde JoJo ook een zekere opwinding in Annelies haar ogen.

Ze was nog geen vijf minuten binnen, maar als het aan Annelies en haar moeder lag, had ze al een doktersafspraak én een date met een personal trainer. En dan waren er nog de make-overplannen van Victoria... En de thee... JoJo wist niet of ze opgelucht moest zijn of het uit moest gillen. Ze was een probleem. Een probleem dat opgelost moest worden. Iets waar haar moeder om moest huilen. Vragend keek ze haar moeder aan.

'Ik wil echt het beste voor je, schat.' Haar ogen stonden ernstig. 'Ik ken die struggle met je lijf. Altijd maar weer die onvrede en onzekerheid. Dat wil ik niet voor jou. Jij moet je dromen waar kunnen maken. Dus dan denk ik: beter voorkomen dan genezen.'

Zegt mama nou ook al dat ik alleen maar gelukkig kan zijn als ik dun ben? Een gevoel van paniek golfde door JoJo's lichaam. Als haar moeder er zelfs geen vertrouwen in had... Misschien moest ze nog een extra kopje van die thee gaan drinken. Meer water? Het ontbijt overslaan? Dan had ze meteen tijd om wat extra kilometers te fietsen voordat ze naar school ging. Het was duidelijk. Iedereen vond haar te dik.

DAT VET MOEST WEG!

ER IS IETS
MIS MET MIJ.

IK BEN LUI
EN ONGEZOND.

IK MAAK
ANDEREN VERDRIETIG.

5

De fietstocht naar school kostte haar moeite. Het leek of een onzichtbare wind haar op haar plaats hield. Ze had hoofdpijn en een ontzettend droge mond. Die ochtend had ze het ontbijt voor de zoveelste keer overgeslagen en een extra kopje thee gedronken. Alhoewel ze de thee in eerste instantie best lekker vond, ging de smaak haar steeds meer tegenstaan. En de diarree en het misselijke gevoel gingen ook maar niet over. Ze had wel het idee dat haar kleren iets losser zaten. Ze was zelfs al één kilo lichter! Toch mocht het tempo nog wel iets omhoog, als het aan haar lag. Anders zou het wel heel lang duren voordat ze in de buurt van 'maatje Victoria' kwam.

Inmiddels was ze met haar moeder bij de dokter geweest. Haar vader vond het in eerste instantie onzin. Maar haar moeder wilde per se gaan omdat ze zich zorgen maakte. Het gesprek met de dokter had haar niet veel vertrouwen gegeven. Hij had zich vooral tot haar moeder gericht en vragen gesteld over haar gezondheid en haar jeugd. Vervolgens had hij aangegeven dat hij haar bloed kon testen op wat specifieke zaken: een te langzaam werkende schildklier, insulineresistentie, hormoonspiegel. Tot slot had hij haar ernstig aangekeken.

'Maar elk pondje gaat vaak toch door het mondje. Niet waar, jongedame?'

JoJo had een enorme kleur gekregen. Alsof ze betrapt was op een vreselijke misdaad.

Onverstoorbaar had de dokter zijn verhaal vervolgd.

'Aan jou de opdracht om de komende weken te noteren wat je dagelijks eet zodat we daar beter inzicht in krijgen.'

JoJo staarde naar haar tenen. Zelfs de dokter dacht dat het haar eigen schuld was.

Op de terugweg in de auto had ze zitten bedenken wat ze de komende weken zeker moest skippen. Zou ze er een lijstje van maken? Geen chips of frietjes. Geen chocola. Of misschien stiekem eten en niet opschrijven... Dat was ook een optie. Anders zou het echt voor iedereen duidelijk zijn dat het allemaal aan haarzelf lag.

Zoals altijd was de aula overladen met mensen. JoJo luisterde naar de waterval van woorden die uit Victoria's mond kwam terwijl ze lusteloos door haar tijdlijn scrolde. Ze kon de laatste tijd moeilijk in slaap komen.

'Ach kom, jullie kunnen wel lachen, maar het werkt. Luister nou maar naar mij. Iedere ochtend op een nuchtere maag één glas lauw water met citroensap. Dat doet wonderen! Kijk dan...' Victoria pakte haar telefoon om haar woorden kracht bij te zetten. 'Zij drinkt het elke dag. Moet je zien hoe ze eruitziet.'

JoJo stopte met scrollen en keek mee.

177K volgers: slank, blonde krullen, model.

'Nou, Vic, jij lijkt wel op haar,' kirde Eline.

'Nee, meid, echt? Zij heeft toch een veel strakker lijf dan ik? En haar tan... Maar zoooo lief dat je dat zegt.'

'Hoe is het eigenlijk met je job afgelopen, Vic?'

'Huh?' Victoria bleef naar het model op haar scherm turen.

'De casting?' Eline trok een wenkbrauw op.

'O ja, dat.' Victoria schraapte haar keel. 'Prima, hoor. Ik mag nog een keertje terugkomen. Mijn portfolio was eh...' Ze twijfelde.

'Jezus,' onderbrak Didi Victoria. 'Het is toch duidelijk. Je mag terugkomen. We hadden ook niet anders verwacht. Jij altijd met je suffe vragen, Eline.'

Victoria keek Didi even dankbaar aan.

'Wat ik wil weten is... Op wie lijk ík volgens jullie?' Didi wierp haar haren naar achter en wierp Eline een uitdagende blik toe. 'Nou?'

Eline twijfelde even en pakte toen haar telefoon. 'Wacht.' Haar vinger gleed over haar scherm. 'Jij zou zo haar twin kunnen zijn toch?'

86K volgers: boobs, brunette, fitgirl.

'Damn.' Didi blikte goedkeurend naar Elines telefoon. Deze keer volgde er geen smalende opmerking.

'Bij haar moet ik altijd aan jou denken, Eline.' Victoria mengde zich weer in het gesprek.

32K volgers: Colgate-smile, perfecte paardenstaart, collegegirl.

Er verschenen blosjes op Elines wangen. 'Echt? Vind je haar niet veel slanker?'

'Ik zie geen verschil.'

Eline klapte in haar handen.

'En dan lijk jij op haar,' vervolgde Victoria. Ze keek naar Sanne.

Weer een schoonheid met een leger aan volgers en maatje 34/36...

'En ik?' Het floepte eruit voordat JoJo het doorhad.

Even viel het stil, terwijl iedereen haar aangaapte. Hun blikken brandden en de gedachten stonden in grote letters op hun voorhoofd.

JOJO, 79 VOLGERS: ACNÉ, DIKKE TIETEN, STRIAE.

'Er zijn best wel wat plussize meiden met veel volgers,' herpakte Victoria zich. 'Zelf volg ik die niet, maar ik weet dat ze er zijn. Gewoon #plussize intypen. Even kijken...' Victoria tikte de tag in. 'Zoooo, die is dik!' Ze zwaaide met haar telefoon door de lucht zodat iedereen het kon zien.

'Jij lijkt echt niet op haar, JoJo. Zij is veeeeel dikker,' haastte Sanne zich te zeggen. 'Zeker niet nu je aan die thee begonnen bent.'

'Dat kan toch niet,' vulde Eline aan. 'Die durft!'

JoJo bekeek de vrouw op de foto. Ze was voller dan de meiden van zojuist, misschien maat 44. Ze heette Inez, had leuk, springerig haar, en poseerde lachend in een vrolijk geelgekleurde bikini voor de camera. *Dear body, I love you*, stond eronder.

Didi schudde vol afkeer haar hoofd. 'Jezus, je kan met al dat vet toch niet in bikini op de foto. En dan ook nog eens knalgeel! Doe iedereen een plezier en trek een zwart badpak aan. Dat kleed tenminste af. Kijk die strepen op haar bovenbenen! Getver! En er dan ook nog bij zetten dat je van je lichaam houdt? Dat is gewoon ongezond, hè? Zo'n lijf. Ik zou me kapot schamen.'

Er liepen een paar zweetdruppeltjes over JoJo's rug. 'Nee, dit is echt heel erg,' beaamde ze snel. 'Ik ben blij dat ik er eindelijk iets aan doe. Die skinny tea werkt écht goed!' Een misselijk gevoel golfde door haar lijf. 'Nog bedankt voor de tip trouwens. Had ik dat al gezegd?' Ze lachte geforceerd.

Victoria en Didi wisselden een blik die ze niet kon duiden.

Ze geloofden haar niet. Ze was nog steeds enorm vergeleken bij de rest. JoJo haalde diep adem. 'Misschien... eh, misschien moeten we er iets van zeggen?'

'Ja!' viel Didi haar bij. 'Laten we die bitch vertellen dat dit misselijkmakend is. Met van die kots-emoji's!'

Victoria typte drie emoji's met de boodschap: *Dit kan echt niet.* Ze keek de anderen samenzweerderig aan en typte verder: *VETZAK!*

'Zo,' zei ze met een tevreden glimlach en ze sloot haar Instagram af. 'Daarom volg ik die dikke wijven niet. Te veel van het goede voor mij.'

Te veel van het goede. Net als Jojo.

Inez plussize. Langzaam typte JoJo de zoekwoorden in. Ze lag al een uur op bed door haar Instagram te scrollen, maar het schuldgevoel bleef door haar lijf spoken. Steeds vaker ging ze uit school direct naar haar slaapkamer. Tegen haar moeder zei ze dat ze een berg huiswerk had, maar eigenlijk wilde ze vooral alleen zijn. De laatste tijd was ze niet zichzelf. Het leek of er een gebalde vuist van binnenuit tegen haar maagwand stompte. De spanning die dit veroorzaakte, sijpelde door haar hele lichaam. Heel langzaam, maar genoeg om haar een onheilspellend gevoel te geven. Net alsof het elk moment helemaal fout kon gaan. Het gevoel voordat je een spookhuis binnengaat, maar dan de hele dag door. En ze bleef ook maar die hoofdpijn houden. Misschien dat een flinke huilbui kon helpen? Alleen was ze te moe om eraan toe te geven. Ze had het de hele dag niet los kunnen laten. Goed, ze had zelf niet de woorden getypt, maar het was wel haar voorstel geweest om erop te reageren. Waarom eigenlijk? Die vrouw had hun niets misdaan. Ze kwam alleen voor zichzelf op. Dat die vrouw dat durfde, met zo'n lichaam zulke foto's delen. Omdat ze trots was op zichzelf. Ook al was ze niet perfect. Ze herkende de profielfoto van Inez en bezocht het account.

No one is you and that's your superpower. Haar motto stond in krullerige letters onder haar profielfoto. Ze had echt leuk haar. Mooie ogen ook. Ze scrolde door de foto's en stopte bij een foto waar Inez lachend in de camera keek terwijl ze een bijna wegwaaiende strooien zonnehoed vasthield.

Laat het los. Dit is een reminder dat ook jij een leven verdient zonder haat voor je lichaam, stond er in de caption. Mooi. Kon het maar waar zijn. Ze likete de foto en scrolde door naar de volgende: een stralende Inez in een witte jurk. De jurk zat strak om haar grote borsten en liep van daaruit wijd uit tot haar enkels. Ze leek op een engel.

Zelfvertrouwen is de beste outfit die er is.

Een vonk van afgunst schoot door haar lichaam. Zij oogde zo gelukkig. Dik én gelukkig... Hoe kon dat? JoJo scrolde door, op zoek naar meer: Inez in een felroze pak met een groot veldboeket in haar armen. Een explosie van kleur.

Mooie dingen gebeuren als je afstand neemt van je negatieve gevoelens.

En dan: Inez die haar via een spiegel aankeek.

Je hebt zoveel liefde in je hart. Geef ook wat aan jezelf.

BAM, daar was het. Elektrische schokjes op haar huid. Als iemand elfenstof over haar heen zou strooien, zou het zo voelen. De haartjes op haar armen gingen recht overeind staan. De woorden deden iets met haar.

'Je mag lief zijn voor jezelf,' fluisterde ze, terwijl ze over de haartjes streek. Haar ogen werden vochtig. Nu geen watje zijn. JoJo scrolde door. Ze las, keek, swipete en zoog als een spons alle informatie op die Inez met de wereld deelde: ups, downs, vetrollen, striae, imperfecties, onzekerheden, pijn en acceptatie.

Het blijven vergelijken van jezelf met anderen berooft je niet alleen van alle vreugde in het leven, maar ook van al je dromen.

JoJo knipperde met haar ogen en slikte iets weg, maar de tranen bleven komen.

Dear body, I love you.

Daar was de foto van vanochtend. Ineens had ze de behoefte om iets goed te maken.

Sorry ❤, typte ze.

Plaatsen.

'Oké, en dat doe je dan nog zeven keer.' JoJo's maag kwam bij elke buikspieroefening meer en meer in opstand. Paul de personal trainer aka Mister Slavendrijver keek op haar neer terwijl ze voor de vierde keer haar spieren aanspande. Haar rug plakte aan het grondzeil terwijl het zweet over haar voorhoofd parelde. Planken, opdrukken, crunches, lunges. Elke keer stapte ze weer met tegenzin de sportschool binnen. Het leek of Mister Slavendrijver er een speciaal genoegen in schiep om steeds nieuwe manieren te vinden om haar af te beulen.

'Kom op, dametje, doorzetten. Anders verdwijnen die kilootjes nooit.'

Ze was een 'lastig project'. Bij het intakegesprek had hij aangegeven dat ze via zijn programma snel resultaat kon behalen. Dat 'snel resultaat' had Paul echter al een paar keer bij moeten stellen. Haar moeder had hem hier al meerdere keren op aangesproken. Dat had ertoe geleid dat Paul JoJo ook als een mislukking was gaan beschouwen. Misschien was het niet zijn bedoeling, maar het voelde wel zo.

'Het gebed zonder einde,' noemde hij haar altijd gekscherend.

Niet dat ze dat grappig vond.

'Ik kan niet meer.' Ze liet zich na acht keer op de grond zakken. Het zeil rook naar chloor, waarschijnlijk om de lucht van sportschoenen en zweetsokken te verbloemen. Ze was zo moe de laatste tijd. Ze sliep ook slecht. Zelfs 's nachts droomde ze over eten en afvallen. Dat waren dan geen succesvolle dromen zoals bij die afvalprogramma's. Meer van die zich herhalende nachtmerries waarin je steeds tegen dezelfde muur op loopt. Om moedeloos van te worden... MOE. DE. LOOS. En dat straalde ze ook uit naar haar vriendinnen. Ze was er al een paar keer achter gekomen dat ze zonder haar naar de stad of de bioscoop waren gegaan. Toen ze genoeg moed had verzameld om ze er in de groepsapp mee te confronteren, had dat weinig indruk gemaakt. Didi had haar zelfs uit de groep gegooid. Nadat ze op school excuses had aangeboden, had Victoria haar weer toegevoegd, maar het was toch anders dan voorheen. Meer zoals die keer op de wc. Dat er dingen zonder haar werden besproken. Alsof ze een app hadden zonder haar. Dat zou toch niet? Maar ze had geen puf om het verder uit te zoeken. Niet dat ze er dan iets aan zou kunnen veranderen. De boodschap was duidelijk: ze was niet goed genoeg.

Die gedachte had al verschillende keren tot vreselijke eetbuien geleid. Dan fietste ze uit school naar de Appie om pakken koekjes, chocola en chips te kopen om die vervolgens op haar slaapkamer naar binnen te proppen. Heel even voelde ze zich dan gelukkig. Totdat het schaamtegevoel op kwam zetten. Niet iets wat ze met een kopje thee goed kon maken. Mijn god, ze was echt een flop.

'Kom op, JoJo, je bent pas tien minuten bezig.' Paul was er ook duidelijk klaar mee.

'Denk gewoon aan de platte buik en strakke billen die je straks zult hebben.'

Ze dacht aan haar moeder. Die had altijd het beste met haar voor. Zou ze haar durven te vertellen dat dit niet het beste was voor haar? Dat ze ongelukkig werd van de militaire precisie waarmee ze de oefeningen uit moest voeren. Dat ze zelfs begon te vermoeden dat dit haar helemaal niet ging helpen aan strakke billen of een platte buik? Zou haar moeder dan ook teleurgesteld zijn in haar? Net als Paul. Of haar vriendinnen? Haar moeder zou het wel begrijpen. Die had zelf ook dieetpoging na dieetpoging gedaan. Ze had zelfs twee garderobes. De kleding voor direct na de dieetpoging en de kleding voor het jaar erna. Raar toch dat de kilo's er altijd binnen een jaar weer aan zaten? Net alsof ze zo hoorde te zijn. Ze moest met mama gaan praten. Dit hield ze niet vol.

IK FAAL IN ALLES WAT IK DOE.

IK ZAL ALTIJD DEZELFDE FOUTEN BLIJVEN MAKEN.

IK BEN EEN TELEURSTELLING.

Hoe herken je een eetstoornis? Plus tips om jezelf of anderen te helpen

6

Vol verwachting keek ze naar de dokter. Ernstige ogen achter dikke brillenglazen in een rimpelig gezicht en mondhoeken die licht naar beneden hingen. Hij zag er streng uit. Een gevoel van paniek bekroop haar. Haar hele toekomst lag in zijn handen. Hij zou een verklaring voor haar dik zijn kunnen geven. Iets waardoor alles zou veranderen. Haar gewicht zou een reden hebben, iets buiten haar schuld, iets waar ze medicijnen voor zou moeten slikken. Iedereen zou het dan begrijpen. Dan zou ze niet meer dat meisje zonder ruggengraat zijn die het niet op kon brengen om iets aan haar gewicht te doen. Ze speurde zijn gezicht af, op zoek naar aanwijzingen dat er iets mis was met haar, maar ze kon er niets uit opmaken. De dokter schraapte zijn keel. Met ingehouden adem spitste ze haar oren.

'Goedemorgen, fijn dat jullie er zijn. JoJo, na ons eerste gesprek hebben we besloten om bloed te laten prikken. Voor een meisje van jouw leeftijd heb je een bovengemiddeld gewicht en we wilden onderzoeken of er misschien meer aan de hand zou kunnen zijn. Ik heb de uitslagen inmiddels binnen en die wil ik graag met jullie bespreken.'

Ze zuchtte. Ja, ja, schiet nou maar op. Waarom moest een introductie altijd zo verdomde lang duren? Ze leunde voorover en greep de tafel vast. O please, laat er iets aan de hand zijn…

'Wat betreft de schildklier is er geen reden om op dit moment te vermoeden dat deze te langzaam werkt. Zowel de vrije T3 als de vrije T4 zijn binnen de normen…'

Een golf van teleurstelling overspoelde haar terwijl de dokter in de verte doorpraatte. Langzaam liet ze zich naar achteren zakken. Het lag dus niet aan haar schildklier. Shitzooi. Het kostte haar moeite om zich weer op het gesprek te focussen.

'Ik had een zekere insulineresistentie verwacht, maar dat kan ik niet uit de insuline- en suikerspiegel halen. Je eet tamelijk veel koolhydraten zoals fruit, pannenkoeken en boterhammen, dus het is zeker belangrijk om dat te minderen. Wat betreft je hormonen is er geen sprake van oestrogeendominantie. Wel is het mogelijk dat je voornamelijk het minder gunstige soort oestrogeen aanmaakt, maar dat testen is duur en bewerkelijk. We kunnen wel proberen om het evenwicht in de types oestrogeen wat te verschuiven met behulp van supplementen. Dat kan je dan ook helpen om je vrij hoge cortisol op een lager peil te brengen.'

JoJo zag de mond van de dokter bewegen, maar had geen idee wat hij zei. Haar hersenen waren gestopt met nadenken en in gedachten bleef ze dezelfde zin herhalen. Het ligt dus aan mezelf. Het ligt aan mezelf. Het ligt aan mezelf…

'Naast minder koolhydraten wil ik je adviseren om eens in de twee weken een dagje te vasten. Dus dat je na de lunch niets meer eet en dan de dag erna pas weer start met het nuttigen van een avondmaal. Wat je ook nog kunt proberen is een ice-pack in een theedoek op je buik leggen om je vetweefsel wat meer te verbranden.' De dokter stopte met praten en keek hen aan. 'Ik kan me voorstellen dat het veel informatie ineens is. Of dat u ergens vragen over hebt?'

'Wat betekent dat, een vrij hoog cortisolgehalte?' wilde haar vader weten.

Waarom doet hij nog moeite. Het is toch allemaal mijn eigen schuld.

'Cortisol is een stresshormoon,' antwoordde de dokter. 'Iets wat aangemaakt wordt in de bijnieren. Het helpt bij het leveren van prestaties of bij het overleven in stressvolle situaties. Daarna zou het gehalte echter weer af moeten nemen. Bij JoJo blijft dit aan de hoge kant. Dit kan invloed hebben op het gewicht, maar kan ook leiden tot darmklachten, depressieve gevoelens, slaapproblemen, moeheid. En dat leidt dan weer tot verkeerde eetkeuzes en een verhoogd insulinepeil waardoor er meer vet aangezet wordt. Zoals ik al zei kunnen we dit met supplementen proberen aan te pakken.'

'Waar moeten we dan qua supplementen aan denken?' Een vraag van haar moeder.

'Nou, zeker een zes- tot zevental supplementen die dagelijks moeten worden ingenomen. Ik schat zo'n tien pillen per dag. Ik kan niet in uw portemonnee kijken, maar u moet er wel een redelijk budget voor uittrekken. Daarnaast moet JoJo zich aan de genoemde dieetbeperkingen houden. En veel bewegen natuurlijk.'

Nog meer bewegen... Bij de gedachte alleen al zonk de moed haar in de schoenen.

'Ja, Elisa, ik weet niet of we hieraan moeten beginnen, hoor.' Haar vader en moeder zaten voor in de auto en bespraken het gesprek met de dokter. Het ging over haar, maar het leek of ze niet in de gaten hadden dat ze achter in de auto zat. Alsof ze in de bekleding was weggezakt en helemaal was verdwenen.

'Die personal trainer kost al een vermogen. En om eerlijk te zijn, zie ik na al die weken niet eens zoveel verschil. Ik denk dat we een beetje aan het doorslaan zijn. JoJo is flink, maar het is geen olifant. Het gaat toch niet alleen om uiterlijk. Ik kan daar zo boos om worden!'

Papa kon altijd zo heerlijk subtiel zijn. *Ik ben gelukkig geen olifant. Bedankt pap. Topcompliment.*

'Ja maar, Annelies zegt dat we het niet moeten onderschatten.

Dit kan zo doorschieten naar maat 44 of zelfs 46 en dan praten we volgens haar toch over obesitas. En hoe moet dat dan met haar vriendinnen of met haar studie? Kijk, Marissa en haar dochter…'

'Ik denk dat je je oren te veel laat hangen aan jouw vriendinnen,' onderbrak haar vader haar. 'Ze is toch prima gezond? Misschien moet ze een sport zoeken die ze wél leuk vindt, dan komt het best goed.'

Wacht, had papa door hoe zij zich voelde? Dat Mister Slavendrijver niet iets was waar ze met veel plezier naar toe ging?

'We kunnen in ieder geval koolhydraatarm gaan eten,' gaf haar moeder als weerwoord. 'Daar wordt niemand slechter van. Wij mogen ook best een paar kilootjes kwijt. Baat het niet, dan schaadt het niet.'

'Elisa, we hebben het hier over een kind in de groei. En jij wilt haar minder fruit en brood laten eten? En die ene keer pannenkoeken ontzeggen? Een dag per week laten vasten? En een stuk of tien pillen per dag geven? Ik denk dat we blij moeten zijn dat ze sterk en gezond is. Weet je wat me meer zorgen baart? Dat cortisolgehalte. Dat is een stresshormoon, hè. Misschien moeten we eens na gaan denken waarom dát zo hoog is.'

Het werd stil in de auto, iedereen ging op in zijn eigen gedachten. JoJo keek naar haar vaders achterhoofd en kreeg een warm gevoel vanbinnen. Hij was de eerste die haar sinds lange tijd echt opmerkte als persoon, niet als die meid met dat gewichtsprobleem. Die stresshormonen verklaarden voor haar gevoel wel wat. Het leek alsof haar kleur iedere week iets vervaagde. Elke week was er wat minder aandacht, wat minder plezier, wat minder kracht om voor zichzelf op te komen. Net zolang totdat ze zo kleurloos zou zijn dat ze in de achtergrond zou opgaan. Zou iemand haar missen? Op de een of andere manier vond ze dat ze een plaats in de spotlights niet verdiende. Vroeger zat ze bij een musicalvereniging, maar daarmee was ze ook gestopt: na haar elfde werd ze toch nooit meer gekozen voor een leuke rol. Elk jaar bij de audities deed ze haar best om de tekst zo goed mogelijk in te studeren en de liedjes uit haar hoofd te leren, maar een hoofdrol zat er voor haar niet in. Stel je voor: een prinsesje van 1,75 meter en 80 kilo. Ze zou de helft van het podium blokkeren. Daarom begreep ze het wel dat ze altijd ergens in de achtergrond werd gezet als naamloze, tekstloze aankleding.

'Ik ben altijd de boom,' grapte ze tegen vriendinnen. Niet omdat ze dat zo leuk vond, maar je kon ook niet laten zien dat het iets met je deed.

Die rol had ze eigenlijk ook in haar vriendinnengroep, nu ze er zo over nadacht. Ze zeiden niet letterlijk dat ze haar niet moesten of dat ze haar een dikke trol vonden, maar ze betrokken haar er ook niet actief bij. Ze was gewoon een soort extra. Iemand die er altijd een beetje bij hing maar die je zeker niet moest vragen als je echt leuke dingen ging doen. Ze keek door het raam en zag hoe de regen de wereld bedekte met een deken van triestheid. Grauwe weilanden, traag bewegende koeien, bedrijven met ramen als holle ogen die haar aanstaarden. Alles in droeve afwachting van de eerste zonnestraal. Wat zou ze graag een toverstokje willen hebben om haar problemen in één keer op te lossen. Bibbedie bobbedie BOE!

NIEMAND ZIET MIJ.

IK DOE NOOIT
IETS GOED.

IK BEN EEN LAST
VOOR ANDEREN.

7

Terwijl ze haar fiets in het fietsenrek zette, zochten haar ogen het plein af. Raar, anders stonden de meiden haar altijd bij de ingang op te wachten. Ze checkte haar telefoon. Ze was niet later dan anders. Zou er iets aan de hand zijn? Gisterenavond was die gedachte ook al door haar hoofd gegaan. Na het doktersbezoek en de autorit naar huis bleef ze zich somber voelen. Een zak Bugles met kaas en een pak Oreos konden het lege gevoel niet opvullen. Ze had het niet op kunnen brengen om een tweede kopje thee te maken. Meer dan ooit had ze behoefte aan wat steun van haar vriendinnen.

JoJo:

Kom net van de dokter

Sanne:

👍

Didi:

Eline, wat moeten we maken voor Duits?

Raar toch? Ze dacht dat haar bericht misschien niet helemaal duidelijk was geweest. Dus had ze er nog eentje achteraan getypt.

JoJo:

Heb misschien een schildklierafwijking

Niet helemaal waar, maar ja. Ze trok haar vest dichter om zich heen. Een schildklierafwijking, daar zou ze een moord voor doen. Dan was er tenminste een reden voor haar dik zijn. Ze zuchtte terwijl ze op haar scherm keek. Maar nee hoor, zij was gewoon gezond. Wat een pech. Zoiets kon alleen haar overkomen. Ze constateerde dat Sanne aan het typen was en wachtte gespannen op haar reactie.

Sanne:

😢

Niet de reactie waar ze op gehoopt had. Nou ja, het was niet helemaal slecht. Dit kon betekenen dat ze met haar meeleefde, toch? Ook Eline was aan het typen.

Eline:

Duits kunnen we wel samen doen, Didi.

Kom je online?

Teleurgesteld had JoJo WhatsApp weggeklikt. Opeens was ze weer die boom, zo eentje waar niemand naar keek. Er was niets ergers dan het gevoel niet gezien te worden. Alsof er een groot lekkend gat in haar hart zat. Er dropen een paar tranen over haar wangen. Zolang ze dik was, telde ze niet mee. Niet op school, niet in haar vriendinnengroep, niet op de sportschool, niet thuis. NERGENS. En ze had zich net weer vol zitten vreten, dus ze zou ook wel dik blijven. Ze kon haar vinger in haar keel steken… Maar zelfs dat durfde ze niet. *Wat ben je toch een loser, JoJo.* Ze wilde haar telefoon door de kamer smijten toen ze besefte dat Victoria had gereageerd.

Victoria:

Sorry ❤ …

Ook in de grote pauze zaten de meiden niet op hun vaste stek in de aula. Het was dat JoJo ze in de klas had gezien, anders zou ze zeker zijn gaan twijfelen of ze überhaupt wel op school waren. Bij het wisselen van de les lukte het niet om ze te pakken te krijgen. Ze glipten met de snelheid van een aal het klaslokaal uit. JoJo stond al een paar minuten besluiteloos om zich heen te kijken, toen ze Aniek opmerkte. Misschien dat zij…?

'Zeg, eh… Aniek, heb jij Victoria en zo gezien?'

'Weet je, ik bemoei me eigenlijk liever niet meer met hen. Zou voor jou ook beter zijn.' Aniek zat er duidelijk nog mee dat Victoria haar uit het groepje had gezet.

Vertwijfeld keek JoJo weer de aula rond. Aniek sloeg haar ogen ten hemel.

'Als je het dan per se wilt weten: ik zag ze net volgens mij bij de toiletten.'

Daar stonden ze toch nooit? Verbaasd liep ze in de richting van de toiletten, terwijl Aniek haar volgde.

'Ik moet ook,' zei ze met een grijns.

Al van een afstand zag JoJo de meiden staan: Victoria in het midden, de rest eromheen geplooid. Toen ze het groepje naderde, verstomden ze.

Aniek blikte nog even meewarig achterom voordat ze de toiletten binnen glipte.

Victoria kneep haar ogen tot spleetjes toen ze begon te praten. 'Goed zo, ik zie dat je nieuwe vrienden aan het maken bent?'

JoJo merkte hoe Didi heel opvallend haar lach probeerde in te houden.

'Waar gaat dit over? Ik snap niet...'

'Nee, dat zou ik ook zeggen, JoJo.' Didi legde zoveel nadruk op de twee klemtonen van haar naam dat die opeens belachelijk klonk.

'Dit gaat over vriendschap en waar je loyaliteit ligt, schat,' vervolgde Victoria sarcastisch. 'En die ligt duidelijk niet bij ons.'

'Sorry,' vulde Eline Victoria overdreven aan, terwijl ze een hartje vormde met haar handen, 'I love my body.' De meiden schaterden het uit.

JoJo wist zich geen houding te geven. Aan de ene kant voelde ze zich betrapt, ze hadden duidelijk haar reactie op de post van Inez gezien. Aan de andere kant kon ze niet geloven dat zoiets onschuldigs zo opgeblazen werd.

'Maar...'

'Tuttut!' Victoria liet haar niet uitspreken. 'We probeerden iets van je te maken. Maar jij kon niet loskomen van je eigen soort. Je hebt je punt gemaakt, babe. One strike, you're out. Veel geluk met je nieuwe vriendinnen.'

'Loser.'

Ze kon niet precies zeggen wie de laatste opmerking maakte, omdat haar ogen zich vulden met tranen.

Op dat moment kwam Aniek de toiletten uit.

'Ah, daar is je nieuwe vriendin.' Didi maakte een spottende buiging.

Victoria sloeg haar armen over elkaar en draaide nadrukkelijk met haar ogen terwijl de anderen Aniek minachtend aanstaarden.

Aniek stak haar handen in een hulpeloos gebaar omhoog terwijl ze het viertal probeerde te ontwijken. Haar ogen keken vragend naar JoJo. Er kropen een paar seconden voorbij terwijl ze elkaar bewegingsloos aanstaarden. Toen pakte Aniek haar hand en trok haar mee. 'Kom, JoJo, volgens mij heb je hier niks te zoeken.'

IK HEB DIT
AAN MEZELF
TE DANKEN.

HET IS NIET RAAR DAT
ANDEREN ZO OVER ME DENKEN.

IK LAAT OVER
MEZELF HEEN LOPEN.

DEEL 2

DE CRASH

8

'Wat is mooi en wat is lelijk?' Mevrouw Pieters, de kunstlerares, keek de klas rond. 'Schoonheid is een kwaliteit die wij aan iets toedichten als we ernaar kijken. We voelen ons er als het ware toe aangetrokken. Terwijl we, als we iets lelijk vinden, een bepaalde afkeuring voelen. Schoonheid lijkt dus subjectief, voor iedereen verschillend. Toch is er zeker overeenstemming over de eigenschappen die iets mooi maken. Filosoof Immanuel Kant noemde dit iets "subjectief algemeens". Dus we ervaren het allemaal op onze eigen manier, maar we vinden vaak wel hetzelfde mooi of aantrekkelijk.' Ze viel even stil. 'Heeft iemand van jullie weleens gehoord van de gulden snede?'

Van achteruit de klas klonk de stem van Dylan: 'Wat? De gulden scheet?' Er vloog een langgerekte VRÔÔÔÔT door het lokaal. Een aantal leerlingen barstten in lachen uit.

Mevrouw Pieters wierp een scherpe blik naar achteren. 'Heel leuk, meneer Van Dijk. Ga jezelf maar even melden en kom om drie uur terug voor een extra uurtje kunstgeschiedenis.'

Naast JoJo sloeg Didi haar hand voor hand mond, haar schouders schokten.

'Wil jij ook graag een extra lesje, Didi?'

Didi ging rechtop zitten en mompelde iets terwijl Dylan onder luid protest het lokaal verliet.

'Oké, waar waren we,' vervolgde mevrouw Pieters alsof er niets was gebeurd. 'De gulden snede. De gulden snede wordt vaak gezien als een maatstaf voor schoonheid en door kunstenaars, wetenschappers en filosofen ook wel de goddelijke verhouding genoemd. Het is een wiskundig verhoudingsgetal, aangeduid met de Griekse letter *phi*.' Ze tikte op haar laptop en er verschenen twee schilderijen op het digibord. 'Zo is de verhouding bijvoorbeeld terug te vinden in de *Mona Lisa*, maar ook bij *De schepping van Adam*, die op het plafond van de Sixtijnse Kapel is geschilderd. Men zegt dat de gulden snede een gevoel van balans, harmonie en natuurlijke schoonheid oproept en dat deze niet alleen bewust wordt toegepast in kunst, maar dat je de verhouding overal kunt terugvinden. Sommigen beweren zelfs dat het ideale lichaam aan deze verhouding zou voldoen.'

Er verscheen een beeld van een blote man, getekend in een vierkant en een cirkel. Het gegiechel zwol weer aan, maar mevrouw Pieters negeerde het.

'De *Vitruviusman* van Leonardo da Vinci wordt vaak gebruikt om de gulden snede aan te duiden. Maar ook in deze tijd vind je nog voorbeelden. Zo heeft een chirurg nog niet zo lang geleden met computertechnieken onderzocht wie volgens de gulden snede de allermooisten op aarde zijn.'

Nu toonde het bord een foto van Cameron, samen met een acteur die JoJo herkende van actiefilms. Natuurlijk was Cameron de mooiste op aarde. Daarom was ze ook zo'n enorme ster.

'De opdracht. Jullie gaan zelf uitzoeken wat de gulden snede precies inhoudt. Daarna ga je een beeld maken waarin je de verhouding terug laat komen. Je mag deze opdracht in tweetallen uitvoeren en je mag ook zelf de vorm kiezen.' Ze keek de klas in. 'Aniek, jij kunt goed fotograferen. Dan zou je ervoor kunnen kiezen om een fotoserie te maken met bijvoorbeeld...' Haar ogen gleden over de leerlingen en stopten bij Victoria. '...Victoria.'

Victoria glunderde en probeerde Anieks blik te vangen, maar die wendde haar hoofd af en staarde naar buiten.

JoJo bekeek het tafereel. Net goed. Dat had ze zelf verpest.

'Maar je kunt elkaar ook schilderen of tekenen. En als je geen maatje kunt vinden, dan maak je een zelfportret. Heeft iemand hier nog vragen over?'

Niemand stak een hand op.

'Het idee hoeft niet meteen klaar te zijn. Je kunt er even rustig over nadenken. Volgende week wil ik horen wat je gaat doen en met wie.'

Er verscheen een laatste beeld op het bord. Naast Cameron stond nu een foto van een dikke vrouw met rood haar en een korte pony. Ze had een bril op en haar onderkin ging naadloos over in haar nek.

'Wat is mooi en wat is lelijk? Komt het door de goddelijke verhouding dat de wereld vrouwen als Cameron aanbidt en vrouwen zoals deze hier vertelt dat ze beter geen foto's kunnen delen?'

'Iew!' riep Didi uit, terwijl ze kotsgeluiden maakte. 'Ik zou niet eens foto's durven te delen als ik er zo uitzag.'

De klas barstte in lachen uit en JoJo bekroop het gevoel dat het niet alleen om de vrouw op het bord ging.

'O lekker, worstenbroodjes! Mag ik er een?' Tom gooide zijn tas neer en dook op de bank tussen Aniek en JoJo in. De aula zat vol en het bankje leek ineens erg klein voor drie personen.

Toms warme dij schuurde tegen de hare en ze kreeg een kleur. Snel schoof ze een stukje opzij. Ze hield Tom de lunchbox voor. 'Hier, pak maar. Gebakken door mijn oma, vers van de pers.'

Tom graaide er een worstenbroodje uit en grijnsde naar JoJo. De mooiste grijns die JoJo zich voor kon stellen. Weer kleurden haar wangen. Snel zette ze het bakje met worstenbroodjes terug op tafel en wendde haar hoofd af. Ze ontdekte dat Victoria en haar gevolg aan de tafel achter hen al hun bewegingen volgden en spottende blikken uitwisselden. JoJo hoopte maar dat ze niet doorhadden dat ze Tom leuk vond. Ze wist dat ze dan zouden proberen hem tegen haar op te zetten. Nu ze niet meer bij de fantastic four hoorde, deden die meiden er alles aan om haar het leven zuur te maken. Ze draaide haar hoofd terug. Tom was nog steeds in de ban van zijn worstenbroodje. Ze bespeurde hoe Aniek achter zijn rug zat te gebaren. Ze stak haar duim op terwijl ze overdreven met haar ogen knipperde.

Met een hoofd als een tomaat gaf JoJo een onzichtbaar knikje terwijl ze zijdelings naar achteren gluurde of de meiden nog hun kant op keken. Maar ze hadden hun interesse verloren. Opgelucht haalde ze adem.

Nadat Aniek haar bij de wc's had gered, waren ze vaker met elkaar op gaan trekken. Ze was lief en had veel humor. Ook kon ze dingen goed relativeren. Dingen waar JoJo zich heel erg druk over maakte: wie met wie omging en waarom, hoe die of die eruitzag, wat echt wel en echt niet kon, wie de meeste volgers of likes scoorde op insta of TikTok, wie de mooiste foto's kon maken en wie de meeste complimenten in de reacties ontving.

'Oppervlakkige dramaqueen-shit,' noemde Aniek het. Hoe kon het toch dat dat haar niets deed? Want ondanks het feit dat JoJo uit het groepje was gekickt, keek ze nog steeds van een afstand tegen hen op. Het bleef toch dat perfecte, populaire meidengroepje waar iedereen bij wilde horen.

'Ehum...'

JoJo keek op. Sanne stond bij hun bankje, haar hoofd een beetje gebogen. JoJo liet haar blik achter Sanne vallen en besefte dat de anderen hen met toegeknepen ogen gadesloegen.

'Ik kom voor Aniek.' Sannes stem klonk bedeesd.

'O?' Het was duidelijk dat Aniek er geen zin in had.

'Ik eh... ik...Victoria vroeg zich af of jullie de kunstopdracht samen konden doen.' De zin kwam in rap tempo uit haar mond.

'Nou, zeg dan maar tegen Victoria dat ze de pot op kan.' Met twee vingers maakte Aniek klimmende bewegingen omhoog. Vervolgens floot ze en liet ze haar vingers naar beneden zeilen. 'Duidelijk?'

'Absoluut,' antwoordde Sanne, en ze maakte meteen rechtsomkeert.

JoJo volgde haar met haar blik. Ze constateerde dat Anieks lichaamstaal de boodschap al had overgebracht. Victoria wierp een dodelijke blik hun kant op. Het was duidelijk dat ze niet gewend was om niet haar zin te krijgen.

JoJo keek opzij naar Aniek, die in haar tas rommelde. Ze zag er ijzig kalm uit. Kon het haar oprecht niets schelen? Aniek wilde niet veel kwijt over haar aanvaring met Victoria. Het had iets te maken met tweedehandskleding. Victoria had Aniek uit zo'n kringloopwinkel zien komen en had daar schijnbaar een hoop heisa over gemaakt. Aniek, het 'tweedehandsje'. Nog iets waar je als populaire chick je neus voor op moest halen... Maar ook daar deed Aniek heel luchtig over. Of zat het dieper dan ze wilde toegeven? Bij Aniek thuis hadden ze het niet zo breed. Ze zei er niet veel over, maar het woord voedselbank was weleens gevallen. Niet dat dat een schande was, maar leuk was natuurlijk anders. Het had haar heel creatief gemaakt. Vooral op het gebied van kleding. Ze kon zelfs van de meest goedkope truitjes en broeken een coole outfit maken. Aniek was sowieso een kunstenaar. Ze kon goed tekenen en schilderen en prachtig fotograferen. Niet voor niets het lievelingetje van mevrouw Pieters. Daarnaast was ze óók nog eens heel sportief. Dingen waren soms zo oneerlijk verdeeld... Aniek was een van de meisjes die bij gym altijd het eerste gekozen werd. Het tegenovergestelde van JoJo. Haar zouden ze het liefst laten staan. Zelfs de leraar sloeg zijn handen voor zijn ogen als ze een koprol moest maken of in een touw moest klimmen. Ze was een complete ramp. Aniek voetbalde ook in een selectieteam. Bij de jongens. Via haar had ze Tom leren kennen, die in hetzelfde team voetbalde en ook bij hen op school zat. Hij was rustig en viel daardoor niet echt op. Hij zat in een andere klas, dus het populaire groepje had eigenlijk nooit aandacht aan hem besteed. Vaak schoof Tom in de pauze bij Aniek en JoJo aan om samen te eten en te kletsen. Het klikte zo goed tussen Tom en haar dat ze ook zonder Aniek afspraken. Om huiswerk te maken of een film te kijken of gewoon om even te kletsen via FaceTime.

'Tom, heb je nou al haar broodjes opgevreten?' JoJo keek op en zag hoe Aniek Tom een stevige por in zijn zij gaf. Tom, die nog steeds zat te kauwen, slikte alles in één keer door en kreeg een rood hoofd. 'Eh... Ze zei toch: pak maar?'

Even staarden JoJo en Aniek naar zijn schuldbewuste hoofd. Vervolgens barstten ze in lachen uit.

'Shit.' Ruw trok ze het shirt over haar hoofd en gooide het op de steeds groter wordende stapel voor haar voeten. Ze had nog een halfuur om er iets van te maken. Anders hoefde ze niet meer te gaan. Aniek en Tom moesten vandaag voor de beker voetballen. In een opwelling had ze gezegd dat ze zou komen om hen aan te moedigen. Maar dan moest ze wel iets hebben om aan te trekken. Ze kon moeilijk in haar blote kont gaan. Op de een of andere manier stond het allemaal niet. Terwijl ze door de thee toch echt een paar kilo kwijt was. Alleen niet op de juiste plekken. Haar tieten en haar kont leken nog steeds enorm. 'Zo kan ik er toch niet heen,' mompelde ze geïrriteerd. Ze kreeg buikpijn bij de gedachte hoe iedereen zijn hoofd zou omdraaien bij de aanblik van haar enorme achterwerk. Misschien moest ze die lange jas aantrekken. Wel iets te warm, maar het was toch buiten. En dan dit blouseje… Kon ze mooi alles verbergen. Ze keurde zichzelf in de spiegel. Oké, dat ging. Haar gezicht oogde wit en wrevelig. Als een grote bleke vlek. Lag het aan haar of waren haar ogen minder groen? Ze streek over de donkere kringen. Ze moest echt meer slapen. Het alarm op haar telefoon ging af. Het teken dat ze moest vertrekken. Tenminste, als ze die wedstrijd nog wilde zien.

Geduldig wachtte JoJo bij de uitgang van de kleedkamers op Aniek. Ze was op een bankje tegen de muur gaan zitten. De meeste spelers merkten haar niet op. Verrukt over de overwinning kwamen ze één voor één naar buiten gestormd. Een enkeling stak een hand op voor een high five, die JoJo met een ongemakkelijk 'Goed gedaan' beantwoordde. Na een minuut of vijf kwam Aniek naar buiten. JoJo sprong op en sloeg een arm om haar schouder. 'Goed gedaan, meid! Een assist én een goal.'

Aniek glom van trots. Aan de schittering in haar ogen te zien waren het niet de eerste complimenten die ze kreeg.

'Lief dat je gekomen bent. Zullen we naar de kantine gaan? Er is daar zo een feestje.'

JoJo blikte naar de uitgang.

Aniek grijnsde. 'Tom hoef je voorlopig niet te verwachten. Die staat nog steeds onder de douche te blèren. Kan echt niet zingen, die gast. Ik hoorde hem drie kleedkamers verderop janken. We zien hem zo wel.'

Terwijl ze het pad af liepen, werden er van allerlei kanten goedkeurende stompjes uitgedeeld. In haar lange jas leek JoJo net op een trotse moeder.

'Ze zijn niet te houden,' zei Aniek lachend. 'Wat een ontlading na zo'n wedstrijd. Dan moet je ze voor de gein eens horen praten…'

'O?' vroeg JoJo.

'Ja, dan zijn het niet de meest vrouwvriendelijke wezens op aarde, zullen we maar zeggen…'

'Wat dan?'

'Nou, wijven hier, dikke reet daar, tietûh…' Aniek gooide haar handen voor zich uit.

'Over mij?'

'Over jou?'

'Over wat ik aan heb?'

'Nee.' Aniek keek haar met een scheve lach aan. 'Niemand in ons team houdt van meisjeskleding. Behalve ik dan…'

'Je begrijpt best wat ik bedoel, Aniek.' Het klonk bitser dan JoJo bedoelde. 'Maken ze dan opmerkingen over mijn figuur en zo?'

'Wat? Natuurlijk niet. We zijn een ronde verder voor de beker. Boeit hen niet hoe jij eruitziet.'

'Ook niks negatiefs over mijn kont?'

Aniek zuchtte.

'Nee, JoJo, ook niks negatiefs over jouw kont. Niet alles draait om jou.'

'Jij hebt makkelijk praten. Jij ziet er perfect uit.'

Aniek bleef stilstaan en keek haar aan. 'Hoe bedoel je?'

'Nou, jij hoeft je over dit soort dingen niet druk te maken. Jij bent slank, sportief en je ziet er goed uit.'

'Jij ziet er ook goed uit, JoJo.' Aniek klonk nu een beetje geïrriteerd.

'Dat zeg je alleen maar om me op mijn gemak te stellen.'

'Nee, dat zeg ik omdat ik dat vind.' Weer iets scherper.

'Maar je zegt niet: jij bent ook slank.'

'Omdat je niet slank bent. Wil je dat ik tegen je lieg? Jij bent dik.

Leuk en dik. En mooi, aardig, grappig, sociaal, slim, getalenteerd. Er zijn zoveel manieren om jou te omschrijven. Blijf toch niet zo in dat dik zijn hangen.'

'Da's makkelijker gezegd dan gedaan.' JoJo keek om zich heen of niemand de ongemakkelijke discussie kon horen die was ontstaan.

Aniek keek haar aan. Ze zuchtte en haar blik werd zachter.

'Het zit diep, hè?'

JoJo gaf niet meteen antwoord, maar besteedde overdreven veel aandacht aan een steentje dat onder de bal van haar voet heen en weer rolde. Vervolgens zei ze zachtjes: 'Ja, heel diep.'

Aniek sloeg haar arm om JoJo heen. 'Je bent mooi zoals je bent. En je hoeft helemaal niet af te vallen. Geloof dat nou eens.'

'Anieeeeeek! Hoelang ga je haar nog af staan lebberen?' Een aantal jongens van haar team stonden voor de deur van de kantine te gebaren dat ze op moest schieten. 'Anders komen we meedoen, hoor.'

'Ga je mee?' Aniek keek JoJo vragend aan.

Ze dacht aan haar jas, die in de kantine uit moest, en aan de uitgelaten jongens. 'Nee, ik ga naar huis, denk ik.'

'Weet je het zeker?' Aan haar lichaamstaal was te zien dat ze niet goed kon kiezen tussen JoJo en het schreeuwende groepje bij de deur. 'En Tom dan? Die zal het wel jammer vinden dat je weg bent. Als hij ooit nog onder douche uitkomt...' Ze rolde met haar ogen.

'Ik app hem wel. Ga jij nou maar feestvieren. Straks ontploffen er daar een paar.' JoJo gaf haar een bemoedigende glimlach. 'Het is oké. Ga maar.'

Aniek omhelsde haar nog een keer kort, maakte zich los en voegde zich onder luid gezang bij de jongens. JoJo liep terug naar haar fiets en typte een kort berichtje naar Tom.

JoJo:

Hey, gefeliciteerd! Hopelijk ben je niet gesmolten onder de douche 😂

Ik kon niet blijven.

Straks nog facetimen?

Tom:

Nee! Ben bijna aangekleed.

Kun je nog ff wachten?

JoJo:

Zit al op mijn fiets.

En jij moet feesten ⚽ 🤑

Tom:

OK, spreek je later. Bel jij mij?

JoJo:

👍

JoJo stopte de telefoon in haar zak. Ze schaamde zich dat ze zich net zo had aangesteld. Had ze met Aniek bijna ruzie gekregen om niks. Daar moest ze helemaal niet aan denken.

'Blijf toch niet zo in dat dik zijn hangen,' had Aniek gezegd. JoJo wist dat ze gelijk had. Maar hoe deed je dat?

JoJo typte de naam in voordat ze haar telefoon aan Aniek gaf. 'Kijk, haar bedoel ik. Moet je kijken hoe cool. Zij durft helemaal zichzelf te zijn.' Aniek pakte de telefoon aan en scrolde door de foto's op Inez' feed.

'Ja, dat snap ik. Lijkt me gewoon een hele positieve meid. Heb je door haar die stress op school gekregen?'

JoJo knikte. 'Ja, ik liet me meeslepen. Ze bleven maar doorgaan hoe vies en dik ze was. Ik stelde voor om iets akeligs onder haar foto te zetten. Ook om mezelf beter te voelen. Eigenlijk had ik daar dezelfde avond al spijt van. Vooral nadat ik besefte wat voor een mooie berichten ze eigenlijk plaatste. Daarom vond ik dat ik mijn excuses aan moest bieden.'

'En dat zagen zij als verraad,' vulde Aniek aan. 'Wat een bitches. Vooral Victoria, Eline en Didi. Wel echt raar dat je zo moeilijk doet over dik zijn terwijl je zelf VED bent.'

JoJo keek Aniek schaapachtig aan.

'Victoria, Eline, Didi. V, E, D. VED.'

Het was even stil. Toen barstten ze in lachen uit.

'VED, da's een goeie!' Opeens kon ze niet meer stoppen met lachen, ook al was het best een flauwe grap. 'Die meiden zijn VED, alleen ze weten het niet,' gierde ze. 'Dat is VED grappig. En zij maar denken dat ze slank zijn, maar ze zijn gewoon vreselijk VED. Laat het ze maar niet horen, want dan hebben wij een VED probleem.' Ze gooide haar hoofd in haar nek en proestte het uit. Het was lang geleden dat ze zo gelachen had. Alsof de oude JoJo weer een beetje terugkwam.

'Maar serieus, Jo.' Aniek had nog steeds de telefoon in haar hand en wees op het account van Inez. 'Waarom vonden ze haar zo afschuwelijk? Ze is gewoon echt knap.'

'Ja, weet het niet. Tussen ons gezegd en gezwegen? Volgens mij heeft Victoria een beetje een vetfobie. Al eens gehoord hoe ze het woordje dik uitspreekt? Dat kotst ze bijna uit. Ik heb het gevoel dat ze nog liever over poep en pies praat dan over dik zijn.' JoJo twijfelde even. Zou ze het zeggen? Het mocht onder geen beding bij Victoria terugkomen. Ze besloot dat Aniek wel te vertrouwen was. Ze zette een overdreven stemmetje op en wapperde met haar hand. 'Daarom volg ik die dikke wijven niet. Te veel van het goede voor mij.'

Aniek grimaste en keek haar samenzweerderig aan. 'Ik heb

weleens gehoord dat haar moeder superstreng is. Ik bedoel als in: écht streng. Er komt daar geen calorie te veel de deur in. Victoria mag nog geen droog biscuitje. Laat staan dat ze chips of zo krijgt. Als haar moeder hoort dat ze naar de Mac gaat, zet ze haar de deur uit. Dat zweer ik je.' Ze kruiste haar wijs- en middelvinger en stak ze de lucht in.

'Echt?' JoJo schoof iets dichterbij. 'Hoe weet jij dat?'

'Nou, Toms moeder tennist met de moeder van Victoria en zij heeft daar tegen mij weleens een opmerking over gemaakt. Ze zei: "Meid, maak je niet zo druk over een kilootje te veel. Anders word je straks net zoals Tara, de moeder van Victoria. Die krijgt al tranen in haar ogen als ze aan eten denkt. Echt een ongezellige boel daar in huis als je het mij vraagt. Dat kind lijdt soms gewoon honger." Maar niet verder vertellen hoor. Anders krijg je vette problemen. I mean: VED.' Aniek grijnsde bij de laatste opmerking en ze gaf JoJo een knipoog.

'Ik zwijg als het graf,' JoJo riste haar mond dicht. Ze dacht er niet aan dit soort dingen door te vertellen. Dan had ze helemaal geen leven meer op school. Na de aanvaring grepen ze toch al elke gelegenheid aan om haar voor schut te zetten. Ze moest haar tijd op school gewoon maar uitzitten. Dit onderonsje was wel goud. Kon ze ook eens wat gal spuwen. Aniek zou het niet doorvertellen. Dat wist ze zeker.

'Weet je eigenlijk dat je bijna net zo mooi bent als die Inez?' JoJo schrok op uit haar overpeinzingen. 'Ik zou best zulke foto's van jou kunnen maken.' Aniek sprong op. 'Nu we het er toch over hebben: die fotoserie voor kunst. Zullen wij dat samen doen?'

JoJo's ogen lichtten op. 'Wat? Meen je dat? Ik als model? Dat zou ik echt leuk vinden!' Ze liet zich met een zucht naar achteren vallen. 'Alleen weet ik niet of ik daar wel de meest geschikte persoon voor ben.'

'Ach, klets toch niet, JoJo.' Aniek tikte haar tegen haar schouder. 'Ik denk juist dat je het vet goed zou doen. Vet met een t dan, hè,' voegde ze er lachend aan toe.

ANDEREN KUNNEN
ALLES BETER DAN IK.

IK DURF DIT NIET.

IK VERDIEN HET NIET DAT
ANDEREN IN MIJ GELOVEN.

9

‘Wat vind je hiervan?’ Aniek hield een magazine omhoog.

‘Oeh, mooi! Denk je dat je zoiets van mij kunt maken?’

Aniek gooide het magazine op bed en wierp een kritische blik op JoJo terwijl ze haar handen als een vierkant voor haar ogen vouwde en één oog dichtkneep.

‘Natuurlijk lukt dat. We moeten alleen zorgen dat we mooi licht hebben. Dat geeft het beeld meteen een andere vibe.’

Ze zaten op Anieks kamer terwijl ze een stapel magazines doorkeken, op zoek naar inspiratie voor de fotoshoot. Aniek wilde geen doorsneefoto’s maken. Ze was op zoek naar bijzondere uitsneden van het gezicht of lichaam. Ogen, mond, handen, heupen. Delen uitvergroten en benadrukken. Met de inspiratie zouden ze een moodboard maken zodat Aniek die met Pieters kon bespreken. Om te checken of het binnen de opdracht paste.

Tom was met een smoesje over voetbal iets langs komen brengen, en hing nu languit op Anieks bed. JoJo genoot stiekem van zijn aanwezigheid en gluurde af en toe zijn kant op. Gezien het snel tikkende geluid van zijn vingers en de ongecontroleerde kreten, was hij een of ander verslavend spelletje aan het spelen.

‘Misschien moet je ook even online zoeken.’ Aniek gaf JoJo de laptop. JoJo tikte de zoekwoorden ‘extreme close-up fotoshoot’ in en vond een foto van een profiel waarbij de camera zo ver was ingezoomd dat alleen nog een oog en een klein stukje van de neus zichtbaar waren. Het oog keek iets omhoog, waardoor het licht in de iris weerkaatste. Dit gaf de oogopslag iets magisch.

'En dit? Zou dit kunnen?' Ze draaide de laptop naar Aniek.

'Aniek kan alles.' Tom ging dus ook weer niet zo erg op in zijn spelletje.

'Ja, ik denk dat het groen in jouw ogen heel mooi uit zou komen, JoJo. En die foto past perfect bij dit beeld.' Weer hield Aniek een magazine omhoog. JoJo ontwaarde donkerblond, gestyled haar dat als een soort glanzend foliegordijn voor een mond en neus viel. De rode volle lippen waren uitgelicht.

'Hm,' antwoordde JoJo. 'Ze passen inderdaad goed bij elkaar, maar ik twijfel of mijn lippen daar wel krachtig genoeg voor zijn?'

'Wat een onzin,' antwoordde Aniek. 'Met een beetje make-up en het juiste licht kunnen wij deze foto prima maken. Tom, zeg jij eens tegen JoJo dat ze zich aanstelt.'

'Je stelt je aan.' Hij nam niet eens de moeite om zich los te maken van zijn spelletje.

'Ik twijfel gewoon een beetje over bepaalde foto's, Aniek. Omdat dat dat niet mijn mooiste lichaamsdelen zijn. Ogen en handen? Prima. Lippen? Lastig. Heupen? Onmogelijk.'

Aniek haalde haar schouders op. 'Juist doordat het niet perfect is, wordt het interessant. Het is kunst, JoJo, geen schoonheidswedstrijd.'

De gedachte dat er foto's van haar brede heupen in de klas zouden hangen, deed JoJo rillen. 'Maar ik vind het superconfronterend. Het is toch allemaal heel erg uitvergroot. Dat maakt me onzeker. Zeker als ik eraan denk dat iedereen ze zal zien. Ik weet niet of ik dat wel wil.'

Het werd even stil in de kamer. Zelfs Tom stopte met tikken. JoJo merkte dat de radartjes in Askieks hoofd op volle toeren draaiden. Ze had spijt dat ze erover begonnen was. Zou Aniek nu beseffen dat het helemaal niet zo slim was om haar voor deze shoot te vragen? Zou ze aan het bedenken zijn hoe ze op een beleefde manier zou kunnen bedanken?

'Ik vind jouw heupen eigenlijk wel mooi.' Het was Tom die de stilte doorbrak. 'Een beetje ronding is toch helemaal niet erg?' Hij lachte verlegen. 'Niet dat ik er verstand van heb, natuurlijk. Maar ligt de nadruk niet te veel op een perfect uiterlijk?'

'Dus jij wilt zeggen dat uiterlijk niet belangrijk is?' JoJo moest moeite doen om het niet spottend te laten klinken.

'Nou, niet zo belangrijk als voor jullie, kennelijk. Ik kijk ook naar andere dingen.'

'Zoals?' JoJo's woorden klonken bijna vijandig.

'Nou, of ik iemand aardig vind of dat ik met iemand kan lachen.' Hij keek haar met zijn grote bruine ogen aan. 'Ik denk dat wel meer jongens er zo over denken. Ik weet dat trouwens wel...'

'Dus jij beweert dat jongens niets om uiterlijk geven?' Aniek, die tot dat moment haar mond had gehouden, onderbrak hem. 'Onder welke steen leef jij, Tom? Ik hoorde Dylan deze week nog een grapje maken over Sanne, die hij een plank noemde, en over de bril van Amy. Dus zeg nou niet dat...'

'Dat zijn gewoon stomme jongensgrapjes. Stoerdoenerij. Denk jij nou echt dat Dylan wakker ligt van het uiterlijk van Sanne of Amy?'

'Nee, maar ik weet zeker dat hij, net als de rest van de school, wel stiekem een crush heeft op Victoria of Didi.'

'Die krengen?'

'Niet dan?' Aniek keek Tom uitdagend aan, maar Tom liet zich niet uit de tent lokken.

'Ik denk niet dat hij ze lelijk vindt,' zei hij bedachtzaam, terwijl zijn ogen op JoJo bleven rusten. 'Maar zoals ik al zei: mooi heeft met meer dingen te maken dan alleen met uiterlijk.'

JoJo's hart bonsde tegen haar ribben.

'Dus als jij zou moeten kiezen tussen JoJo en...' Aniek dacht even koortsachtig na. 'Tussen JoJo en zeg... Cameron McCarthy! Dan zou jij voor JoJo kiezen?'

'Ik ken Cameron niet, dus ja.'

JoJo's hart sloeg een tel over.

'Je bent gek!' Meteen toen ze het zei, sloeg Aniek een hand voor haar mond. Ze keek JoJo schuldbewust aan. 'Sorry! Ik bedoelde het niet zo. Ik wilde niet zeggen dat ik jou niet mooi vind. Ik wilde alleen maar...'

Het bonzen ging weer over in een regelmatig getik. JoJo knikte. 'Geen zorgen. Ik begrijp het. Ik snap ook wel dat Cameron veel aantrekkelijker is dan ik en dat echt niemand ooit voor mij zou kiezen. Behalve Tom dan...' – ze staarde hem een paar seconden aan – 'die niet goed bij zijn hoofd is. Wat hij zegt, slaat nergens op. Uiterlijk doet er echt wel toe. Alles draait om uiterlijk. Dat zie je toch overal om je heen?'

Tom schudde zijn hoofd, zuchtte en richtte zijn aandacht weer op zijn telefoon. 'Oké, wat jullie willen.'

'Sorry,' zei Aniek nog een keer zachtjes tegen JoJo.

'Het is goed. Ik snap het. Precies de reden waarom bepaalde foto's me onzeker maken. Zoals een foto van mijn heupen.'

'Dan laten we die zitten, JoJo. Maar die foto van je lippen gaan we wel maken. Dat komt echt goed.' Ze gaf JoJo een bemoedigende knipoog.

'Zullen we het moodboard afmaken? Dan kan ik dat met Pieters bespreken. Stuur me die onlinefoto even.'

Terwijl Aniek foto's maakte van de beelden in de magazines, mailde JoJo de foto van het oog door. JoJo zag hoe het concept steeds meer vorm kreeg. De foto van de mond, het oog. Een hand met bloemen die zich naar de camera uitstrekte, een helft van een gezicht. Aniek had oog voor mooie plaatjes. Raar eigenlijk dat juist zij uit het groepje was gezet. Ze zou er zo goed bij passen. Zou ze er echt niet meer mee zitten?

'Creatief of populair?' zei ze, terwijl ze Aniek gadesloeg.

'Wat zei je?' Aniek verschoof een foto van de linkerbovenhoek naar het midden.

'Als je zou moeten kiezen, zou je dan liever creatief zijn of populair?'

Tom zakte aan de andere kant van het bed met een overdreven zucht nog verder onderuit. Een aanwijzing dat hij ook deze vergelijking afkeurde. JoJo had verwacht dat Aniek niet na hoefde denken en meteen creatief zou kiezen, fotografie en kunst waren immers haar leven. Maar het bleef verdacht stil.

'Aniek?'

'Ja, ik hoorde je wel.' Weer verschoof ze een foto op het moodboard.

'Mijn eerste gevoel zegt creatief. Ik hou van wat ik doe en ik ben er goed in. En ik weet het, ik zeg altijd dat populariteit me geen fuck kan schelen. Maar zou het niet geweldig zijn als ik door mijn creativiteit ook eens in het middelpunt van de belangstelling zou staan?' Nadenkend bleef ze de foto's heen en weer slepen tot ze tevreden was. 'Laten we het maar houden op creatief. Populair gaat toch niet lukken, any time soon…'

JoJo keek op haar telefoon. Aniek zou toch om halfdrie bij de uitgang zijn, had ze gezegd? Of had ze het niet goed begrepen? Achter haar maakte iemand een knorrend geluid. Didi was daar vorige week mee begonnen. Natuurlijk was het heel grappig als Victoria of Didi zoiets deden. Daarom hadden verschillende klasgenoten het overgenomen. Er ging een steek door haar hart, maar ze dwong zich om niet achterom te kijken. Ze wilde niet laten zien dat het haar iets deed. Dan was ze echt verloren. Ze zuchtte diep, haar benen voelden zwaar. Alsof ze elke dag een enorme last met zich mee moest torsen.

Op dat moment kwam Tom de trap af lopen. Haar hart maakte een sprongetje.

'Hey, Tom, heb je Aniek gezien? We hadden hier afgesproken, maar ik zie haar nergens.'

'O, die was net nog bij Pieters van kunst. Ze moest dat moodboard toch laten zien? Ik zou even naar het lokaal lopen, want Aniek kennende zal ze de tijd wel vergeten zijn. Zie ik je straks online?'

JoJo had beloofd Tom te helpen met wiskunde. 'Zeker. Ik heb vanmiddag nog even met Aniek afgesproken om de foto's opnieuw door te spreken, maar daarna facetime ik je wel.'

Tom tikte op haar schouder. 'Dan moet je nu wel gaan, anders mis je haar alsnog.'

'Haha, thanks.' Haar ogen glinsterden. Ze stompte hem speels in zijn zij. 'Spreek je later.'

'Later,' zei Tom, terwijl hij naar de fietsenstalling liep.

De woordenwisseling was in de gang al hoorbaar. Misschien kon ze beter omdraaien? Het was niet echt netjes om hen midden in een discussie te storen. Of kon ze bij de deur van het lokaal blijven wachten? Dat hadden ze toch niet door. Ze besloot het laatste. Bij de deur aangekomen kon ze het gesprek woordelijk verstaan.

'Nee, Aniek, jij begrijpt niet wat ik zeg.' De stem van Pieters. Geërgerd. Korzelig. 'Ik zeg niet dat het niet mag, maar ik vind het gewoon niet verstandig. Je wilt toch het beste voor je project, of niet?'

Stilte.

'Nou, dan zeg ik niet doen. Victoria is gewoon een slimmere keuze. Met haar kun je ook alle beelden uitwerken die je in gedachten hebt. Sterker nog, ik denk beter zelfs. Helemaal als je kans wilt maken op publiciteit buiten de school. Begrijp je wat ik bedoel?'

Weer een stilte.

JoJo hield haar adem in, ze balde haar handen tot vuisten terwijl een dikke prop haar keelgat afsloot. Dit ging over haar.

'Je gaat dingen uitvergroten. Kijk om je heen. Wie zie je op de voorgrond staan? En dan nog iets: heeft ze ervaring met modellenwerk? Volgens mij is ze daar helemaal niet mee bezig. Victoria wel. Die heb ik vanmiddag nog gesproken. Ze heeft dringend materiaal nodig voor haar portfolio. Voor castings. Ze smeekte me bijna om een goed woordje voor haar te doen. Én haar moeder heeft contacten bij galeries en de media. Ik noem dat een winwinsituatie, Aniek. Ik heb gewoon het beste met je voor.'

Het duizelde JoJo. Haar tranen prikten achter haar oogleden en er ontsnapte een kreun aan haar lippen. Ze moest weg voordat ze haar zouden zien en het allemaal nog veel pijnlijker zou worden. Ze rende de gang uit en zag niet dat Aniek een paar minuten later met een rood hoofd het lokaal uit gestormd kwam.

'Wat ben jij stil.' Tom keek haar via het telefoonscherm ernstig aan. 'Is er iets?'

JoJo hoopte dat hij niet kon zien dat ze had gehuild. Ze wilde de schaamte die ze voelde niet met hem delen. Wat als hij ook zo over haar zou denken?

'Meende je dat laatst, dat je liever met mij af zou spreken dan met Cameron?' flapte ze eruit.

'Uh...' Tom ging een beetje verzitten. 'Natuurlijk, met jou is het altijd gezellig. En ik kan met jou lachen. Je bent een mooi mens. En die Cameron ken ik niet.'

'Maar ze is wel knap.'

'Ja, nou en?' Hij knipperde een paar keer met zijn ogen en leek niet echt te begrijpen wat ze bedoelde. Eigenlijk wist ze het zelf ook niet helemaal.

'Dus als je haar zou kennen en ze zou ook "gezellig" zijn, dan zou je liever met haar afspreken?' Ze hoorde hoe bitchy ze klonk.

Tom keek haar verbaasd aan. 'Wat bedoel je nou?'

'Vind jij me eigenlijk dik, Tom?' JoJo schakelde snel.

'Dik?' Tom schoof ongemakkelijk heen en weer. 'Dat is toch helemaal niet belangrijk, JoJo.'

'Jawel, voor mij wel.'

'Nou, ik vind je niet dik,' aarzelde Tom. 'Je bent ook niet dun. Een beetje vol misschien. Gewoon prima.'

'Dus je vindt mij een vol, mooi, gezellig mens?' vroeg ze mat.

'Ja?' Opgelucht haalde Tom adem.

'Bedankt voor dit inzicht. Spreek je later.' Nog voor Tom kon antwoorden, hing ze op. Pieters had gelijk. Ze was waardeloos. Niet geschikt voor een fotoshoot, zeker niet voor een kunstproject. Wat dacht ze, dat ze ooit als model voor de camera zou kunnen staan? Sommige dingen kon je leuk vinden, maar dat betekende niet dat ze ook realistisch waren. Aniek moest niet voor haar kiezen. Ze moest zelf voor de eer bedanken. Ze opende WhatsApp en begon te typen.

JoJo:

Hey, ik heb er nog eens over nagedacht en ik denk toch dat ik niet geschikt ben voor je shoot. Ik doe het niet. Je kunt beter iemand anders vragen

Er volgde meteen een reactie terug.

Aniek:

Waaaat? JoJo, je laat me toch niet in de steek? Dat kan niet! We hebben alles al uitgewerkt! We MOETEN even praten. Kan ik je bellen?

JoJo veegde een traan weg. Ze was geen liefdadigheidsproject. Natuurlijk zou Aniek haar proberen over te halen. Zeggen dat ze voor haar gekozen had. Omdat ze vriendinnen waren. Niet omdat ze dacht dat JoJo een goed model zou zijn of dat ze heel erg geschikt was voor haar idee. Had ze haar gisteren ook al niet zien twijfelen?

'Kijk om je heen. Wie zie je op de voorgrond staan?' De woorden van de lerares sneden als een mes door haar ziel. Ze liet zich niet ompraten. Dat kon alleen maar voor meer teleurstelling zorgen. Ze begon te typen.

JoJo:

Liever niet. Mijn besluit staat vast

Daarna zette ze haar telefoon uit.

Een gesprek over onzekerheden

IK BEN NIET KNAP GENOEG.

IK BEN WAARDELOOS.

IK VERDIEN GEEN RESPECT.

10

‘Tom! Tom, wacht effe!’ JoJo rende naar het einde van de gang om hem in te halen. Hijgend ging ze naast hem lopen.

‘Doet die personal trainer van jou niet aan hardlopen?’ Tom grijnsde.

JoJo stompte hem tegen zijn schouder.

‘Au! Hij houdt van boksen?’

JoJo grinnikte. ‘Pas maar op! Ik heb een gevaarlijke linkse directe.’

Tom gooide zijn handen in de lucht. ‘Oké, oké, mij hoor je niet meer.’

JoJo lachte en keek opzij. ‘Heb jij Aniek nog gesproken deze week?’

‘Ja, ze is met die shoot bezig. Ze heeft het druk. Geen tijd om te eten en zo.’

JoJo knikte. ‘Zei ze nog meer?’

‘Hoezo?’

‘Iets over mij?’

Tom haalde zijn schouders op. ‘Ze was wel pissed dat ze het nu toch met Victoria moest doen, als je dat bedoelt. Volgens mij heeft ze op het punt gestaan om er helemaal mee te kappen. Maar ja, dat zou dan wel zonde zijn geweest van al het werk dat jullie…’ Hij schraapte zijn keel. ‘Dat zij er in gestoken heeft.’

‘Ja, dat zou zonde zijn geweest.’ Het klonk schuldbewust.

'Maar ja, je weet hoe Aniek is. Kom niet aan haar kunst. Dus ze zal wel een manier gevonden hebben om het toch te laten werken.'

'Spreek jij haar nog?'

'Na, misschien tijdens de training. Waarom?'

'Doe haar maar de groeten. En wens haar succes met de shoot.'

'Waarom doe je dat zelf niet?'

JoJo's wangen kleurden. Na haar app hadden ze elkaar niet meer gesproken. Het was laf van haar geweest om haar telefoon uit te zetten. Ze had Aniek best even kunnen aanhoren. Hoe langer ze nu wachtte, hoe moeilijker het werd om weer iets te sturen. Wat moest ze zeggen? Ze zuchtte. 'Je hebt gelijk.'

De bel ging.

'Zie ik je straks nog op FaceTime?' Tom keek haar vragend aan.

JoJo maakte een paar boksbewegingen. 'Zeker, als je nog durft...'

Tom deed alsof hij een aanval ontweek en grimaste. 'OMG, ik ben nu al bang...'

JoJo stak haar tong naar hem uit en sloeg de deuropening van het lokaal in.

Tom:

Hey, kom net van de training maar ze was er niet

JoJo:

OK

Tom:

Schijnt een behoorlijke klus te zijn dat fotograferen

JoJo:

Heb je haar wel gesproken dan?

Tom:

Ja. We hebben even gefacetimed. Heb haar meteen de groeten van je gedaan.

Dat wilde je toch?

Of had je haar zelf al geappt?

JoJo:

Nee. Thx!

JoJo:

En?

Tom:

Wat en?

JoJo:

Wat zei ze?

Tom:

Eh niks?

Voor het whiteboard in het kunstlokaal had zich een grote groep leerlingen verzameld. JoJo gooide haar tas op tafel en liep op de anderen af. Op het whiteboard waren foto's geplakt. De foto's van Anieks shoot. En ze waren prachtig. Mooie belichting, artistieke uitsneden, een zelfbewust model. Ogen, mond, handen, heupen. In het midden stond Victoria te pochen over het geweldige resultaat. Aniek stond er met rode wangen naast. Bij elk compliment pakte Victoria haar beet alsof ze haar grote liefde wilde voorstellen.

'Natuurlijk heb ik meerdere shoots gehad, maar nog nooit één zoals deze. Zeg nou zelf: het resultaat is PERFECT! Echt een talentje, die Aniek. Mijn moeder heeft ze al doorgestuurd naar de *Courant* en die gingen ze zeker plaatsen in de zaterdageditie. Verder is ze ook in gesprek met een galerie.' Weer pakte ze Aniek vast, die zich een beetje gegeneerd probeerde los te wringen. Voorzichtig gluurde JoJo in hun richting. Het was Aniek vast opgevallen dat zij zich ook bij het groepje had gevoegd. Ze probeerde te peilen of Aniek boos op haar was maar uit haar gezichtsuitdrukking kon ze niets opmaken.

'Zo, dames en heren, als iedereen wil gaan zitten... Vandaag presenteren Aniek en Victoria hun project, daarna gaan we verder met...' De stem van Pieters verdween in het enthousiaste geklets van leerlingen. Ze klapte hard in haar handen en gebaarde dat de leerlingen op hun plek moesten gaan zitten. Langzaam slenterde iedereen naar zijn stoel. Toen het stil was, nam ze weer het woord. 'Aniek en Victoria, het resultaat overtreft echt alle verwachtingen. Ik had wel het idee dat jullie een goede match zouden zijn, maar dat het zo zou uitpakken...'

Er ging een steek door haar borst. Ze had gelijk. Het werk was goed. Veel beter dan Aniek ooit met haar had kunnen bereiken. Ze slikte en probeerde Anieks blik te vangen. Ze kon in ieder geval laten zien hoe trots ze op haar was. Maar Anieks aandacht werd in beslag genomen door de docent.

'Het zou leuk zijn als jullie er zelf iets over willen vertellen?' vroeg mevrouw Pieters.

'Nou,' begon Aniek aarzelend, 'het idee was dat ik alleen natuurlijk licht wilde gebruiken.' Ze ging iets rechter staan. 'Ook wilde ik geen normale portretfoto's maken, maar creatieve uitsneden van gezicht en lichaam. En zo die verhouding erin verwerken.'

JoJo luisterde aandachtig terwijl ze Aniek opnam. Ze wist waar ze het over had. Altijd als Aniek in haar kracht zat, kon ze anderen boeien met haar verhaal. Zelfs de manier waarop ze stond, was daadkrachtig. Stond Victoria haar nou bijna kwijlend aan te staren? Ze keek van Victoria terug naar Aniek. Aniek zag er anders uit. Normaal was ze altijd een beetje artistiek, nu zag ze er meer uit als... Victoria? Niet iets voor Aniek om op Victoria te willen lijken...

‘Ik wist meteen vanaf de eerste foto dat dit een succes zou worden,’ kirde Victoria. ‘Alles klopte gewoon.’

Terwijl Victoria sprak, dwaalde Anieks blik af. Ze liet haar ogen over de klas glijden.

JoJo probeerde met kleine bewegingen haar aandacht te trekken. Haar hart maakte een sprongetje toen Aniek in haar richting keek en glimlachte. Achter JoJo klonken een paar enthousiaste kreetjes. Ze draaide haar hoofd en zag hoe Eline, Didi en Sanne met opgestoken duimen en hartjes hun goedkeuring deelden. Jezus, wat overdreven weer. Aniek kennende zou ze het ook echt VED voor schut vinden. Haar mondhoeken krulden. Daar konden ze straks samen nog even over lachen.

‘Oké dames, bedankt voor jullie prachtige werk en de mooie toelichting. Ik ben benieuwd naar de reportage in de *Courant*. En laat het me weten als er een expositie komt. Dat zou helemaal geweldig zijn. Ga hier in ieder geval mee door. Allebei. Jij met fotograferen, Aniek, en jij met modellenwerk, Victoria. Nogmaals mijn complimenten.’ Ze zweeg even. ‘En dan kunnen we nu allemaal aan de slag: als je nog met je zelfportret bezig was, ga dat dan afmaken. Diegene die verf nodig heeft of klei kan meelopen naar de kast.’

Langzaam ging iedereen aan het werk. JoJo pakte het tekenvel waarop ze was gestart en schetste een paar lijnen. De rest van het lesuur ging haar aandacht uit naar haar zelfportret.

‘Hey Aniek, echt fantastisch wat je gedaan hebt!’ Een beetje buiten adem haalde JoJo haar vriendin in.

‘Thanks.’ Anieks reactie klonk lauwtjes.

‘Ha! Ik zag dat ze nu VED geïnteresseerd zijn in jou.’ Ze wilde haar arm door die van Aniek steken, maar op dat moment drong Victoria zich tussen beiden.

Verwarring tekende zich af op JoJo's gezicht. Haar ogen zochten bevestiging bij Aniek, maar die wendde het hoofd af.

'Je hebt nogal praatjes hoor ik.' Victoria's stem liet niets aan de verbeelding over. 'Echt VED vervelend, meid.'

JoJo huiverde. 'Victoria, ik...'

Victoria hief haar hand op. 'Volgens mij was ik aan het praten? Ik had eerder naar Didi moeten luisteren. Die had je vanaf het begin al door. Ik krijg trouwens nog geld van je, kansloze bitch. Niet dat die thee ook maar íéts voor je gedaan heeft...' Vol afkeuring bekeek ze JoJo van top tot teen. 'Kijk nou naar je. Je kunt niet eens een paar kilo afvallen. En jij denkt dat je mij voor schut kunt zetten? Nou?' De gloed in haar ogen maakte dat JoJo geen antwoord durfde te geven. 'En je moet al helemaal je kop houden over dingen die jou niet aangaan. Mijn moeder... Je kent haar niet eens.'

JoJo frummelde nerveus aan de rits van haar jaszak terwijl ze gespannen in de richting van Aniek keek. Maar die bleef stug de andere kant opkijken. 'Dat, dat was ik niet... Ik wist niet eens... Dat was... Ik bedoel... Ik zou nooit... Aniek?'

Pets!

Met vlakke hand sloeg Aniek haar in haar gezicht. De plek brandde alsof iemand er een strijkijzer tegenaan had gehouden. Ze had de klap niet aan zien komen. Haar mond zakte open.

Aniek keek haar vernietigend aan. 'Probeer jij nu mij de schuld te geven? Jíj bent degene die hier iedereen tegen elkaar opzet. De afgelopen maanden heb je aan één stuk door zitten zeiken en roddelen. VED? Meer iets voor jou, vind je niet?' Ze maakte een minachtend gebaar. 'Zelf vet zijn en dan anderen proberen voor schut te zetten. Ik heb geen eetprobleem, dus waarom zou ík zoiets verzinnen? Jij...' Haar stem sloeg over. 'Jij bent gewoon jaloers.'

'Ik? Jaloers?' JoJo werd wit rond haar neusvleugels.

'Jaloers, ja.' Victoria zette een stap naar voren. 'Dacht je nou echt dat jij voor een camera zou kunnen staan? Dat dat iets kon worden?' Het klonk spottend. 'Wake up, fatso. Neem maar eens een kijkje op mijn account. Dan begrijp je meteen waarom jouw ass geen enkele kans maakt. Kom Aniek, het is tijd om dít achter je te laten.'

Victoria duwde JoJo opzij en trok Aniek met zich mee.

JoJo's gezicht begon te gloeien, de muren leken op haar af te komen. 'Aniek? Wat doe je nou? Je gaat toch niet met haar mee? Je haat haar! Wij zijn vriendinnen... Aniek!'

'Dream on, loser!' riep Victoria smalend, terwijl hun voetstappen wegstierven in de gang.

IK BEN GEEN
GIRLFRIEND MATERIAL.

IK VERDIEN
PIJN EN VERDRIET.

IK BEN EEN LOSER EN
EEN AANSTELLER.

11

'En toen... Toen sloeg ze me... Zomaar. Midden in mijn gezicht. Begrijp jij dat, Tom? Ik ben haar vriendin!'

Tom, die op een muurtje zat voor de school, nam JoJo op. Ze stond voor hem met opgeheven hand. Haar gedachten leken mijlenver weg.

'Meisjes kunnen wreed zijn,' mompelde hij.

JoJo keek hem even verdwaasd aan. 'Wat?'

'Dat jullie zo gemeen kunnen zijn. Kijk, ik heb ook weleens ruzie. Maar dan klapt het een keer en dan is het weer goed. Zand erover. Maar bij jullie meiden broeit het maar door. En door. Totdat het overkookt en helemaal explodeert.'

JoJo reageerde niet. In plaats daarvan schopte ze een steentje weg en vervolgde haar verhaal. 'Kijk, ik snap het niet. Ik heb haar laten zitten met die shoot, ja. Maar dat was vooral voor haar bestwil. En misschien een beetje voor mezelf. In ieder geval was het beter zo. Kijk wat ze met Victoria bereikt heeft! Dat was met mij nooit gelukt. Zeg nou zelf, Tom, in feite heb ik haar gewoon een dienst bewezen. Waarom is ze dan zo boos?'

'Omdat jullie te veel van drama houden?' antwoordde Tom. 'Omdat iedereen alleen maar met zichzelf bezig is en zich niet in een ander kan verplaatsen? Laat ze lekker boos zijn, JoJo. Het gaat nergens over.'

'En het ergste is dat ze allemaal dingen tegen Victoria heeft gezegd die niet waar zijn. VED. Poeh, zeker weten dat zij dat zelf had verzonnen. Maar ze schoof het mij gewoon in de schoenen. Niet zo lastig te geloven ook. Dat de dikzak dit soort dingen rondstrooit. Maar dat over die moeder… Dat kán ik niet gezegd hebben. Ik ken haar niet eens. Dat zei ze zelf!' Ze keek Tom verontwaardigd aan.

Hij haalde zijn schouders op. 'Wij weten allebei dat je het niet gezegd hebt. En waarschijnlijk weet Aniek dat ook, maar ze is nu boos. Of ze wil in een goed blaadje bij Victoria komen. Trouwens, dat lijkt mij niet, Aniek kennende…' Tom staarde even in het niets. 'Maar goed, het heeft geen zin om jezelf te verdedigen. Ze willen het niet horen. Laat het rusten, hou de eer aan jezelf.'

JoJo richtte abrupt haar hoofd op. 'Ik zou naar haar toe kunnen gaan! Vragen waarom ze dit gezegd heeft. Of jij zou kunnen gaan?'

Tom zuchtte. 'Lijkt mij kansloos… Aniek doet wat Aniek wil. Trouwens, ik wil er niet tussen zitten. Ik wil gewoon met haar voetballen. En af en toe in de pauze een boterham eten.'

Er blonk een traan in JoJo's ooghoek. 'Ik wil ook met haar een boterham eten.'

Tom liet zich van het muurtje af glijden en sloeg zijn arm om haar heen. 'Uiteindelijk komt alles goed.'

'Het komt niet goed,' zei JoJo snikkend. 'En ik wil niet alleen zijn.'

'Kom hier, suffie,' zei Tom, terwijl hij haar steviger vastpakte. 'Je bent niet alleen. Ik ben er toch?'

JoJo haalde haar neus op. Een mengeling van wasverzachter en deodorant bereikte haar neusgaten. Toms geur. Ze keek naar hem op.

'Echt?'

'Jazeker, iemand moet hier toch het zware werk doen?' Hij knipoogde terwijl hij haar aankeek.

Er fladderde iets door JoJo's borst. Toen herpakte ze zich en stompte hem tegen zijn schouder. 'Sukkel.'

'Meneer Sukkel voor jou, hè.'

Waarom kijk je er nog naar? In de beslotenheid van haar kamer, scrolde JoJo door haar feed. Tegenwoordig deed ze haar deur op slot. Op die manier kon ze alles en iedereen buitensluiten en zich overgeven aan haar verdriet en enorme eetbuien. Want die had ze tegenwoordig. Echt enórme. Dan vrat ze alles op wat los en vast zat. Ze hoefde het niet eens echt lekker te vinden.

Tot haar grote schrik was ze die middag tijdens haar strooptocht door de Albert Heijn haar moeders vriendin tegengekomen.

'Ga je niet meer naar die personal trainer?'

Dat was het eerste wat ze tegen haar gezegd had nadat ze JoJo bij het schap van de koekjes op haar schouder had getikt. Daarna had ze met een opgetrokken wenkbrauw in haar mandje gekeken. Niet: 'Hoi JoJo' of: 'Hoe gaat het?' Gewoon recht op haar doel af, meteen haar conclusies klaar: hopeloze vetzak betrapt met snoepgoed in de Appie. Sla alarm. Sluit de deuren. Waarschuw moeder.

Er was een gevoel van misselijkheid opgekomen. 'Jawel hoor, gaat hartstikke goed, Annelies,' had ze haastig geantwoord, terwijl ze het mandje afschermde. 'Nog bedankt voor het advies trouwens. Mama en ik hebben het gevoel dat het echt werkt. Heeft ze dat niet verteld?'

'Hm.' Annelies kon zelfs een woord als 'hm' als een verwijt laten klinken. JoJo besefte dat haar ogen nog steeds op de inhoud van het mandje waren gericht en moest moeite doen om er niet vandoor te gaan. Chocoladerepen, een pak wafels, drie zakken chips… Kalm blijven. Wat heeft ze gezien? Je kunt het later altijd nog ontkennen. Wie zou mama geloven? Ze slikte. Vervolgens keek ze Annelies recht aan.

'Leuk je weer eens gezien te hebben, Annelies. Maar ik moet nu echt verder. Nog even langs de afdeling groenten en fruit…' Ze stak haar hand op, wachtte de reactie niet af, en maakte dat ze wegkwam.

Zelfs nadat ze de deur van haar slaapkamer achter zich had dichtgeslagen, ging haar hart nog als een razende tekeer. Ze had een paar minuten nodig gehad om tot rust te komen. Die Annelies ging haar verraden! Ze speurde als een dief door haar kamer, op zoek naar een plaats om de buit te verbergen. Misschien kon ze het beter laten verdwijnen? Snel rukte ze de zakken open en begon de inhoud in haar mond te proppen. Ze had niet eens de rust om alles na elkaar op te eten. Grote brokken chocolade en handen vol chips wisselden elkaar in snel tempo af. Hoe laat zou mama thuis zijn? Een heftig schuldgevoel raasde door haar lijf. Dat maakte dat ze alles nog sneller naar binnen schrokte. Daarna voelde ze zich misselijk. En een enorme loser. Als haar moeder nu thuis zou komen, hoefde Annelies haar niet te verraden. Ze zou de schuld zo van haar gezicht af kunnen lezen. Ze rommelde in haar schooltas. Onderin zat een geheim vakje. Een uitstekende verstopplek voor dingen die je liever niet met je moeder wilde delen. Zoals de laxeerpillen die ze laatst gekocht had. Het idee had ze op Instagram opgedaan. Via #thin en #thinspo, de hashtags die Victoria had genoemd. Een vinger in de keel was nog steeds een no go, maar met die pillen kon je er ook voor zorgen dat het eten supersnel uit je lichaam verdween. Snel genoeg om geen vet op te slaan. Ze spoelde de pil weg met een glas water. Diep vanbinnen zei een stemmetje dat de aanhoudende diarree misschien niet echt gezond kon zijn. Maar ze duwde de gedachte net zo snel weg als die was opgekomen. Ze checkte zichzelf in de spiegel. Waren haar jukbeenderen al niet veel beter zichtbaar? Nu alleen die donkere randen nog weg. Ze lag de laatste tijd vaak uren wakker. De telefoon naast haar bed werkte als een magneet. Oppakken, volgers checken (weer minder dan de vorige keer), feed doorscrollen, de posts en stories van Aniek bekijken, wegleggen. Dit ritueel had ze het afgelopen uur zeker tien keer uitgevoerd. Ze kon het niet laten rusten. Ze kon aan niets anders denken. Tom had makkelijk praten...

Iedere keer als ze haar insta checkte, voelde ze zich een grotere mislukking. Vooral Anieks tijdlijn zorgde voor een steeds groter gat in haar hart.

Aniek juichend op de voetbalclub na een overwinning.

Aniek in een grappige selfie met Sanne. En een mislukte selfie met Tom.

Aniek die met een brede lach een zelfgemaakte poncho showt.

Aniek op haar buik, ingespannen aan het fotograferen.

Haar leven ging schijnbaar gewoon door. Al leek ze niet echt besties met Victoria te zijn geworden... JoJo's hand gleed over haar voorhoofd. Ze mistte haar. Behalve Tom liet iedereen haar links liggen. Ze deden geen echt vreselijke dingen. Ja, ze knorden of lachten een keer achter haar rug, maar meestal deden ze of ze er niet was. Daarom was ze ook gestopt met plaatsen. De likes bleven standaard onder de tien steken en dat waren, op Tom na, vast allemaal nepaccounts. Ze keek op haar scherm. De laatste foto van Aniek was van gisteren. Het was een foto uit de serie voor kunst. Een uitsnede van Victoria's ogen.

We try to hide our feelings but we forget that our eyes speak ♥.

Ze had hem ook in haar story gezet. We proberen onze gevoelens te verbergen, maar vergeten dat onze ogen spreken.

Mooi. Echt een uitspraak voor haar. Ze ging rechtop zitten.

Kon dit een geheime boodschap zijn? Anieks manier om contact te zoeken? Er vonkte een sprankje hoop.

Hou de eer aan jezelf, schoten Toms woorden door haar hoofd.

Maar het afscheid was zo plotseling geweest. Ze had het niet eens aan zien komen. Ze begreep ook niet precies wat de aanleiding was geweest. Was het alleen omdat ze haar had laten zitten? De boodschap kon voor haar zijn. Het kon. Misschien wilde ze er niet te openlijk op terugkomen. Was dat te pijnlijk. Maar een geheime boodschap op insta? Dat was wel iets voor haar. Ze wist dat JoJo haar nog volgde. Waarom zou ze anders iets plaatsen over gevoelens verbergen. Het moest iets betekenen…

Zou ze haar een DM sturen? Ze dacht na. Wat zou ze zeggen? Ze begon te typen.

> Hoi Aniek. Het was allemaal zo onverwacht.
> Ik begrijp het nog steeds niet helemaal.
> Ik mis je. Kunnen we praten?

Ze las de tekst nog een keer na.

Send.

Gespannen tuurde JoJo naar het scherm. Zou Aniek reageren? Waarschijnlijk moest ze wel even geduld hebben. Ze appte Tom. Ze ging niets over de DM zeggen. In gedachten kon ze zijn reactie al horen. 'Waarom laat je het niet gaan?'

> JoJo:
> Hey Tom, alles goed?
> Zullen we afspreken dit weekend?

Aan het typen… Geduldig wachtte ze zijn reactie af.

Tom:

Heb za feestje van Erik. Van de voetbal. Je kan mee. Komen ook mensen van school.

Mensen van school? Als in Victoria en co? Moest ze dat doen? Beter van niet. Kon alleen maar heel vervelend worden. Ze kende die Erik ook nauwelijks. Of zou ze er deze keer schijt aan hebben? Wat kon er gebeuren? Meer gezichtsverlies was bijna niet mogelijk. Voor veel mensen bestond ze niet eens meer. En Tom was er…

Ondanks haar twijfels begon ze te typen.

JoJo:

Ja is goed. Ik ga mee. Zal ik vragen of mijn ouders ons brengen en die van jou terug?

Tom:

👍

Had ze ineens een feestje zaterdag. Ze beet op haar lip. Wat moest ze aan? Had ze iets voor een feestje? Misschien moest ze nog wat lijnen? Een paar extra pillen slikken? Ze ging in ieder geval niet voor schut staan. Zou Aniek er zijn?

Ze dacht weer aan haar bericht, keerde terug naar Instagram en checkte de DM's. Een reactie. Maar niet de reactie waar ze op gehoopt had.

Ik kan en wil niet praten. Daarvoor is er te veel gebeurd. Op dit moment ben ik vooral boos, in de war en teleurgesteld. Daar moet ik eerst uit zien te komen

PS Sorry voor de klap. Had ik niet moeten doen

IK HEB GEEN DISCIPLINE,
IK BLIJF MAAR
DOORVRETEN.

IK STEL ANDEREN
TELEUR.

NIEMAND GELOOFT
IN MIJ.

12

Ze checkte zich nog een laatste keer in de spiegel. Kon het? De zwarte hoge broek en het oversized colbert met smal streepje kleedden af. Het witte shirt gaf het een frisse touch. Ze zou zeker voor maat 40 door kunnen gaan. *Thank you, laxeerpil!* De volle bos haar hing speels rond haar hoofd. Ze had haar gezicht opgemaakt. De wallen en puistjes gecamoufleerd, haar ogen met mascara geaccentueerd en wat lipgloss opgedaan. De spanning in haar buik voelde als een draadje dat op knappen stond. Zouden ze op het feest zijn? Als ze haar maar met rust zouden laten. Ze bleef gewoon in Toms buurt. JoJo rende de trap af en stormde de kamer in.

'Volgens mij heeft er iemand zin in een feestje,' grapte haar vader. 'En denk eraan, geen dingen doen die ik zelf ook niet zou doen.'

Echt zo'n standaard vadergrapje. Die had namelijk alles gedaan wat God verboden had, tenminste, als ze haar moeder moest geloven.

'Je ziet er leuk uit, Jo,' zei haar moeder, terwijl ze haar naar zich toe trok. 'Ik ben blij dat je er weer eens op uitgaat. Ik hoop dat het een gezellige avond wordt.'

JoJo wrong zich los. Al dat kleffe gedoe. Ze zou haar make-up nog verklooien. 'Zullen we gaan? Tom staat te wachten.'

De binnenkomst was meegevallen. Ze waren aan de vroege kant, dus het was nog niet zo druk. Het feest vond plaats in een schuur achter het huis. Er stond een houten bar die versierd was met lichtjes en overal waren hangtafels neergezet. De bar had een tap en er stonden flessen wijn. Een feestje met alcohol. Enigszins gegeneerd liep ze op Erik af. Als hij maar niet zou denken dat ze zichzelf had uitgenodigd.

'Gefeliciteerd,' zei ze schuchter. Ze stak haar rechterhand uit en drukte tegelijkertijd een envelop in zijn andere hand. Erik trok haar naar zich toe en begon haar spontaan op beide wangen te kussen. Een beetje ongemakkelijk kuste ze hem terug.

'Dank je wel. Leuk dat je met Tom bent meegekomen. JoJo, toch?'

Ze ontspande. Gelukkig, hij weet van mijn bestaan.

'Er staat drank op de bar en in de ijskast. Pak waar je zin in hebt. Het is zelfservice vanavond.'

JoJo glimlachte en wilde nog iets zeggen, maar Erik was al door naar de volgende gast.

'Wat wil je drinken?' vroeg Tom.

'Doe mij maar water.'

'Go hard or go home...' zei Tom lachend met een knipoog. 'Partygirl.'

JoJo lachte mee als een boer met kiespijn. Haar buik stond nog steeds op knappen. Het liefste was ze Tom naar de bar gevolgd, maar dat zou wel heel kinderachtig zijn. Ze zocht steun bij de muur en keek een beetje onwennig om zich heen. Er kwamen steeds meer mensen binnen. Een aantal uit haar klas, een aantal die ze kende van gezicht en een aantal die ze nooit eerder had gezien.

'Your water, miss,' zei Tom met een grijns. Zelf nam hij een slokje cola. 'Cool, ik denk dat het een te gekke avond gaat worden. Ik zag net al een paar mensen die ik ken. Goeie gasten. Ze hebben een dj-set meegebracht!'

De deur ging weer open. JoJo herkende Victoria en haar gevolg. De kille luchtstroom die het gezelschap met zich meebracht, deed haar huiveren. Alle hoofden in de ruimte draaiden zich in de richting van de deur. Victoria beantwoordde de bewonderende blikken met een zelfvoldane lach. Ze haalde haar hand door haar krullen terwijl haar ogen over de gasten gleden. Hun blikken kruisten elkaar en Victoria wendde haar hoofd af. Ze zag hoe Didi een minachtende grijns opzette en de anderen elkaar op de achtergrond iets toefluisterden. De moed zakte in haar schoenen.

'Doe me toch maar een wijntje, Tom.'

'Maar je zei net...'

'Ik heb me bedacht. Ik wil wijn.' Tom haalde zijn schouders op en verplaatste zich naar de bar.

'Wat jij wilt.'

Gelukkig kwam Victoria niet meteen haar kant op. Ze kreeg de jarige in het vizier en stevende op hem af, met Didi, Eline en Sanne in haar kielzog. Aniek was nergens te bekennen. De meiden zagen er sensationeel uit. Haren gestyled, make-up on fleek en jurkjes die precies op elkaar waren afgestemd. Het leek of ze zo uit een tv-serie waren weggelopen. JoJo trok haar colbert recht. Nu ze hen bekeek, leek een oversized colbert in één keer niet meer zo'n goed idee. Vergeleken bij hen was ze de lompe, te groot uitgevallen stiefzus die vooral tot last was tijdens het bal.

'Hier is je wijn.'

Ze pakte het glas aan en dronk het in een paar roekeloze teugen leeg.

'Rustig aan, JoJo. Ik blijf niet lopen...'

Ze haalde haar schouders op.

Hij grijnsde en volgde haar blik. 'Aniek is er niet,' zei hij ineens. 'Ze had geen zin of zo. Iets over dingen op een rijtje zetten?'

JoJo staarde Tom aan. Ze zou gewoon een paar glaasjes drinken, tot ze wat minder onrustig was.

'JoJo, kap ermee. Dit gaat niet goed.' Tom ondersteunde JoJo terwijl ze zich tegen de bar liet vallen. Hoeveel zou ze ophebben? Te veel, dat was zeker. Ze gaapte in de hoop het misselijke gevoel te onderdrukken terwijl de gal haar mond in golfde. Na de eerste twee wijntjes had ze zich onoverwinnelijk gevoeld. Ze had zelfs de stoute schoenen aangetrokken en was op de dansvloer naast Victoria, Eline, Didi en Sanne gaan staan. In eerste instantie hadden ze haar vuil aangekeken, maar dat deed haar niks. Ze had staan swingen of haar leven ervan afhing. Nooit geweten dat ze zo goed kon dansen! Na een paar liedjes had ze Tom de dansvloer op getrokken. Die had zich eerst geen houding weten te geven, maar JoJo was rond hem heen blijven cirkelen en uiteindelijk had ook hij zich overgegeven aan de beats van Dua Lipa en The Weeknd. Ze was blij, geliefd en vrij. Zo vrij dat ze Tom vastpakte en hem spontaan op zijn mond kuste. Een paar seconden stond, net als in een film, de wereld stil. Compleet met vuurwerk, een vervaagde omgeving en romantische muziek. Maar tijd om zich precies te realiseren wat er gebeurd was, had ze niet. Er was een polonaise op gang gekomen en Erik, die op kop liep, trok JoJo mee. Vrolijk vervolgde ze haar weg door de schuur.

'Het feest kan beginnen, want ik ben binnen!' zong ze uit volle borst, terwijl ze haar best deed om Erik bij te houden. Bij de bar aangekomen, stopte Erik voor een biertje. Natuurlijk had JoJo nog een wijntje genomen. En nog één? Ze wist het niet meer. Ze had het hoogste woord gehad aan de bar. Erik en zijn vrienden hadden helemaal in een deuk gelegen. Ook nooit geweten dat ze zo grappig was. Op een gegeven moment was Tom erbij komen staan.

'JoJo, misschien kan ik beter mijn ouders bellen of ze ons komen halen.'

'Echt niet! Ik wil nog niet naar huis,' had ze geantwoord. 'Go hard or go home. Weet je nog?' Ze keek hem uitdagend aan.

'Zo mag ik het horen, kanjer,' had Erik gezegd, terwijl hij haar een boks gaf. 'Je gaat toch niet weg? Het wordt nu pas gezellig.'

'Zeker niet. Ik ga niet weg. Nu wordt het pas gezellig,' echode JoJo. Er ontsnapte een hik uit haar mond. De hik maakte haar aan het lachen. Tom lachte niet mee.

Inmiddels had Victoria zich bij het gezelschap gevoegd.

'Ik heb je nog nooit zo vrolijk gezien, JoJo,' zei ze met haar valse grijns.

JoJo trok haar schouders op en zwaaide ongecontroleerd met haar arm. 'Ik heb het uitstekend naar mijn zin hier. Jij ook?' Ze wilde nonchalant tegen de bar gaan hangen, maar vergiste zich in de afstand. Gelukkig ving Tom haar op.

'JoJo, kap hiermee. Ik ga bellen.' Tom liet haar los. 'Wat je ook doet: blijf staan. Ik ben zo terug.'

JoJo draaide zich met een grote zwaai terug naar Erik, Victoria en de anderen.

'Ik wed dat deze dame geen idee heeft wat dit is,' zei Victoria spottend, terwijl ze een flesje Flügel voor JoJo's gezicht heen en weer slingerde. JoJo trok zonder iets te zeggen het flesje uit haar hand en gooide het in één keer achterover. Ze keek Victoria strak aan. Haar ogen glinsterden uitdagend.

Erik en een paar andere jongens begonnen te joelen.

'Niet!'

'Whaaa ze doet het gewoon!'

'Die zag je niet aankomen, hè Vic? Je hebt hoop ik wel een doosje meegenomen?'

'Stoer wijf.'

Stoer wijf. Niemand had haar ooit een stoer wijf genoemd. Zagen ze haar dan eindelijk staan? Haar borst werd warm. Kwam het door de opmerking of door de alcohol?

‘Kom, we gaan.’ Tom was terug. Hij pakte haar pols beet maar ze trok zich los.

‘Nee Tom. Niet nu. Ik ben besig.’ Ze gebaarde dat hij uit de weg moest gaan. Het verstrakken van zijn kaken duidde erop dat haar gedrag hem irriteerde.

‘JoJo, je bent dronken. Je moet naar huis. Nu.’

‘Ja, luister naar je vriendje,’ merkte Victoria op met dat irritante lachje van haar.

‘Is hij mij friendje?’ antwoordde JoJo met dubbele tong. ‘Tom? Toom! Ben jij mij friendje? Misschien wil Ficky ook een friendje. Ficky wil jij mijn friendje? Of is-ie nie knap genoeg?’

Er klonk weer een lachsalvo. Erik fluisterde iets in haar oor. Het kriebelde. Ze giebelde en besefte dat Tom zijn wenkbrauwen fronste en haar kwaad aanstaarde. Ze wilde naar hem toe lopen, maar Erik greep haar bij haar middel. Ze viel tegen Erik aan. Haar wangen kleurden.

‘Oeps.’

Ineens ging alles snel. Of was het langzamer? De schuur begon te draaien en de beelden liepen in elkaar over. Ze kreeg een wijntje in haar handen geduwd van Erik. Of was het van Victoria? En waar was Tom? De aanmoedigingen van Eriks vrienden galmden in haar oren. Haar lach klonk hysterisch hoog. Was ze echt zo grappig? Haar stem schetterde door de ruimte. Terwijl ze op haar schouders sloegen, moest ze zo hard lachen dat de tranen over haar wangen liepen. En toen… toen werd alles zwart.

Ze werd wakker van een koud washandje op haar voorhoofd. Haar lichaam trilde. Ze lag op een bank onder een deken.

‘Ze viel steeds weg. Daarom hadden ze haar eerst in de tuin op een bankje gelegd. Ze hoopten dat de kou haar bij haar positieven zou brengen. Natuurlijk wist ik dat niet, anders had ik wel ingegrepen. Ik ben zelf arts en ik vermoed dat ze daardoor een flinke kou heeft opgelopen,' zei een vrouwelijke stem.

JoJo proefde de gal in haar mond en voelde hoe brokjes braaksel terug in haar keelgat gleden. Het slikken deed zeer. Haar wimpers plakten aan elkaar, waardoor ze moeite had om haar ogen te openen.

'Nou, ik ben geen arts, mevrouw, maar ik zie duidelijk dat dit geen kou is. Ze is stomdronken.' Haar moeder. 'Ik ben me rot geschrokken. Ik dacht dat ze met Tom naar huis zou komen. Tot ik een telefoontje kreeg en een meisjesstem zei dat ik haar echt op moest komen halen, omdat ze niet wakker wilde worden.' Ze schudde geërgerd haar hoofd. 'Wie van jullie was dat trouwens? Weet je dat het niet netjes is om...'

Er ging een schok door JoJo's lijf. Tom? Waar was Tom? Ze wilde overeind komen maar de pijnsteken in haar hoofd en een nieuwe golf braaksel hielden haar tegen. Ze perste haar lippen op elkaar.

'Kijk, ze komt bij,' zei iemand. 'Gaat het?'

Ze wachtte tot haar ademhaling weer iets was gekalmeerd en opende voorzichtig haar ogen. Het beeld was wazig. Ze had moeite om de gezichten die over haar heen gebogen waren te onderscheiden. Ze herkende er een aantal van het feest. Enkelen wierpen haar meelevende blikken toe. Op de achtergrond klonk gefluister. Wat was er gebeurd? Was ze out gegaan? Had ze zichzelf voor schut gezet? De gezichten beloofden niet veel goeds. Erik, Eriks moeder en haar moeder waren er ook. Geen Tom. Je kon zien dat haar moeder in paniek het huis had verlaten. Haar jas was scheef dichtgeknoopt over iets wat verdacht veel op een pyjama leek en haar paardenstaart hing op halfzeven. Haar gezicht stond bezorgd en haar ogen waren betraand. Mijn god, wat had ze gedaan? Het licht in de huiskamer was zo fel dat ze het niet kon verdragen. Ze kneep haar ogen tot spleetjes en slikte de brok in haar keel weg.

‘Sorry, mama,’ zei ze zachtjes. ‘Ik wilde niet…’

‘Laten we het daar straks over hebben,’ onderbrak haar moeder haar kortaf. Ze wendde zich weer tot Eriks moeder.

‘Ik denk dat we van geluk mogen spreken dat het zo afgelopen is,’ zei ze op afgemeten toon. ‘Ik hoop dat iedereen, inclusief JoJo, zijn lesje heeft geleerd. Het is laat. Iedereen is geschrokken. Ik wil graag naar huis.’ Met gespeelde kalmte hielp ze JoJo overeind en ondersteunde haar naar de voordeur. JoJo hield haar ogen op de grond gericht. Ze wilde niemand aankijken. Niet zolang ze niet precies wist wat er zich de afgelopen uren had afgespeeld. Bij het verlaten van het huis voelde ze de ogen als naalden in haar rug prikken.

‘Sorry mama, het spijt me. Echt. Ik vind het zo erg.’ JoJo zat op de passagiersstoel. Klappertandend klemde ze haar armen om de emmer die ze van Eriks moeder had meegekregen. Ze schoof ongemakkelijk heen en weer. Haar moeder zat met opeengeklemde kaken achter het stuur en tuurde ingespannen naar de donkere weg.

‘Het waren een paar glaasjes. Om me wat zekerder te voelen. En… ik weet het niet… daarna werd het zwart… Ik vind het verschrikkelijk dat je zo bent geschrokken. Ik wist niet dat ze je gebeld hadden.’

‘Dat was ze geraden,’ antwoordde haar moeder kortaf. ‘Dat ze me gewaarschuwd hebben. Ik ben me kapot geschrokken toen dat meisje belde en zei dat je niet wakker wilde worden. Ik werd gek van angst. Ik kon niet eens mijn kleren vinden, ik ben zo het huis uit gerend en de auto in gesprongen. In de auto heb ik de moeder van Tom gebeld. Om te vragen wat er in godsnaam aan de hand was. Die zei dat je te veel gedronken had en weigerde mee naar huis te gaan. Weet je hoe dit af had kunnen lopen?’ Haar stem ging een paar octaven omhoog. Het leek of ze het zich nu pas realiseerde. Er biggelden tranen over haar wangen.

'Je had wel dood kunnen gaan.'

Stil staarde JoJo naar de weg die voor hen lag. Haar maag brandde.

'Ik zal nooit meer drinken. Het zal niet meer voorkomen, ik wilde je geen pijn doen.' De woorden buitelden over elkaar als een nestje jonge katjes. 'Sorry, mama. Ik meen het.' Er viel een beladen stilte waarbij alleen het onderdrukte gesnik van JoJo de ruimte vulde. Na een tijdje voelde ze haar moeders warme hand op haar koude, trillende vingers, die nog steeds de emmer omklemden. Voorzichtig blikte ze opzij. 'Bedankt, mam, dat je bent gekomen.'

IK BEN TOO MUCH

VOOR ANDERE MENSEN.

IK BEN EEN SLAPPELING.

NIEMAND MOET MIJ,

IK ZAL ALTIJD

ALLEEN ZIJN.

13

‘Kan ik niet gewoon thuisblijven?’ JoJo keek haar moeder aan. ‘Ik voel me nog steeds niet goed.’

‘Nee, JoJo, we gaan niet thuisblijven omdat jij zaterdag bij een feestje te veel hebt gedronken.’ Mama was in ieder geval weer overgegaan tot de orde van de dag. Dat kon ze van zichzelf niet zeggen. Gisteren had ze de hele dag ziek in bed gelegen. Haar moeder had haar vertroeteld met warme kruiken, kopjes kruidenthee en eigengemaakte kippensoep. Dat had haar lijf rust gegeven. In haar hoofd was het echter een chaos. De hele zondag had ze haar hersens gepijnigd over het verloop van de zaterdagavond. Na wat graven had ze zich bijna alles herinnerd. Het onrustige gevoel bij hun binnenkomst, de wijn, de uitspattingen op de dansvloer (mobieltjes alert!?), de kus (eh, had ze dat echt gedaan?), de polonaise, de grappen en grollen bij de bar en haar uitdagende houding naar Victoria. En toen... De spanning nestelde zich tussen haar schouders. Ze wist het niet. Als een woord dat op het puntje van je tong ligt waar je niet op kunt komen. Hoe ze ook haar best deed, ze kwam niet bij de kern. Het maakte haar onrustig. Onrustig was niet het goede woord. Het maakte haar bang. Ze had zich laten gaan in de buurt van Victoria. Ze had haar uitgedaagd. Wist Victoria iets wat zij zich niet kon herinneren? Kon ze haar daar mee raken? De spanning kroop van haar schouders naar haar nek en via haar nek haar hoofd in. Op maandag was ze met knallende koppijn wakker geworden. Het liefste wilde ze zich in bed verstoppen en wachten tot het was overgewaaid. Als ze een week thuis zou blijven dan waren ze het vast vergeten. Dan was ze gewoon weer die meid op de achtergrond die niemand een blik waardig keurde. Wat wilde ze nu graag dat onzichtbare, onbelangrijke meisje zijn. Ze wreef over haar slaap en zuchtte.

'Mam, kan het echt niet? Ik denk dat ik me vandaag op school toch niet kan concentreren. Ik heb nog zo'n last van mijn hoofd...' Ze keek er zo zielig mogelijk bij.

'Nee schat, sorry. We gaan dat niet doen. Ik heb je gisteren in de watten gelegd, maar ik vind ook dat je moet leren dat als je je billen brandt, je op de blaren moet zitten.' Daar was ze weer met haar spreekwoorden. Voor elke levensles had ze er één. Moest ze haar vertellen dat ze bang was? Bang dat ze de pispaal zou zijn vandaag? Dat ze haar uit zouden lachen, domme opmerkingen zouden maken? Of misschien wel erger...

Ze herinnerde zich Victoria's spottende grijns. Ja, als ze iets stoms gedaan had dan had zij het zeker vastgelegd. Geen twijfel mogelijk.

'Mam?'

'Ja, Jo?' Haar moeder keek haar vragend aan.

'Niks, laat maar. Ik ga wel. Je hebt gelijk.' Ze ging er niet over beginnen. Haar moeder zou zich alleen maar zorgen maken en ze kon er toch niks aan veranderen. Niemand kon dat.

Bij het betreden van de school was ze op haar hoede. Het was bijna een opluchting dat er niets ontplofte toen ze de automatische deuren passeerde. Victoria, Didi, Eline en Sanne waren in geen velden of wegen te bekennen. Dat gaf haar moed. Ze zuchtte diep, liep naar haar kluisje, propte haar jas erin en wisselde wat boeken. Op het moment dat ze zich omdraaide om naar de eerste les te gaan, kwam er een jongen shimmy shakend op haar af. Ze slaakte een kreet van schrik.

'A gimme some... a gimme some... a gimme some... I want to be your drill instructor...'

Een of andere meid trok hem lachend mee. 'Kom op, Stevie, gek! Laat haar.'

Zou dit iets te maken hebben met zaterdag? Ze kon het verband niet leggen, maar het zou wel heel toevallig zijn als het er niets mee te maken zou hebben. Veel tijd om erover na te denken had ze niet, want de bel ging en iedereen haastte zich naar de les. Onderweg leek het of alle ogen op haar gericht waren. Niet openlijk, een beetje samenzweerderig, alsof iedereen op de hoogte was van een groot geheim behalve zij. Of misschien was ze aan het doorslaan? Haar benen voelden zwaar, maar ze dwong zichzelf naar het lokaal te lopen. Zodra ze haar hoofd om de hoek stak, wist ze het zeker. Er speelde iets. Het rumoer in de klas verstomde. Iedereen staarde haar aan terwijl ze naar haar tafel liep. Snel wierp ze haar tas op de grond en plofte op de stoel. Ze plantte haar ellenbogen op het blad, verstopte haar hoofd tussen haar handen en wachtte gespannen op wat er komen ging. Maar er gebeurde niets. Er klonk wat gesmoes en een paar mensen neurieden een deuntje, maar daar bleef het bij. De les leek uren te duren en de spanning gierde door haar lijf. Net of ze elk moment een paniekaanval kon krijgen. Tijdens het eerste lesuur appte ze haar moeder.

JoJo:

Mam, ik weet dat ik van jou naar school moest maar ik voel me echt niet goed... Kan ik naar huis komen?

JoJo:

Mam heb je mijn vorige bericht gezien?

JoJo:

Ik denk dat ik moet kotsen

JoJo:

Maam?

JoJo:

???

Maar haar berichten werden niet gelezen.

Ook de lesuren erna verliepen in een waas. Keer op keer speelde ze in haar hoofd het scenario af. Maar verder dan haar acties aan de bar kwam ze niet. Wat had ze in godsnaam gedaan? Ze slaakte een diepe zucht.

'Ik begrijp dat deze les te saai is voor mevrouw?'

Dekkers keek haar over het randje van zijn zilveren montuur geïrriteerd aan.

'Nee eh, ik eh...'

'Begin eens met rechtop te zitten, dame, dan lijkt het in ieder geval of je iets aan het doen bent.'

'A gimme some... gimme some...' klonk het rechts van haar.

'Oh yeah... oh yeah... oh yeah...' Dat kwam van achter.

Ze drukte haar handen tegen haar oren.

'O, je bent niet geïnteresseerd? Pak je spullen dan maar en ga je melden. Didi en Dylan, hou op met dat geneurie, anders kunnen jullie met JoJo mee.'

Er werd wat gegiecheld, het was duidelijk dat er iets heel grappig was. Iets waar JoJo niet van op de hoogte was. Ze griste haar spullen bij elkaar en rende het lokaal uit. Ze wilde weg, weg uit deze klerezooi. In de gang legde ze haar hoofd tegen de koude muur en ademde diep in en uit. Rustig blijven, niet gaan huilen. Onvast zette ze een paar stappen in de richting van de trap. Iedereen die ze tegenkwam, keek haar hoofdschuddend aan of ze grinnikten en fluisterden elkaar dingen toe. Ze moest hier weg. Het fietsenhok! Eenmaal daar checkte ze haar telefoon. Geen bericht van haar moeder, ook nog niet gelezen. Ze dacht na. Misschien moest ze Tom appen. Vragen of hij haar kon helpen. Hij had zondag niet op haar berichten gereageerd, dat snapte ze ook wel. Ze had zich niet echt als een goede vriendin gedragen. Maar ze had echt al vijf keer haar excuses aangeboden en Tom kon nooit lang boos blijven…

JoJo:

Hey Tom, ik ben bij de fietsenstalling. Voel me echt kut. Iedereen doet raar en ik weet niet waarom. Kun je naar me toe komen?

Ze wachtte terwijl haar benen rusteloos heen en weer wiebelden. Als een opwindspeeltje dat te ver was opgedraaid. *Ting!* Het geluid kondigde een bericht aan.

Tom:

Sorry, we kunnen geen vrienden meer zijn

JoJo staarde naar de woorden. Wat? Wat zei hij? Tom? Dat meende hij niet.

JoJo:

Waarom niet Tom? Wat is er aan de hand?

Haar vingers trilden terwijl ze de woorden typte. Hij kwam niet terug online.

JoJo:

Alsjeblieft? Tom? Wat er ook is, we kunnen het uitpraten. Het spijt me

Ze probeerde hem te bellen, maar het gesprek werd weggedrukt. Ze had het gevoel dat haar longen werden samengeknepen en ze hapte naar adem. Vervolgens kwamen de tranen. Wat had ze gedaan dat zelfs Tom niet meer met haar wilde praten? Ze zette een stap naar achteren en struikelde over het fietsenrek. Gelukkig kon ze zich nog vastgrijpen aan een zadel. Haar telefoon belandde met een smak op de grond. Langzaam krabbelde ze overeind. In het aangrenzende hok haalde iemand zijn fiets van het slot.

'Heb jij dat filmpje ook gekregen?' zei een jongensstem.

'Ja, volgens mij de hele school,' antwoordde een meisje. 'Echt een actie voor Victoria. Die houdt wel van wat vuurwerk. Ik vind het eigenlijk wel zielig voor dat meisje. Zij kan zich voorlopig nergens meer vertonen.'

'Tja, dan had ze maar niet zoveel moeten zuipen. Ik vond het wel een grappige actie van die gast. En dat muziekje maakte het natuurlijk af.'

'Nou, als je mij maar nooit zo voor schut zet.'

Hun stemmen stierven weg toen ze wegfietsten. JoJo klampte zich nog steeds vast aan het zadel. Dit moest over haar gaan. Er was dus een filmpje…

Ting. Tom!

Ze dook op haar knieën om haar telefoon van de grond te vissen. De val had een flinke scheur in haar scherm veroorzaakt. Haar reflectie werd naar alle kanten uiteengerukt. Dat kon er ook nog wel bij…

Tom:

Laat me met rust

En een filmpje.

Het begon haar te duizelen.

Zou dit…? Met trillende vingers tikte ze erop. Ze zag een tuin. Ze herkende Erik, Didi, Eline, Sanne en nog een paar anderen. En ze herkende zichzelf. Ze lag in haar witte T-shirt als een grote lappenpop op een stenen bankje. Haar oversized colbert lag over haar benen. Het enige waaraan je kon zien dat er nog leven in haar zat, waren de licht schokkerige bewegingen van haar schouders en het straaltje spuug dat uit haar rechtermondhoek golfde.

'Jezus, wat is ze ver weg. Moeten we haar niet overeind helpen? Dadelijk stikt ze nog.' Dat was Sanne.

De camera kwam dichterbij en Victoria begon te praten.

'Erik, aan jou de eer om deze prinses wakker te kussen. Ze was net zo onder de indruk van jou.'

'Gadver, Vic, zie je die kots niet rond haar lippen? No way dat ik dat nog ga kussen. Wacht, ik por d'r wel even.' Erik stootte JoJo's schouder aan. Het duwtje deed eigenlijk niets. Het bracht alleen een trilling teweeg in haar borsten, die als twee grote drilpuddingen heen en weer begonnen te bewegen. Even bleef het stil. Victoria begon als eerste te lachen.

'Jezus, wat een grap. Doe dat nog eens.'

Erik gaf JoJo weer een por, nu direct tegen haar linkerborst. En weer trilden haar tieten als twee grote aardbeien jello's. Het gelach werd luider en Erik kreeg de smaak te pakken. Hij neuriede er zelfs een deuntje bij 'Left, right, left…' Steeds opnieuw betastte hij haar borsten die vibreerden alsof het een lieve lust was. Niemand in het gezelschap zei er iets van. Sterker nog, iedereen vond het kapot grappig.

'Wacht, wacht Erik.' Victoria weer. 'Doe dat nog een paar keer, dan zet ik er thuis dat liedje onder.'

Erik keek met een grote grijns de camera in. Toen viel het beeld weg.

Meteen daarna werd de muziek ingezet en volgde een close-up van haar borsten.

'I wanna be your drill instructor. Left, right, left, right. A gimme some… a gimme some… a gimme some. Mmm good… mmm good… oh yeah… oh yeah. Ah… ah ha… ah… ah ha… ha… ha… ah… ah ha. I wanna be your drill instructor.'

Het leek of iemand haar borsten een danscursus had gegeven. Soepel deinden ze heen en weer op de beat van de muziek.

'JoJo's Titty Shake' stond er in grote letters onder. JoJo drukte het filmpje weg. Ze zat nog steeds op haar knieën en staarde naar het kapotte scherm. Haar maag trok samen. De inhoud belandde in forse stralen op haar kleren en op de grond. De klodders kleverig braaksel verspreidden een scherpe, zure lucht. Lager dan dit kon ze niet zinken. Er stroomden tranen over haar wangen. Op de een of andere manier had ze niet de kracht om op te staan. Ze voelde zich hol, klein en verslagen. Het lukte niet om de binnenkomende berichten van haar moeder te lezen. Als een zombie staarde ze voor zich uit. Zo vond de conciërge haar na een halfuur in het fietsenhok.

IK BEN WALGELIJK.

Over het verspreiden van filmpjes

IK HAAT MEZELF.

DE WERELD IS BETER AF ZONDER MIJ.

14

De hele nacht had ze liggen draaien en woelen. Steeds weer waren ze in haar droom opgedoken, als aasgieren rondom een verse prooi. Ze achtervolgden haar en bespotten haar. En overal waren camera's. Victoria stond voorop. Haar valse, angstaanjagende lach en haar ijskoude ogen maakten dat ze een aantal keer wakker was geworden. Alsof ze midden in een gruwelijke horrorfilm zat. Ze probeerde zichzelf gerust te stellen. Het was maar een droom. Maar toen ze weer in slaap viel, ging de nachtmerrie gewoon verder. Tom verscheen nu aan Victoria's zijde en keek JoJo zo boos aan dat ze opnieuw wakker schrok.

Grijs licht viel door de ramen. Was het al ochtend? Er druppelden tranen over haar wangen. De beelden uit haar droom maakten plaats voor de nachtmerrie op school. Ze voelde hoe de angst in haar buik om zich heen greep als een paniekerige vogel. Wat had ze gedaan dat ze dit verdiende? Dat ze haar zo wilden kleineren? Dat Tom niet meer met haar wilde omgaan? Had ze het zelf uitgelokt? Omdat ze te veel had gedronken? Zich had aangesteld? Of omdat ze anders was dan de anderen? Het gewoon verdiende? Was ze maar nooit naar dat feestje gegaan.

Ze had er thuis niets over gezegd. Niets over het filmpje, niets over Erik of Victoria, niets over Tom. Ze had die zaterdagavond de schuld gegeven – de drank, de kou en de schaamte vanwege het feit dat ze zo dronken was geweest. Haar moeder leek hiermee genoegen te nemen en had niet verder gevraagd. JoJo wilde er niet meer aan denken. Het deed gewoonweg te veel pijn.

Moeizaam kwam ze overeind. Ze zwierde haar benen over de bedrand en nam een slokje water om de vieze nasmaak van de droom weg te spoelen. Zelfs daar lieten ze haar niet met rust. Sinds ze thuis was, had ze niets meer gehoord. Niets over het feestje, niets over het filmpje. Kennelijk was niemand nog geïnteresseerd. Misschien was het maar beter zo. Des te sneller zou het overdrijven. Ze kroop terug in bed en rolde zich op als een bal onder de dekens. Ze miste Tom. Ze had nog een paar keer geprobeerd contact met hem te leggen. Eerst had ze gebeld, maar toen ze steeds de voicemail kreeg, besloot ze hem te appen.

JoJo:

Tom, het spijt me als ik je pijn gedaan heb. Dat is nooit mijn bedoeling geweest. Kunnen we het er alsjeblieft over hebben? Ik mis je zo

JoJo:

Tom, kunnen we nog één keer praten?

JoJo:

Tom?

JoJo:

Ik snap het niet…

Hij had niet gereageerd. Het leek of ze dood voor hem was. Het leek trouwens of ze dood was voor de hele school. Zo voelde ze zich ook. Net of er een deel van haar was gestorven. Een deel dat niet meer terug zou komen. Dagenlang lag ze in bed naar het plafond te staren. Ze had geen zin om tv te kijken of te lezen. Zelfs niet om maar een post van iemand te checken. Mama dacht dat ze een flinke kou had opgelopen. JoJo wist wel beter. Ze was ziek. Ziek van het leven. Ze wilde alleen maar slapen en ademen. En misschien wilde ze dat niet eens... Eerst was ze tevreden geweest met een bijrol, nu mochten ze ook die rol gewoon schrappen. Iemand klopte op de deur. Ze draaide zich om en kroop dieper weg.

'JoJo, ben je wakker?' Mama. De deur ging een stukje open. JoJo trok de dekens verder over zich heen. Ze wilde met niemand praten. Het bleef stil. Niet lang daarna voelde ze dat haar moeder voorzichtig op bed ging zitten.

'Ik kreeg net een telefoontje van school. Ze vroegen hoe het ging. Ze maken zich zorgen.'

Weer een stilte.

JoJo bleef doodstil liggen. Misschien zou ze dan weggaan. Maar haar moeder leek niet van plan te vertrekken.

'Mevrouw Pieters had je zelfportret gevonden. Dat was nogal confronterend, zeiden ze.'

JoJo hield haar adem in. Mama zou toch niet...

'Ik heb gevraagd of ze het door wilden mailen. En ik... ik begrijp hun zorgen. Ik heb nooit geweten dat je jezelf zo zag, JoJo. Dat je zo'n hekel aan jezelf hebt.'

Haar moeder slikte moeizaam. 'En ik vermoed dat ik er ook schuld aan heb. Ik bedoel, ik vertel je lang niet vaak genoeg hoe mooi en bijzonder ik je vind. Ik zit alleen maar op je te vitten. Dat je beter je best moet doen. Dat je wat kilootjes kwijt moet raken. Ik heb me nooit gerealiseerd dat...'

Weer een stilte. Haar moeder snoot in een zakdoekje. Was ze aan het huilen?

'Ik had beter moeten weten. Ik heb zelf jaren verspeeld om iets te willen zijn wat ik niet ben.' Ze zuchtte. 'Ik heb waarschijnlijk alle diëten gedaan die er zijn. Soepdieet, koolhydraatarm dieet,

Sonja Bakker-dieet, ziekenhuisdieet, citroensapkuur. Noem het maar op. En iedere keer ging het een tijd goed. Zolang ik maar niet normaal ging eten. Want dan kwam ik toch altijd weer uit op een maatje groter in plaats van een maatje kleiner. Ik kon het niet uitstaan.' Ze lachte spottend. 'En tóch bleef ik ermee doorgaan. Tegen beter weten in. Net of ik mezelf ergens voor wilde straffen. Ik walgde van mijn dikke benen, mijn striae, mijn brede heupen en mijn grote billen. Elk jaar zomerstress, kleurstress, bikinistress. Weet je hoeveel geld ik heb verspild om een "oplossing" voor mijn "probleem" te vinden?' De vraag bleef in de ruimte hangen als een natte hondengeur na een fikse regenbui.

JoJo kreeg een slapend been omdat ze te lang en krampachtig in dezelfde houding was blijven liggen. Heel voorzichtig draaide ze zich naar haar moeder. Ze gluurde tussen een vouw in de lakens. Haar moeder was in gedachten verzonken. Ze streek met haar hand het dekbed glad.

'En het ergste is dat ik er jou onbewust ook mee opgezadeld heb. Ik was geen goed voorbeeld. Terwijl ik alleen maar het beste...'

Er gleden tranen over haar wangen. Ze had haar moeder nog nooit zo gezien. Normaal was ze sterk, wist ze voor elk probleem een oplossing. Het was ongemakkelijk om haar te zien huilen. In een impuls stak ze haar hand door de lakens en legde die op de hand van haar moeder. Op dat moment werd haar moeder zich weer bewust van het feit dat ze met haar in dezelfde kamer was. Ze veegde haar tranen weg.

'Sorry, ik had mezelf niet zo moeten laten gaan.'

'Geeft niet, mam.' JoJo kneep in haar moeders hand om te laten merken dat ze het begreep.

'Je bent mooi zoals je bent, JoJo. Wat anderen ook zeggen of wat dat duiveltje op je schouder je ook influistert. Hoor je me? Je bent prachtig.' Zachtjes streelde ze door JoJo's haar.

JoJo kroop dichter naar haar toe. Hoe kon ze haar laten weten dat zij zich niet schuldig hoefde te voelen?

'Ik ben zo trots op je,' vervolgde haar moeder. 'Jij hoeft je helemaal niet voor de wereld te verbergen. De wereld heeft juist meer mensen nodig zoals jij.'

The world needs more you, schoot er door JoJo's hoofd. Wie had dat ook alweer gezegd? Inez? Ze zag haar voor zich in de witte jurk met haar aanstekelijke lach. *Je hebt zoveel liefde in je hart. Geef ook wat aan jezelf.*

Ze rilde. Daar was het weer. De elfenstof. Ineens wist ze wat ze moest doen. 'Mam, mag ik je wat laten zien?' Ze pakte haar telefoon. De scheur in het scherm herinnerde haar aan het verdriet van een week geleden. Vastberaden slikte ze het weg. Ze klikte op Instagram en zocht het account van Inez op.

'Kijk, mam, zij is bodypositief. Dat is een beweging die in opkomst is. Het betekent dat elk lichaam waardering en acceptatie verdient. Dus een positieve mindset over alle lichaamsvormen, niet alleen het ideale plaatje.' JoJo schoof de telefoon in de richting van haar moeder, die geïnteresseerd begon te lezen en te scrollen.

'Wat een leuke vrouw en wat een mooie boodschap,' antwoordde haar moeder na een tijdje.

'Jij bent net zo leuk, mam. Waarom zie je het bij haar wel en bij jezelf niet?'

Haar moeder prikte JoJo in haar zij: 'Ha, de pot verwijt de ketel dat hij zwart ziet. Nee, jij bent Miss Positief.'

Weer die spreekwoorden. 'Hou op, dat kietelt!' JoJo begon te lachen.

'Dat is ook de bedoeling.'

JoJo schaterde het uit terwijl ze zich onderwierp aan haar moeders kieteldood.

'Zul jij, JoJo Johanna Thérèse, plechtig beloven om van nu af aan alleen nog positieve gedachten in je hoofd toe te laten?'

'Stooop! Ik. Kan. Niet. Tegen. Kietelen.'

'Eerst beloven.'

'En. Jij. Dan?' JoJo moest zo lachen dat ze de woorden met moeite over haar lippen kreeg.

'Ik beloof jou met de hand op mijn hart dat ik me ook positiever over mezelf uit zal laten,' antwoordde haar moeder.

'Dan. Ik. Ook!'

Haar moeder stopte met kietelen terwijl JoJo weer een beetje op adem kwam.

'Dan ik ook, mam.' Ze krulde zich tegen haar moeder aan terwijl die over haar haren streek.

'Kom hier, lieverd. Dit pakken we samen aan.'

En op dat moment wilde JoJo niets liever dan dat.

HET IS MIJN
EIGEN SCHULD.

IK SCHAAM ME
VOOR MEZELF.

IK BEN DANKBAAR VOOR DE MENSEN
DIE VAN ME HOUDEN.

DEEL 3

VOORZICHTIG WEER OPSTIJGEN

15

'Probeer er vooral iets van jezelf in te leggen,' had meneer Dekkers gezegd. De opdracht was om in groepjes van twee of drie, binnen het gekozen profiel, een werkstuk te maken en een presentatie te geven. Victoria, Didi en Eline hadden elkaar direct opgezocht. JoJo had geprobeerd om met Aniek oogcontact te maken. Maar Aniek keek alle kanten op behalve de hare en stapte op een van de jongens uit haar voetbalteam af. Het was duidelijk dat ze nog steeds niets van haar wilde weten.

JoJo probeerde haar lichaam tot minimale proporties te verkleinen. Waarschijnlijk zou niemand naar haar toe komen. Misschien moest ze Dekkers vragen of ze het in haar eentje mocht doen. Beter alleen dan met mensen die deden alsof ze niet bestond.

Ze had niets meer over het filmpje gehoord en er verder ook niets meer mee gedaan. Daarvoor schaamde ze zich te erg. Ze had niet zoveel moeten drinken. Dat zou haar nooit meer overkomen. Het liefste wilde ze alles achter zich laten, zich richten op positievere dingen. Zoals ze met mama had afgesproken.

Iemand tikte op haar schouder. Ze veerde op en keek in Sannes gezicht. Die staarde haar beschaamd aan. Alsof ze meteen spijt had van haar toenaderingspoging.

'Eh, Dekkers zei dat ik met jou moest…?'

JoJo merkte hoe Victoria, Didi en Eline het tafereel vanaf de andere kant van het lokaal met een grijns gadesloegen. Typisch

VED om Sanne te laten vallen. Op die manier kon je beter geen vriendinnen hebben. Sanne weigerde in de richting van haar vriendinnen te kijken en draaide verwoed aan de ring om haar vinger.

'Ja hoor, kan,' zei JoJo en ze haalde haar schouders op. Ze wilde vooral niet te wanhopig lijken.

'Oké,' aarzelde Sanne met een geforceerd lachje. 'Maar ik ga niet één of ander saai onderwerp kiezen hoor, JoJo.'

Net of zij alleen van saaie dingen hield…

'Ik had eigenlijk al een ideetje,' zei JoJo voorzichtig. Een ideetje? Ze had een plan. Ze wilde dit per se doen. Maar Sanne moest niet denken dat ze iets in haar maag gesplitst zou krijgen, want dan zou het niet doorgaan. Helemaal niet nu de aasgieren aan het toekijken waren. Het moest dus een gezamenlijke missie lijken.

'Weet je nog dat artikel over Cameron in *GirlsInc.*?'

'Ja, wat is daarmee?' Sanne was nog steeds niet echt toegeeflijk.

'Nou, daarin gaf zij aan dat ze ook weleens onzeker was,' vervolgde JoJo voorzichtig. 'Ik dacht dat we misschien wel iets zouden kunnen schrijven over het schoonheidsideaal.' Ze ging er nog geen bodypositivity bij halen, want dan zou Sanne zeker afhaken. Die ging echt geen werkstuk maken over dikkerds die van zichzelf wilden houden.

'Gaan we dan uitzoeken wat mensen mooi vinden?'

'Ja, zoiets. Wat er door de jaren heen als mooi beschouwd werd, of er een ideaalbeeld is en wat voor een invloed dat heeft op ons.' Sannes ogen glinsterden. Dit ging de goede kant op.

'Oké, ja, kan,' antwoordde Sanne. 'Als ik maar het huidige tijdsbeeld uit mag zoeken, jij kunt dan de geschiedenis doen.'

Bingo! JoJo wilde niet meteen uitgelaten reageren. Dus in plaats daarvan gaf ze Sanne een bescheiden glimlach en zei: 'Natuurlijk Sanne, wat jij wilt.' Triomfantelijk keek ze in de richting van Victoria en co. Die wierpen haar een vernietigende blik toe en draaiden hun hoofd af.

‘Wacht je zo in het fietsenhok?’ had Sanne gevraagd. Het was natuurlijk wel even wennen om je werkstuk met de grootste sukkel van de school te moeten maken.

JoJo ging er zich niet over opwinden. Ze had haar zin gekregen. Dat was het belangrijkste. Ze leunde tegen het rek en scrolde door haar ontdekpagina. Het zou nog wel even duren voordat Sanne er was. Die meiden hadden altijd van alles te bespreken na school. Maar ze had geduld. Ze hoefde toch nergens heen. Haar oog viel op een plaatje:

Change your life with these 4 affirmations

Affirmations? Wat zouden dat zijn? Ze klikte op het plaatje en swipete naar links.

I love and respect my body

I am enough…

Iemand schraapte zijn keel ‘Eh, kun je even opzijgaan?’

JoJo verstarde. Ze drukte de post weg en propte de telefoon in haar zak. Ze draaide zich om.

Aniek nam haar met een verstoorde blik op.

‘O, sorry,’ stamelde JoJo. Ze schoof in de richting van het middenpad.

Aniek pakte haar fietssleutel en rommelde wat aan het slot. ‘Verdomme.’

‘Huh?’

‘Die kutsleutel is afgebroken.’ Ze pakte haar telefoon en begon te appen. ‘Shit.’ Ze staarde naar het scherm, zette haar telefoon uit en deed hem in haar zak. ‘Het ziet ernaar uit dat ik hier nog wel even ben.’

Ongemakkelijk zwijgend stonden ze tegenover elkaar.

‘Dus… als je nog wilde praten of iets kwijt wil, now is the time.’ Nets iets te hard sloeg Aniek haar handen in elkaar.

JoJo schraapte met haar voet over de grond. ‘Ik eh…ik…’

'... wil je graag mijn excuses aanbieden omdat ik je heb laten zitten met die fotoshoot,' vulde Aniek haar verbolgen aan. 'Ik heb mezelf als een klein kind gedragen en het was nooit mijn bedoeling geweest om je met Victoria op te zadelen.'

JoJo keek verbaasd op. 'Jij wilde toch zelf met Victoria samenwerken?'

'Nee JoJo, ik wilde met jóú samenwerken. Was dat niet duidelijk?' Aniek perste haar lippen op elkaar.

'Nou, ik hoorde...'

'Ja, ik heb daarna ook het één en ander gehoord, moet ik zeggen. Want na een eerste, heel ongemakkelijke afspraak met Victoria, had ik eigenlijk besloten om ermee te kappen en ook een zelfportret te maken. Maar ineens kwamen er een paar héél interessante dingen op tafel...'

'O?'

'O? Is dat alles wat je te zeggen hebt?'Anieks hoofd werd rood. 'Tegen Victoria was je heel wat spraakzamer.'

'Hoezo?' JoJo keek haar verward aan. 'Ik heb helemaal niks met Victoria...'

'Lieg niet!' Aniek zette een kinderlijk stemmetje op: 'Aniek is zo vreselijk jaloers op jou, Vic. Best zielig eigenlijk, want zij moet iedere week naar de voedselbank terwijl jij lekker uit eten gaat bij de Sushi Express. Dus ergens snap ik het wel. Maar dat is natuurlijk geen excuus om jou een verwende bitch te noemen, hè. Of Didi jouw persoonlijke pitbull. En eh... hoe noemde ze Eline ook alweer?' Aniek stak een wijsvinger in de lucht. Het gebaar had iets geprikkelds. 'O ja, een dom trutje zonder eigen mening.' Ze tikte met haar vinger tegen haar slaap en staarde JoJo strak aan.

'Ik snap niet...'

'Was mijn imitatie niet duidelijk? Dat was jij, JoJo. Jíj hebt die onzin lopen verkondigen over míj. Was je zo desperate?'

'Ik? Ik heb dat niet gezegd, Aniek. Dat zweer ik. Waarom zou ik dat zeggen? Ik zou nooit…'

'Nou, het is wel heel toevallig dat jij in het groepje werd opgenomen meteen nadat ik eruit was gezet. Een dikzak! Waarom zou Victoria in hemelsnaam een tientonner in haar groepje opnemen? En ineens werd het me duidelijk. Je hebt ons gewoon tegen elkaar opgezet.' Ze klemde haar kaken op elkaar. 'Dus toen ik die kringloopwinkel uit kwam en uit schaamte mijn hoofd afdraaide, dacht Victoria dat jij de waarheid sprak. Dat ik die dingen echt gezegd had. En toen was het: bye Aniek, welkom JoJo. Wat een grap. Gedist door de dikkerd.'

'Ik zou dat nooit doen. Je kent me toch, Aniek? Victoria had mij bij het groepje… ze wilde mij helpen…'

Aniek lachte schamper. 'Nou, Victoria wil jou nooit meer helpen. Want ik was zo boos dat ik daarna ook een boekje over jou heb opengedaan. Over VED en Victoria's zogenaamde vetfobie.' Haar vingers tekenden aanhalingstekens in de lucht. 'En natuurlijk jouw achterbakse geroddel over haar moeder. Als Victoria jou ooit nog wil helpen, dan vreet ik mijn schoen op.'

JoJo keek Aniek ongelovig aan. 'Wat?'

Aniek sloeg demonstratief haar armen over elkaar. 'Jij hebt mijn vertrouwen beschaamd. Je hebt me achter mijn rug om zwart gemaakt en me laten zitten toen ik je nodig had.'

Er klonk een claxon.

Aniek trok driftig haar fiets uit het rek. Ze tilde de achterband op en begon te lopen. Bij de uitgang gooide ze haar hoofd over haar schouder. 'Ik had jou nooit zo dichtbij moeten laten komen. Je bent een onruststoker. Weet je dat? En Tom denkt er precies hetzelfde over.'

JoJo keek haar met open mond na. WTF? Victoria loog en bedroog, wond iedereen om haar vinger, maar was zó charmant dat ze ermee weg kon komen? Dit kon niet waar zijn. Ze schopte tegen het fietsenrek. Haar telefoon zoemde in haar jaszak.

Sanne:

Duurt wat langer. Kom wel rechtstreeks. Wat is je adres?

JoJo staarde naar het scherm. Als ze ergens geen zin in had… Zou ze antwoorden dat ze niet hoefde te komen? Haar duim bleef boven het scherm hangen. Wat had haar moeder ook alweer gezegd? 'We pakken dit samen aan.' Misschien moest ze zich niet laten kennen. Aniek was duidelijk geweest. Zij wilde niets meer met haar te maken hebben. En verhaal halen bij Victoria had ook geen zin. Dat was vragen om problemen. Ze kon zich beter richten op andere dingen. Positieve dingen. Zoals de band met mama of het werkstuk. Dingen waar ze wel invloed op had.

Change your life with these 4 affirmations.

JoJo bekeek opnieuw de post die ze eerder die middag in het fietsenhok had gevonden. Sanne was net vertrokken. Ze had zich die middag niet in kunnen houden. Ze moest haar verhaal bij iemand kwijt. De vuile leugens van Victoria. De goedgelovigheid van Aniek. Dat iemand zulke onzin kon verspreiden en ermee weg kon komen. Sanne had niet veel gezegd, ze had haar aandacht vooral op iets gevestigd buiten het raam. Zodra JoJo enigszins was gekalmeerd, had ze opgemerkt dat ze er eigenlijk liever niet tussen wilde zitten. Of ze dat kon respecteren? En of ze dan nu eindelijk aan die opdracht konden beginnen? JoJo had haar vol verbazing aangestaard. Weer iemand die geen partij wilde kiezen. Ze haalde haar schouders op. Waarschijnlijk zou niemand zich ooit tegen Victoria keren.

Samen hadden ze een planning gemaakt. Het zag ernaar uit dat ze veel met elkaar opgescheept zouden zitten. Maar Sanne had gezegd dat ze dat geen probleem vond. Ze wilde er echt iets van maken. Eerst zien dan geloven…

JoJo keek weer naar de post op haar scherm en swipete naar links.

I love and respect my body.
I am enough just as I am.
I am beautiful.
I love the woman looking back at me in my mirror.

Repeat after me 📣 *in the* 🪞,
21 days to a new you.

In 21 dagen naar een nieuwe ik? Door die zinnen hardop voor de spiegel uit te spreken? Ja hoor, zal wel. Ze staarde naar haar spiegelbeeld en schraapte haar keel. 'I love and respect my body.' Haar maag kromp ineen. Wat een belachelijke zin. Wie zegt er nou zoiets tegen zichzelf? Echt idioot. Haar ogen vielen weer op de vier regels op haar scherm. Zou het misschien door het Engels komen? Ze pakte een post-it en begon te schrijven.

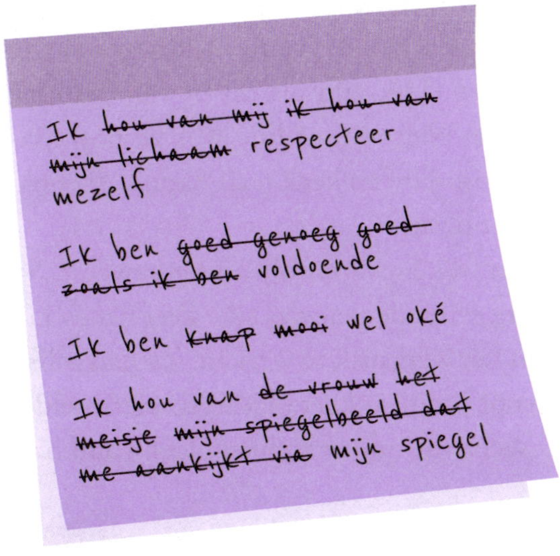

Ze keek naar de doorhalingen op papier. Door het gekladder kon ze de zinnen bijna niet meer lezen. Ze zuchtte en keek naar zichzelf in de spiegel. Ze had er nu al geen zin meer in. *Wil je dan geen ander mens worden, jankerd?* Ze streek de haren uit haar gezicht en knoopte ze in een knotje. *Oké, kom op. Je kunt dit.*

'Ik respecteer mezelf.' Onrustig schoof ze heen en weer op haar stoel.

'Ik ben voldoende. Ik ben wel oké.' Ze trok een wenkbrauw op. Ik ben wel oké?

'Ik hou...' Ze kneep haar ogen tot spleetjes. Wat stond daar nou? 'Ik hou van mijn spiegel?' Kut, ze was een woord vergeten. Ze pakte haar pen en begon de laatste zin door te strepen. 'Ik hou... Ik hou van mij in mijn spiegel?' Weer een streep. 'Ik hou van het meisje in mijn spiegel? Jezus, wat een onzin!' Ze begon alle zinnen door te krassen en verscheurde het blaadje tot kleine paarse snippers die ze in een schaaltje op haar kaptafel dumpte. Zo, dat luchtte op. Wie had deze shit ooit bedacht? Dat ging toch niemand helpen. Serieus? Wrevelig tuurde ze naar haar spiegelbeeld. Dit was helemaal niets voor haar. Veel te zweverig.

Vol belangstelling bekeek ze de plaatjes van de Rubensvrouwen op internet. Raar dat zulke vrouwen vroeger het toonbeeld van schoonheid waren. Dik zijn als teken van extreme vrouwelijkheid en welvaart. Niet vies of lui. Was ze nou maar wat eerder geboren... Ze grinnikte en keek naar Sanne, die ook ingespannen achter haar laptop zat.

De afgelopen weken waren bijzonder geweest. Sanne had zich aan haar belofte gehouden en was elke keer trouw komen opdagen om samen aan het werkstuk te werken. Ze had zelfs het populaire groepje daarvoor een paar keer afgezegd. Het voelde bijna vriendschappelijk. Weer vormde er zich een lach rond haar lippen. Dat zou ze maar niet tegen Sanne zeggen. Ze hadden samen een berg aan informatie gevonden. Informatie waarvan hun hoofd af en toe duizelde.

Zo bleek de 'perfecte' jonge, witte, slanke vrouw met lange benen, ronde borsten, grote ogen, volle lippen en egale huid (lees: de vrouw waar ze zich in magazines en op social media altijd mee vergeleken) het Westerse schoonheidsideaal te zijn. Helemaal niet de waarheid of zo. Het schoonheidsideaal was niet eens voor de hele wereld hetzelfde en het was door de jaren heen ook heel erg veranderd (lees: een paar honderd jaar geleden zou JoJo aanbeden zijn). Maar wie bepaalde dat dan?

Dat was iets wat ze niet precies hadden kunnen achterhalen. In elk geval leek de mode-industrie er invloed op te hebben. Zij bepaalden de trend. En die toonden ze het liefst op extreem dunne modellen. Omdat de kleding dan beter uitkwam. Ofwel: een dikke kont verkoopt niet. Toch was het niet alleen de mode-industrie die goed verdiende aan het schoonheidsideaal. Het ideaal was namelijk iets dat niet eenvoudig te bereiken was. Eigenlijk was het voor de meeste mensen onhaalbaar. Toch deed de media, en in het bijzonder de advertentie-industrie, voorkomen dat een ideaal lichaam voor iedereen mogelijk was. En dan... zou de wereld in afzienbare tijd aan je voeten liggen. Maar lukte dit niet? Dan kon je je dromen over een mooie man, een groot huis, veel geld en een geweldige baan beter uit je hoofd zetten. Sterker nog, als je het ideaal niet bereikte, dan zou dat ook eens heel goed aan jezelf kunnen liggen. Want had je wel het doorzettingsvermogen om een dieet te volgen, te sporten of gezond te eten? Gelukkig was er voor de slappelingen de beauty-industrie (en de advertentie-industrie om het van de daken te schreeuwen). Dankzij hun 'wonderproducten' was het echt voor iedereen mogelijk om net zo mooi te worden als het model uit de advertentie of de actrice uit de blockbuster.

Dikke leugens. Maar wel met miljárden omzet. Voor hen. Verder werd er niemand beter van. Of echt vrolijk. Het schoonheidsideaal had vooral een negatieve invloed. Met name op het lichaamsbeeld en de eigenwaarde van meisjes en vrouwen.

JoJo realiseerde zich hoe de afbeeldingen van perfecte, slanke vrouwen een flinke deuk in haar zelfvertrouwen hadden gegeven. Waar ze niet bij stil had gestaan, was dat niet alleen dikke meisjes issues hadden. Dunne meisjes hadden eigenlijk precies dezelfde problemen. Al waren ze misschien een stuk slanker, ook zij voldeden vaak niet aan het perfecte plaatje. Dus heel veel meisjes tussen de 13 en 21 bleken zichzelf niet mooi te vinden en zich te schamen voor hun uiterlijk. Meer dan driekwart wilde iets aan hun lichaam veranderen en een deel zou zelfs plastische chirurgie overwegen. De onzekerheid begon vaak al voor het tiende levensjaar. In Nederland alleen al waren er meer dan honderdduizend meisjes met een eetstoornis! WTF, IOOK? Zelfs jongens voelden de druk om perfect te zijn.

Belachelijk dat we ons zo druk maken over hoe we eruitzien, schoot het door haar hoofd. Schoonheid zegt helemaal níéts over je karakter. Kijk maar naar Victoria.

'Wist jij dat alle foto's in magazines bewerkt worden?' Sanne onderbrak haar gedachten. 'Maar echt alle foto's, hè. En niet een beetje maar echt mega bewerkt.'

De emoties laaiden op in haar ogen en JoJo moest lachen om de verontwaardigde toon die ze aansloeg.

'Kijk, hier staat dat dat professionele modellen zelfs helemáál worden gefotoshopt. Soms zo erg dat het model niet eens meer op zichzelf lijkt.' Haar hoofd was rood van irritatie. Ze sprong op. 'Heb je dat magazine nog? Met Cameron op de cover? Laten we eens de proef op de som nemen.'

JoJo haalde het magazine tevoorschijn. Het leek lang geleden dat ze zich vol overgave op de inhoud van het magazine had gestort om uit te vinden hoe ze slanker kon lijken en van haar vet af kon komen. Ze besefte ineens dat ze de thee al een tijdje was vergeten. En de pillen. Kon het zijn dat ze zich beter voelde? Niet meer zo trillerig?

Geagiteerd trok Sanne het magazine uit haar hand.

'Vandaag nog graag!' Ze pakte haar telefoon erbij en zocht een filmpje van Cameron op YouTube. Een interview in een tv-studio.

'Kijk, hier heeft ze moedervlekken en sproetjes. En op de cover?' Sanne gaf triomfantelijk een klap op het magazine. 'Nada! En dat haar. Dat krijg je echt niet door een beetje touperen. Daar is zeker wat bij gezet.'

JoJo begon de lol ervan in te zien. Een soort 'Zoek de verschillen 2.0'. Ze keek van de filmbeelden naar de coverfoto. Echt elk lichaamshaartje, vlekje en sproetje op haar lichaam was weggewerkt.

'En die borsten?' viel ze Sanne bij. 'Dat moet echt een wonder-wonder-wonderbra geweest zijn, of misschien toch een beetje Photoshop?' Ze dacht aan de keer dat ze haar eigen lichaam smaller had gemaakt met zo'n app. Hoe simpel was dat geweest? Kun je nagaan wat een professionele fotograaf met Photoshop kon doen. Een verontwaardigd gevoel borrelde omhoog. Ze was zich dus al die tijd aan het vergelijken geweest met beelden die niet echt waren. Al die moeite en frustratie om op een model of een celeb te lijken die niet eens op zichzelf lijkt? Hoeveel tijd en energie had ze gestoken in deze onmogelijke missie? Haar kaken verstrakten. Ze moest iets doen. Dit was niet eerlijk. Hoeveel meisjes zouden zich, net als zij, blindstaren op die perfecte lichamen? En er elke dag een beetje minder zeker door worden? Net zolang totdat ze zichzelf niks meer waard vonden? Maar het was nep, het was bedrog! Toen begon er een idee in haar hoofd te groeien. Ze ervaarde een sterke aandrang om een punt te maken. Wat als ze de door haar bewerkte foto naast de originele zou zetten en die op Instagram zou plaatsen? Ze keek van Sanne naar het magazine. Ze rechtte haar rug. Een protest tegen de schoonheidswedstrijd die ze nooit kon winnen. Fuck, ze was al gediskwalificeerd voordat ze ooit was begonnen. Dat zou ze er als caption bij zetten: COUNT ME OUT! #ALLBODIESAREBEAUTIFUL.

HET IS MOEILIJK OM MIJN
LEVEN TE VERANDEREN.

HIER BEN IK MISSCHIEN
NOG NIET GOED IN,
MAAR DAT BETEKENT
NIET DAT IK
NIET GOED GENOEG BEN.

GOEDKEURING IS FIJN,
MAAR IK HEB HET
NIET PER SE NODIG.

Wat is echt,
of niet echt?
In no time
gefotoshopt!

16

Ze rekte zich uit om de telefoon naast haar bed te pakken. Ze had nog even tijd. Ze merkte dat ze de laatste tijd steeds vaker voor de wekker wakker werd. Alles leek ook lichter. Kwam het door de klik met Sanne? Door hun gezamenlijke project? Of door het dansen? Na het gesprek met haar moeder had ze afscheid genomen van Mister Slavendrijver. De beloofde transformatie was mislukt, ondanks de ijzeren discipline. Daarom had ze besloten iets te gaan doen wat haar plezier gaf. Dat had haar vader al een aantal maanden geleden geroepen. Wie had ooit verzonnen dat sporten gelijk moest staan aan afbeulen? Op de sportschool had ze een dansles en een yogaklas gevonden. In het begin vond ze het spannend om met zijn allen voor de spiegel te staan. Toch raakte ze er steeds meer aan gewend en vond ze het vooral fijn om met haar eigen lichaam bezig te zijn. Om het leniger en sterker te maken. Om op te gaan in de muziek en de moves. Ze sliep de laatste tijd ook beter. Niet in de laatste plaats door de bh te laten waar die hoorde: op de stoel (of de grond). Ze opende haar Instagram-account. Wow! 47 volgers erbij? 170 likes en 37 opmerkingen? Hoe dan?

You go girl!
Lekker voor je meid
Queen!

Queen. Had iemand haar ooit eerder zo genoemd? Er brak een lach door op haar gezicht. Ze scrolde verder.

Dikzak, je kan ook gewoon afvallen

Een frons verdrong de glimlach. Ze klikte op het account. 107 volgers, 5 berichten. Zou ze reageren? Vertellen dat ze pogingen had gedaan om af te vallen? Maar dat het niet zo makkelijk was? Ze schudde haar hoofd. *Dan denken ze meteen dat ik een zwakkeling ben.* Ze kon ook voor de aanval gaan? *Kijk naar jezelf, bitch.* Maar was ze dan zelf geen haar beter? Laat het gaan, JoJo. Hou het positieve gevoel vast. Maar dat was makkelijker gezegd dan gedaan. Misschien kon ze haar aandacht beter op iets anders richten? Rechtsboven in het scherm stond een 2. Ze kon haar DM's checken? De eerste was een meme van Sanne. Twee vrouwen in bikini, de linker met lang krullend haar, volle lippen, gladde huid en een killer body, de rechter met een staartje, een bril, sproetjes en wat haren en striae op haar mollige benen. Boven de linker stond *expectation*, boven de andere *reality*. Daaronder stond in blokletters:

HOW TO GET A BIKINI BODY?
1. HAVE A BODY
2. BUY A BIKINI
3. PUT A BIKINI ON A BODY

Haar mondhoeken krulden omhoog. Die Sanne ook! Ze bestookte haar bijna dagelijks met dit soort memes. JoJo stuurde een gekke bek terug met de quote: *Surround yourself with Nachos not Negativity!* 😋

De andere DM was van een bodypositiveaccount dat ze volgde.

You go girl! Don't let others dim your light ❤❤❤. We support you.

Het account had haar in hun story genoemd. Een account met 68K volgers! Haar gezicht gloeide en ze slaakte een enthousiaste kreet. Die story moest ze echt reposten!

Had ze nog meer reacties gemist? Ze klikte op de verzoeken en vond aanmoedigingen van meisjes die ze helemaal niet kende. Haar ogen glinsterden terwijl ze ze beantwoordde. Haar aandacht werd getrokken door een bericht van Brian Hill. De naam zei haar niets. Ze opende het.

Hi JoJo, so glad I found your account. I was impressed by your power. I'm a photographer from the US. Me and my team are cruisin' the world and my next stop is Holland. Would you be interested in a photoshoot?

Ze kon haar telefoon nog net opvangen. Wat zei hij? Ze las het bericht opnieuw. Hij was onder de indruk en wilde meeten voor een fotoshoot? Kinderlokker, honderd procent kinderlokker. Ze swipete om het bericht te verwijderen, maar haar wijsvinger bleef boven het scherm hangen. Elke vakantie maakte haar moeder foto's op het strand. Het leukste deel van de vakantie. Leuker dan zonnebaden, ijsjes eten of zwemmen in zee. Het gouden licht van de ondergaande zon, de opspattende golven en het witte zand. De laatste jaren liever niet meer in bikini, maar toch. Ze had altijd gedacht dat het daarbij zou blijven. Zou ze antwoorden? Ze dacht even na en begon te typen.

Hi, I'm very honored, but can you introduce yourself a bit more?

Shit, de tijd vergeten… Ze vloog uit bed.

Toen ze de school binnenliep, stonden ze verdekt opgesteld achter de kluisjes. Met een spottend kuchje werd het woord door de gang geproest: 'Influencer.' Daarna nog een keer: 'Influencer.'

Haar wangen kleurden. Het liefste zou ze uit willen halen. Klootzakken.

De jongens keken elkaar grijnzend aan. Ja hoor, daar kwam er nog één: 'Nep influencer.'

Sanne lachte breed toen JoJo het lokaal binnenkwam.

'Jee, JoJo, 264 likes op je laatste post. Da's een record, meid!'

Wat? Dat waren er bijna honderd meer dan een uur geleden. Ze speelde met haar ketting en lachte terug. Sanne die haar complimenten ging geven. Het moest niet gekker worden.

'Koop jij die likes?'

Ze draaide zich om en keek recht in de gezichten van Victoria, Didi en Eline.

'Nee hoor, mensen vonden mijn post gewoon leuk.'

'Kan ik me niks bij voorstellen. Wie heeft er nou interesse voor een dikke meid.' Victoria haalde haar neus op.

'Nou, schijnbaar bijna driehonderd mensen? Die vinden het goed dat ik dit soort dingen deel.'

'Goed? Ik vind het meer zelfmoord. Nu ziet iedereen hoe dik je echt bent. Kijk, die eerste post was al gênant, want toen zag je duidelijk dat de achtergrond vervormd was door jouw amateuristische bewerkingen, maar daar was je in ieder geval nog om aan te zien.'

Didi en Eline wisselden een veelbetekenende blik en er verscheen een vals lachje op hun lippen.

JoJo's kaken verstrakten. Dit ging over de bewerkte foto. Hadden ze haar daar toen al over uitgelachen?

'Het blijft zielig hoe jij om aandacht vraagt,' vervolgde Victoria. 'All body's are beautiful.' Ze snoof. 'Serieus?'

JoJo balde haar handen tot vuisten, waardoor haar nagels in haar handpalmen prikten.

'Dikke aandachtstrekker.'

Oké, genoeg. JoJo stapte naar voren waardoor ze oog in oog kwam te staan met Victoria. Hun gezichten raakten elkaar bijna, ze kon de pepermuntgeur van haar adem ruiken. Ze was niet bang, ze was boos!

'Daar hebben ze een woord voor wat jij doet, Victoria.' Haar stem klonk hol en hard.

'O ja?' kaatste Victoria terug.

'FATSHAMING!'

Daarna keerde ze zich om en liet het drietal met open mond achter.

Fatshaming. Ze was het woord tegengekomen tijdens haar zoektocht naar het schoonheidsideaal. Ze had er zelfs een heel hoofdstuk aan gewijd. Haar ogen gleden over de pagina op haar laptop terwijl ze zich tegen het hoofdeinde van haar bed nestelde. Ze was begonnen met de omschrijving op Wikipedia: 'Fatshaming, ook wel fatshamen, is het bekritiseren, intimideren en belachelijk maken van mensen met overgewicht, met als doel hen zich te laten schamen voor hun gewicht en eetgewoonten.'

Er waren pagina's vol met zoekresultaten geweest. Fatshaming was geen overdreven gejank van een paar dikkerds. Het was een erkend fenomeen en heel erg schadelijk voor mensen die ermee te maken kregen. Vaak lagen er hardnekkige vooroordelen aan ten grondslag. Dat dikke mensen lui zijn, ongezond, onaantrekkelijk, vies, onbekwaam. En dat was niet iets wat alleen volwassenen dachten. Ook kinderen wisten al heel snel dat vet iets was om je voor te schamen. Fatshaming kwam dus niet alleen vaak voor, het werd ook helemaal geaccepteerd. Niet alleen op straat, op de sportclub, op school of tijdens het werk, maar ook in de media. Zowel online als in bladen, tv-series, talkshows, films. Zelfs in kinderprogramma's. De dikkerd als bad guy, onnozele dommerik, ongezonde zwakkeling of grappige idioot. Nooit als de charismatische held. Want dik zijn is tenslotte vies en JE EIGEN SCHULD.

JoJo liet haar vingers over het toetsenbord glijden. Is het niet raar dat we ons constant verzetten tegen allerlei vormen van discriminatie, maar dat bijna niemand het een probleem vindt om dikke mensen ongezond, dom, lui of lelijk te noemen? Ze dacht aan de dokter. 'Elk pondje gaat vaak toch door het mondje. Niet waar, jongedame?' Als een dokter dat al dacht, kon ze het dan iemand als Victoria kwalijk nemen? Ze blikte weer naar het beeldscherm. Toch had bijna de helft van alle mensen in Nederland overgewicht en kon slechts 5 procent van de wereld ooit een ideaal modellenlichaam bereiken. 5 procent? Dat verbaasde haar. Voor haar gevoel moesten dat er veel meer zijn. Als ze haar social media checkte, waren dat vaak alleen maar perfecte mensen. Zou haar beeld zo vertekend zijn of zou die bron er gewoon naast zitten? Haar vinger bewoog in de richting van de backspace knop. Misschien moest ze dat maar weghalen? Als dat echt waar zou zijn, als er echt zoveel mensen met overgewicht kampen, dan zou je toch verwachten dat mensen wat begripvoller tegen elkaar zouden zijn? Of niet? Maar daar merkte ze niet zoveel van. Niemand wilde een fatty zijn. Die verdienden haat. Zeker als je online ging kijken. Ze zuchtte. Fatshaming loste het probleem ook helemaal niet op. Het vergrootte het alleen maar. Kritiek en haat zorgden ervoor dat dikke mensen zich uit schaamte gingen verbergen en stiekem gingen eten. Ze dacht aan de vreetbuien op haar slaapkamer en haar maag trok samen. Ze balde haar handen tot vuisten. Ze wilde het uitschreeuwen, Victoria nog een keer de waarheid vertellen, iets kapotmaken. Maar in plaats daarvan kwamen de tranen. Eerst van woede, daarna van verdriet. Ze huilde en huilde, tranen met tuiten, tot haar kussen nat was en ze geen tranen meer over had. Toen viel ze uitgeput naast haar laptop in slaap.

Ze werd wakker met een geïrriteerde tinteling in haar lijf. Ze moest hier iets mee. Zoveel negatieve energie kon gewoon niet goed zijn. Ze dacht aan Inez en aan Maddy. Hoe bodypositivity hun leven had veranderd. JoJo wilde haar leven ook veranderen. Deze keer misschien iets liever de binnenkant dan de buitenkant. Kon zij leren anders naar zichzelf te kijken? Ze pakte haar laptop en zocht op bodypositivity. Opnieuw pagina's vol met zoekresultaten. Bodpositivity stond voor respect voor alle lichamen, niet alleen de liefde voor je eigen lichaam. Iedereen mocht er zijn en verdiende waardering en respect. Zonder vooroordelen. 'Beauty comes in all sizes, shapes and colors.' Een mooie gedachte. Het maakte dus niet uit of je dik, dun, curvy, plat, wit, zwart, gezond of ziek was, iedereen hoorde erbij en verdiende liefde en respect van andere mensen. Haar blik werd getrokken door een plaatje van een vrouw met paars-roze haar.

'Je leven is al begonnen en daar heb je geen strakke buikspieren voor nodig,' stond erbij. Op de een of andere manier sprak het beeld haar aan. Ze klikte op het plaatje en kwam uit bij een boek. *Body Positive Power* door Megan Jayne Crabbe.

Geluk heeft niets met je kledingmaat te maken.

Daaronder: *Megan Jayne Crabbe ontdekte na een periode van eindeloos diëten, binge-eten, afvallen en weer aankomen de bodypositivitybeweging. Nu is ze vastberaden om zo veel mogelijk mensen de waarheid te vertellen: we zijn goed zoals we zijn.*

JoJo klikte het inkijkexemplaar aan en haar oog viel op de kop van het eerste hoofdstuk:

Hoe slopend het streven naar het ideale lichaam is

'We hoeven ons lichaam niet te veranderen, we moeten de regels veranderen.'
Naomi Wolf, *De mythe van de schoonheid*

Even moest ze haar best doen om niet weer in huilen uit te barsten. Je kon beter dood zijn dan dik. Hoe vaak had ze dit niet gedacht? Dit boek moest ze lezen. Waarschijnlijk hielp het haar meer dan de skinny tea of de laxeerpillen. Ze klikte op bestellen en doorliep de procedure. Daarna klikte ze op Instagram om haar account te checken. Het roze en paars van Megans haar sierde haar tijdlijn. Met een zelfverzekerde, bemoedigende blik staarde ze JoJo vanaf het scherm aan. Het leek of ze wilde zeggen: 'Don't worry, JoJo, you can do this too.' Foto's van Megan werden afgewisseld door plaatjes met teksten of quotes.

Haar aandacht werd getrokken door een tekst die begon met *Dear teenagers*. Ze klikte erop.

Dear teenagers,
Your body is not a problem. You do not have to spend your summer counting and weighing instead of growing and living. Go collect memories, not points.

Nieuwsgierig scrolde JoJo naar de caption. Megan had een presentatie gegeven voor een groep schoolmeisjes. Op haar vraag, wie er van plan was de hele zomer te lijnen om het volgende schooljaar een nieuwe start te kunnen maken, stak 80 procent hun hand op. Vervolgens schetste ze een beeld van de dieetindustrie. Hoe die, via gratis proefperiodes of lidmaatschappen, jongeren proberen zo vroeg mogelijk in te lijven. Omdat ze weten dat diëten op langere termijn niet werken en ze zich zo kunnen verzekeren van grote groepen terugkerende klanten. Plus een levenslange omzet. Ondanks de wetenschap dat het continue wegen en tellen van punten en calorieën vaak de basis vormt voor een eetstoornis. Met andere woorden: de dieetindustrie hechtte meer waarde aan winst dan aan de geestelijke gezondheid van jonge meisjes.

Weer draaide alles om de money. Biljoenen zelfs, als ze Megan moest geloven… WTF? JoJo liet de lucht aan haar lippen ontsnappen. Ze had niet door dat ze al die tijd haar adem had ingehouden. Kon dit waar zijn? Ze streek een lok haar uit haar gezicht en liet de informatie op zich inwerken. Biljoenen… hoeveel nullen waren dat? Twaalf?

Een foto van Megan met een opgestoken middelvinger trok haar aandacht. Bovenin stond een plaatje van een bekende realityster met de kop: *5 hacks to look thin AF in your pics!* JoJo dacht aan het artikel in *GirlsInc*. En aan de tips om dunner te lijken met maat 42. Ook de realityster had lifehacks gegeven om zo dun mogelijk te lijken. Hierdoor zou je insta gegarandeerd exploderen. Ofwel: hoe dunner je lijkt, hoe mooier en populairder je bent. Megans reactie was duidelijk en maakte JoJo aan het lachen: *5 hacks to not giving AF about looking thin in your pics.* Daaronder gaf ze haar rijtje.

1. Het idee dat dun gelijkstaat aan geluk wordt ons wijsgemaakt door miljoenenbedrijven die ons eerst hebben aangeleerd dat er iets mis is met ons lichaam om ons daarna een berg aan 'oplossingen' te kunnen verkopen.

2. Je lichaam is er niet om anderen te plezieren. Je bent geen etalagepop of uithangbord waarnaar gekeken moet worden, maar een levend wezen. Hoe je eruitziet, is het minst interessante aan je.

3. Alle thin AF foto's waar we ons mee vergelijken zijn zo gefotoshopt dat niemand dit ooit in het echt kan bereiken.

4. Doe gewoon waar je je goed bij voelt. Draag wat je wilt, poseer hoe je wilt, kies de camerahoek die jij mooi vindt. Fuck flattering.

5. Ontvolg mensen die promoten dat thin AF echt iets is dat je moet nastreven.

JoJo archiveerde de post. Die moest ze onthouden. En aan Sanne laten zien. De woorden van Megan gaven JoJo het gevoel dat het kon. Dat ze iets aan haar leven kon veranderen. En ze wist waar ze mee wilde beginnen…

Ze stond voor haar kledingkast en staarde naar de planken. Zwarte broeken, zwarte truien, donkergrijze sweaters en een enkel wit shirt lagen op lamlendige hoopjes naast elkaar. Hoe leuk had ze het roze pak en de witte jurk van Inez gevonden? Of het haar en de kleurrijke outfits van Megan Jayne? Misschien moest ze zelf ook eens wat meer kleur in haar leven gaan aanbrengen? Met grijs en zwart had ze lang genoeg op safe gespeeld. Het was tijd voor iets anders! Om haar kast meteen met kleur te overladen, voelde een beetje ondoordacht. Als ze nou eens eerst een lijstje ging maken? Ze pakte een notitieboekje van haar bureau en dacht na. Als ze nergens naar zou kijken, als ze zich niet druk zou hoeven te maken over de mening van anderen. Wat zou ze dan aantrekken?

Crop tops! Die vond ze leuk, vooral op een hoge jeans.

Jurkjes! Van jongs af aan had ze die geweldig gevonden. De eerste acht jaar had ze volgens haar moeder alleen maar jurken gedragen. Het liefst roze, met zo veel mogelijk versiersels. Waarom had ze ooit alles met kleur verwijderd?

De knalgele bikini van Inez schoot door haar hoofd. Iets geels moest er ook bij zitten. Na de hacks van Megan Jayne had ze haar tijdslijn onder de loep genomen. Ze had alle accounts die haar een ongemakkelijk gevoel gaven ontvolgd. Trouwens, iedereen die haar onzeker maakte met een 'perfect' leven. In plaats daarvan was ze op zoek gegaan naar echte mensen. Dat was wel even zoeken. Iedereen wilde zichzelf toch graag van de beste kant laten zien. Zelf deed ze dat ook. Toch had ze leuke, grappige en inspirerende mensen gevonden die een leven deelden mét struggles en onzekerheden. Mensen zoals Inez en Megan Jayne. Ze was ook steeds meer bodypositiveaccounts gaan volgen. Die hielpen om wat positiever naar zichzelf te kijken. Oké, ze was nog steeds niet hoteldebotel van zichzelf. Maar ze hoefde ook niet meer over haar nek als ze haar benen in de spiegel bekeek. Behalve dik waren die ook sterk en loodsten haar mooi door elke dans- en yogales heen. Stiekem bewonderde ze de vrouwen op social media die geen enkele moeite deden om hun lichaam te verhullen. Die zich fotografeerden in kleding waarin zij zich vrouwelijk voelden. Kleurrijk, opvallend, kort, strak, sexy, vrolijk. Gewoon waar ze zin in hadden. JoJo bespeurde de haat die ze hierdoor kregen, maar er kwamen ook steeds meer tegenreacties, en langzaam maar zeker ontkiemde zich in haar hoofd het zaadje dat zij er misschien, héél misschien, ook mocht zijn. Ze pakte wat kleurpotloden uit een laadje en begon te schetsen. De laatste tijd schreef ze vaker dingen op. Ze had er zelfs een boekje voor gekocht. Haar BFF. Ze grinnikte. Aan het boekje vertrouwde ze haar gedachten toe. Dat konden verdrietige, onzekere of boze gedachten zijn, maar ook nieuwe ideeën, bijzondere wensen of dromen. En nu een lijstje met kleding. Ze schetste een hoge jeans met een witte getailleerde, korte top en een lage hals. De grijns op haar gezicht werd groter. Eh, ja, dit was misschien meer iets voor de toekomst… Ze bekeek het resultaat. Een paar witte laarsjes zouden het afmaken. Ze wilde ook een jurkje. A little black dress. Die hoorde in elke garderode. Maar zwart had ze al genoeg. Als zij dat jurkje nou eens rood maakte? Haar ogen begonnen te stralen. Ze pakte een felrood potlood en kleurde het jurkje in. Daarna schetste ze een kanariegele joggingsuit, een helblauw pak en een groene twinset. En een rode bikini. De kleuren dansten over het papier en gaven haar een vrolijk en licht gevoel. Tevreden wierp ze een laatste blik op de pagina's. Zou ze ooit hierin durven te lopen?

'Kleine stapjes,' zei ze tegen zichzelf, terwijl ze het boekje dichtsloeg. 'Kleine stapjes, JoJo.'

IK BEN STERKER
DAN IK DENK.

IK MAG FOUTEN MAKEN.

IK TREK DE JUISTE MENSEN
AAN IN MIJN LEVEN.

Fatshaming en bodypositivity: wat houdt dat eigenlijk in?

17

'Mam.' JoJo wapperde met haar hand door de lucht om de aandacht van haar moeder te krijgen, maar die ging helemaal op in het magazine op haar schoot. Na hun gesprek was de band hechter geworden. Ze begon ook niet meer bij elk snoepje of koekje over afvallen. Het was ook niet nodig om eten in te delen in goed of slecht. Je bent geen heilige als je een wortel eet en geen enorme loser als je een gebakje naar binnen schuift. Eten is gewoon… eten. En zonder label is er minder kans op een schuldgevoel waardoor je een gezonde relatie met voeding kunt ontwikkelen. Dat had ze uit Megans boek onthouden. Haar moeder had het ook gelezen. Vervolgens had ze haar dieetboeken in de kliko gedumpt en was ze zich gaan verdiepen in haar passie: fotografie.

'Mam!'

Haar moeder keek op van het tijdschrift.

'Ja?'

'Mam, ik wil je eigenlijk iets vragen. Er is een fotograaf die mij gevraagd heeft voor een fotoshoot. En ik snap het helemaal als je denkt dat dit niet te vertrouwen is. Dat dacht ik namelijk zelf eerst ook. Maar ik heb research gedaan en hij is echt heel goed. Ik kan je zijn werk laten zien als je wilt. Ik denk dat jij het ook heel mooi zal vinden. Ik praat al een tijdje met hem en ik hoef niet alleen want…' De woorden bleven uit haar mond stromen. Ze moest haar moeder zien te overtuigen.

Na haar eerste DM had Brian aangegeven dat het inderdaad een beetje een gek verzoek was. Maar hij was fotograaf van beroep en reisde samen met twee vriendinnen, die zelf ook fotografeerden, de wereld rond. Tijdens hun trip maakten ze portretten van bijzondere plaatsen en inwoners. Bij toeval was hij, bij het plannen van zijn trip naar Nederland, JoJo's account tegengekomen en hij was onder de indruk geweest van haar eerlijkheid. Meestal wilde iedereen 'perfect' overkomen online. Daarom sprong haar boodschap er voor hem uit. En hij vond haar fotogeniek. Hij begreep het helemaal als ze geen behoefte had aan een shoot met een complete stranger. Toch voelde JoJo een klik. Ook al kenden ze elkaar niet, woonden ze allebei aan de andere kant van de wereld en was hij vijf jaar ouder. Ze bleven heen en weer DM'en. Over Pokémon en *Game of Thrones* raakten ze zelfs niet uitgepraat. En al snel leek het of ze elkaar jaren kenden.

'Daarom denk ik dat je jezelf geen zorgen hoeft te maken, mam. Brian is geen psycho killer of mega pedo. Dus wat denk je?' Ze keek haar moeder hoopvol aan.

'Je bent er echt honderd procent van overtuigd dat je dit wilt?' vroeg haar moeder.

JoJo knikte.

'Dan moet hij zich eerst maar eens voor komen stellen. En wij brengen je naar de fotoshoot en halen je weer op.'

JoJo kon haar oren niet geloven. Zei ze nou JA?

Mijn god! Waarom zag ze er in een pashokje altijd uit als een zieke pad? JoJo zuchtte. Het licht gaf haar huid, ondanks de make-up, een fletse gelige tint waarbij de kringen onder haar ogen extra geaccentueerd werden. Zelfs haar paardenstaart leek dof en pierig. De twee spiegels zorgden bovendien voor een fijn 360 graden zicht. Steeds wanneer ze er aan de voorkant wel aardig uitzag, herinnerde de andere spiegel haar eraan dat er ook een minder flatteuze zijkant was. En een achterkant…

Ze moest een jurk hebben voor de fotoshoot. Dat had ze met Brian afgesproken. Een jurk waar haar curves goed in uit zouden komen. Doodeng. Snel gooide ze een zwart, katoenen jurkje over haar hoofd dat, eenmaal over haar schouders, vast kwam te zitten. Toch weer zwart… Er golfde een hitteaanval door haar lijf terwijl ze zich uit het jurkje probeerde te wurmen. Er hing een lucht alsof een heel leger meisjes met haperende deo er een verwoede doorpassessie had gehouden. Ze had toch een XL gepakt? De vrouw in de winkel had aangegeven dat dit te vergelijken was met maat 42. Echt weer iets voor haar. Hoe ging ze dit in godsnaam uit krijgen? Als een buikdanseres draaide ze zich in de meest onmogelijke bochten. Net toen ze dacht een paniekaanval te krijgen, klonk er een luide 'krak' en kon ze één schouder bevrijden. Wat als ze zo de paskamer uit had moeten lopen? Opgelucht liet JoJo haar ademhaling tot rust komen. Haar oog viel op haar spiegelbeeld. Het passen had haar geen goed gedaan. Haar make-up was vlekkerig van het transpireren en haar paardenstaart hing als een dooie mus op haar achterhoofd. Als Brian haar zo zou zien, had hij de fotoshoot meteen gecanceld. Waarom paste haar lijf niet in deze kleding? Elk jurkje dat ze aandeed, was stug en recht en gaf niet mee. Gemaakt op iemand zonder borsten of billen. En als haar borsten en billen wel in een maat pasten dan hield ze zoveel stof over in haar taille dat een juten zak nog modieuzer was. Ze kon dus kiezen: uitpuilen of verstoppen. Haar blik ging naar het laatste jurkje. Dieprood, stretch met een lage hals. De jurk uit haar boekje…

Echt de minst veilige keuze die ze kon bedenken. Durfde ze het? Misschien kon ze beter naar huis gaan. Onder de dekens kruipen met een zak chips. Accepteren dat het niet zo moest zijn. Ze keek weer naar de jurk en dacht aan de accounts die ze volgde.

‘Wees niet bang om uniek te zijn. Wees gewoon jezelf.’

Schijt, ze ging het gewoon proberen. Het kon geen toeval zijn dat ze het jurkje net nu was tegengekomen. Ze hees zich in de jurk. Die zat strak, maar wel overal. Ze keek in de spiegel. Ze leek op een plussize model. Wat zouden ze op school zeggen?

‘Te sexy.’

‘Te groot voor rood.’

Toch stond de kleur haar wel. Maar ze zou inderdaad enorm lijken op camera. Ze werd heen en weer geslingerd tussen de behoefte om een jurk te scoren en de angst om die ook echt aan te moeten trekken.

‘Ik weet het niet,’ zei ze hardop. Ze raapte de spullen bij elkaar en staarde naar de kleren in haar armen. *Reken gewoon af. Als het niet goed voelt, dan laat je hem die dag in je tas zitten.*

‘Yes, perfect, JoJo. A little to the right. Now look at me. Concentrate the eyes. This is amazing! You’re a natural.’ Ze kon amper geloven dat ze die ochtend bijna niet in de auto was gestapt. Ze had zich onrustig gevoeld, alsof er een vogel door haar buik fladderde. Wat zou Brian van haar verwachten? Zou hij denken dat ze een model was? Had ze hem eigenlijk ooit verteld dat dat niet zo was? Straks dacht hij dat ze superveel ervaring had… Wist ze eigenlijk wel hoe een model zich voor de camera moest gedragen? Ze zou echt een complete flater slaan! Bij die gedachte brak het zweet haar uit. Haar moeder bespeurde de twijfel.

‘JoJo, je bent zo stilletjes. Wat is er? Wil je er toch van afzien?’

‘Nee, het is meer dat… Dat ik denk dat…’

‘Misschien moet je iets minder denken dan,’ had haar vader resoluut opgemerkt en toen had hij haar met een knipoog naar de auto gedirigeerd. ‘Kom op kanjer, je gaat erheen en je gaat ervan genieten. Wat is het ergste dat er kan gebeuren? Dat je zo op de foto staat?’

Hij deed één oog dicht en liet zijn tong uit zijn mondhoek hangen.

Ondanks de spanning kon JoJo een glimlach niet onderdrukken.

'Trouwens, bij alle foto's die je ooit met mama hebt gemaakt, heb ik je nog nooit zo op een foto zien staan. Dan moet ik mezelf meer zorgen maken.' Weer die brede lach terwijl hij het portier van de auto openhield.

'Je kunt het, Jo,' zei haar moeder instemmend. 'Het is je droom. Ga er gewoon voor.'

En nu was ze in Amsterdam, ergens in de buurt van het Centraal Station. Eerst had Mary haar make-up gedaan en haar haren gekruld. Daar had ze uitgebreid de tijd voor genomen. Ze had zichzelf bijna niet herkend toen ze in de spiegel keek. Daarna waren ze op zoek gegaan naar geschikte locaties. Toen ze een mooi plekje hadden gevonden, hadden ze hun apparatuur tevoorschijn gehaald. In het begin was het superonwennig. Alles voelde ineens heel erg professioneel. En ze moest ook nog de hele tijd Engels praten… Maar ze legden er geen druk op, ze hoefde niet eens heel bijzondere poses te bedenken. Ze wilden haar vastleggen zoals ze was: jong, spontaan en ongedwongen. Steeds wanneer ze iets uitprobeerde, reageerde Brian heel enthousiast. Dat stelde haar enorm op haar gemak.

Toen ze op het scherm naar de resultaten keek, zag ze geen dik, ongelukkig meisje, maar iemand die straalde. Brian had gezegd dat hij onder de indruk was. Hij noemde haar fotogeniek en drukte haar op het hart om er vooral mee door te gaan. Met elk compliment groeide haar zelfvertrouwen en durfde ze meer uit haar schulp te kruipen. Op een gegeven moment besloot ze zelfs de rode jurk aan te trekken. Niemand had iets onaardigs gezegd toen ze schuchter voor de camera verscheen. Sterker nog, ze zeiden dat rood haar kleur was en dat haar curves er zo mooi in uitkwamen. Dat had haar ogen doen glinsteren.

Op de Dam wilde Brian poses proberen waarbij ze danste, rende en zelfs de lucht in sprong. Geen mogelijkheid om haar buik in te houden, haar billen aan te knijpen of met haar meest voordelige kant de camera in te kijken. Weg controle. Haar spieren spanden zich. Kon ze dat wel? Sierlijke bewegingen maken? Hoe zou dat eruitzien? Lelijk? Lomp? Maar ze bleven enthousiast aanwijzingen geven en uiteindelijk gaf ze zich over. Ze danste, lachte en sprong letterlijk een gat in de lucht. De spanning werd energie en de energie raasde door haar lichaam. Alle kleuren leken intenser en levendiger, alle geluiden vrolijker. Voorbijgangers stopten om het tafereel te bekijken. Er waren zelfs mensen die hun telefoon erbij pakten om het te filmen. Je weet wel: à la tv-ster op locatie. JoJo grinnikte. Ze moesten eens weten. Farmgirl from the country, was een betere omschrijving. De aandacht stuwde de adrenaline naar een nog hoger niveau. Ze kon het! Ze kon die shoot killen! Ze wilde uren, dagen, jaren doorgaan. Nooit meer stoppen. Dit was iets wat ze voor altijd wilde doen. Ze zag hoe Brian van een afstand naar haar gebaarde. Ze lachte. Ze had een vriend gevonden. Eentje die haar mooi vond zoals ze was, vanbinnen én vanbuiten. Zelfs met maatje 42 in een strakke rode jurk.

JoJo bekeek haar spiegelbeeld. De hele dag in de buitenlucht had haar goed gedaan. Of was het de opwinding van de shoot die haar gezicht een frisse gloed had gegeven? Haar vinger streek over de kringen onder haar ogen. Nog een paar weekjes zo door slapen en dan waren ze zeker weg. Ze was zich rot geschrokken toen ze online het artikel over de skinny tea was tegengekomen. Het bleek helemaal niet zo onschuldig als ze destijds uit het artikel van Cameron had begrepen. De oolong thee kon leiden tot hoofdpijn, een gejaagd gevoel en slaapproblemen en de senna had een sterk laxerende werking met hevige buikkrampen, misselijkheid en diarree tot gevolg. En als je maar lang genoeg diarree had, dan kon een te hoog vochtverlies zorgen voor spierkrampen, hartkloppingen en vermoeidheid. WTF? Hoezo noemde Cameron dit een wondermiddel? In JoJo's ogen was de benaming 'gevaarlijk' meer op zijn plaats. Sanne had verteld dat beroemdheden wel vaker behandelingen en producten promootten die eigenlijk helemaal niet zo geschikt of veilig waren voor hun doelgroep. Zoals dat vet bevriezen. Hoorde dat in een blad voor jonge meisjes?

Brian was lovend geweest. Niet alleen over de foto's, maar ook over haar curves. Het figuur met de te grote borsten en de te brede heupen. Het figuur dat in geen enkel opzicht leek op het figuur van de populaire meisjes in haar klas of dat van Cameron of andere modellen online. Toch had hij steeds benadrukt hoe bijzonder en fotogeniek ze was. Ze scrolde door de foto's die hij had doorgestuurd. Zodat ze er één op Instagram kon plaatsen. Zijn favoriet was de foto waarop ze sprong. In eerste instantie was ze geschrokken van het resultaat. De camera had dingen vastgelegd die ze liever wilde verbergen. Vetrollen, armflapjes, een onderkin, dikke bovenbenen. Van de ene kant snapte ze wel waarom Brian de foto had gekozen. Het was een krachtige pose. Haar ogen recht in de camera, haar haren als de manen rond haar gezicht. Toch trok dat niet haar aandacht. Haar oog viel op de zwarte top die iets omhoogkroop waardoor de vetrol boven haar broeksband zichtbaar werd. Het vet dat puilde uit de scheur op haar knie. De kipfiletjes bij haar bovenarmen. Bodypositive of niet, misschien kon ze beter een andere foto plaatsen. Een met wat minder lichaamsdelen.

Ze koos een foto met de rode jurk en tagde Brian. Voordat ze op delen drukte, typte ze de caption: *Beauty begins the moment you decide to be yourself.* Haar ogen werden groot toen de hoeveelheid likes en reacties binnenstroomden.

Wow, beauty!
Are you even real?
Slayyyy
Mooi OMG
Gorgeous!

Gorgeous, ik, de zeekoe. Verwonderd staarde ze naar het scherm. Wie had dat ooit kunnen denken… Niet zo lang geleden wilde ze het liefst onzichtbaar zijn en nu vonden anderen het de moeite waard om haar te complimenteren. Of te volgen. Er waren zelfs reacties die zeiden dat ze een voorbeeld was. Zij. Het dikke, onzekere meisje. Ze moesten eens weten…

IK LUISTER NAAR
DE WIJSHEID VAN
MIJN HART.

IK ACCEPTEER MEZELF.

IK WAARDEER WIE IK BEN,
IK BEN DE MOEITE WAARD.

18

Met het puntje van haar tong tussen haar tanden drukte Sanne het laatste stukje glas vast op de houten ondergrond. Voor de presentatie had ze met gebroken spiegelglas een schilderij gemaakt met daaronder de quote: MIRRORS ARE JUST GLASS. YOU'RE MORE THAN THAT. Wie had dat ooit verwacht? JoJo sloeg een arm om haar heen.

'Het is echt heel bijzonder geworden, Sanne. De quote en de manier waarop je het uitgewerkt hebt. Je kan zien dat je het met je hart hebt gemaakt. Ik ben zo fucking trots op je.'

Verrast keek Sanne haar aan en ze beantwoordde de omhelzing. 'Meen je dat? Wat lief!'

Er stroomde een warme gloed door JoJo's lichaam. Dat zoiets kleins zo'n groot effect kon hebben. Ze dacht aan Brian. Zijn complimenten hadden haar ook vleugels gegeven – het gevoel dat ze de wereld aankon. En hoe moeilijk was het om iets aardigs over een ander te zeggen? Geen oppervlakkige shit zoals 'Flawless!', maar iets persoonlijks. Zodat je echt naar iemand moest kijken. Dan pas ontdekte je de mooie en bijzondere dingen.

Er was nooit maar één kant. Alles had twee kanten. En zij kon zelf kiezen. De laatste tijd wat vaker voor de positieve kant. Door zich er gewoon in te storten, ook al was dat eng. Zoals de shoots met andere fotografen. Of het versturen van foto's naar modellenbureaus.

Zou het goed genoeg zijn?

Moest ze er wel mee doorgaan?

Brian had gezegd dat ze door moest zetten en zelfs vanuit Amerika bleef hij haar steunen. Volgens hem moest ze blijven oefenen. Want al leek modellenwerk in eerste instantie vooral glamorous, het was gewoon een baan en je kon er alleen maar beter in worden als je er veel tijd in stak. Hij had nog enkele contacten in Nederland, en zelf was ze ook actief op zoek gegaan naar fotografen. In het begin ging haar moeder mee, maar toen haar netwerk groter werd, ging ze vaker alleen. Dit betekende ineens wel lange bus- en treinreizen – én veel wachten. Maar dat was het waard. Ze genoot van elke ervaring en voelde haar zelfvertrouwen groeien. Op een dag zat er een bericht in haar inbox van een modellenbureau. Of ze bij hen wilde signen! Het leverde niet direct grote jobs op, maar wel testshoots met professionele fotografen, waardoor haar portfolio steeds uitgebreider werd. Soms moest ze zichzelf even knijpen om te beseffen dat het geen droom was. *Hou er rekening mee dat het zo over kan zijn, JoJo*, zei ze dan tegen zichzelf. Modellenwerk is een geweldige hobby, maar niet echt een beroep voor dikke meisjes.

Sanne stootte haar aan. 'Hoe staat het met jouw schilderij?'

JoJo schrok op en keek Sanne verward aan.

'Je schil-de-rij?' zei Sanne overdreven articulerend en ze wees grijnzend naar haar haar eigen creatie.

Er brak een glimlach door op JoJo's gezicht en ze stak haar kunstwerk in de lucht. Ze had in verschillende kleuren een diversiteit aan lichamen geschilderd. *EveryBODY is BEAUTIFUL*, stond erboven.

'Ik denk dat wij een goed team vormen, JoJo,' zei Sanne lachend. 'En ik heb een superidee voor onze presentatie...'

Het lokaal met de twee toegangsdeuren had perfect binnen hun idee gepast. Boven elke deur hing een bord. Op het ene bord stond MOOI, op het andere GEWOON. Sanne had het experiment op YouTube gevonden en was er meteen van overtuigd geweest dat dit de start moest zijn van hun presentatie.

Hun klasgenoten stonden in de gang een beetje lacherig naar de borden te wijzen, wachtend op wat er komen ging.

'Ik denk dat we er klaar voor zijn,' gaf hun leraar meneer Dekkers aan.

JoJo voelde dat de spanning zich opbouwde in haar buik. Ze kneep even zacht in Sannes hand. Sanne schraapte haar keel.

'Goedemiddag, welkom bij onze presentatie over het schoonheidsideaal. Voordat jullie naar binnen gaan, willen we dat jullie een keuze maken.'

'Je ziet hier twee deuren. Boven de ene deur staat het woord MOOI, boven de andere het woord GEWOON,' vervolgde JoJo. 'We willen dat jullie een moment nadenken over hoe je jezelf ziet. Vind je jezelf bijzonder of middelmatig? Ben je blij met jezelf of kan het ermee door? Dan maak je een keuze. Kies je voor MOOI of kies je voor GEWOON? Via die deur ga je naar onze presentatie.' JoJo liet haar ogen over haar klasgenoten gaan. Het was slim om Victoria eerst te laten kiezen. Die stond bij dit soort dingen meestal vooraan. Ze besefte dat ze haar niet kon vinden.

'Laat ik hier met mijn geweldige lijf nou altijd van gedroomd hebben. Ik ga wel eerst.' Dylan... het zou eens niet. Hij liep op de deuren af, vouwde zijn hand onder zijn kin, deed of hij uitgebreid stond te twijfelen, grimaste en liep door de deur GEWOON. Een hele stroom leerlingen volgde hem.

Toen Didi en Eline moesten kiezen, ontstond er een discussie. Uit de handgebaren kon JoJo opmaken dat Eline niet met Didi door de deur MOOI wilde gaan. JoJo herkende Didi's geërgerde blik. Ze was het duidelijk niet met Elines bezwaren eens. Plotseling gaf Eline Didi een duw in de richting van MOOI en glipte ze zelf door de deur GEWOON. Didi bleef een moment besluiteloos staan. Haar ogen keken vragend in de richting van Sanne en JoJo. Op dat moment trok iemand haar mee door de deur MOOI.

De gang was leeg. Ze had Victoria op de een of andere manier gemist. JoJo en Sanne keken elkaar aan. Gingen ze het doen? Sanne lachte en pakte haar hand.

'Nou, nou, Dekkers die een 9,5 geeft.' Victoria klapte gemaakt vrolijk in haar handen. Ze had na de presentatie staan treuzelen bij de deur tot JoJo en Sanne alleen over waren in het lokaal. Om haar mond zweefde een flauwe glimlach. 'Ik moet zeggen dat ik het nooit zo had bekeken. Dat zelfs dikzakken respect verdienen. Daar denken ze bij ons thuis heel anders over.'

Sanne, die nog rode wangen had van de presentatie, lachte schamper. Ze wilde iets zeggen, maar Victoria snoerde haar de mond. 'Wat ik me afvraag... Heb je... heb je die informatie op websites gevonden?'

'Ja?' JoJo keek Victoria achterdochtig aan. 'Het meeste wel. En op social media. Via BoPo-accounts.'

'BoPo?' Victoria schoof dichterbij. 'Wat is dat?'

JoJo haalde haar schouders op. 'BoPo als in bodypositivity? Maar daar zullen ze bij jou thuis ook wel niet veel mee ophebben...'

Sanne gniffelde.

Victoria negeerde het. Dat was niets voor haar.

'BoPo, is dat ook de reden dat je zo hard groeit op insta de laatste tijd? Hoeveel volgers heb je nu? Duizend of zo?'

'Ja, zoiets. Mensen vinden het gewoon leuk dat ik eerlijk ben, denk ik.'

'Eerlijk?' Victoria draaide om JoJo heen als een kat om een bakje melk.

'Dat ik een realistisch plaatje laat zien en durf te praten over mijn onzekerheden.'

'Hm, dus als je wat onzekerheden bedenkt en wat imperfecties benadrukt dan ontploft je insta...'

'Nou, zo zou ik dat niet willen zeggen, Victoria.'

'Nee, maar ik bedoel: stel dat ik een pose zou aannemen waarbij er een vetrolletje zichtbaar is en die zou ik dan plaatsen naast een pose zonder vetrolletje, dan ben ik dus BoPo? Want dan laat ik zien dat ik gewoon net als iedereen vetrollen heb en dat ik die accepteer... Ik zeg: stel hè, want ik heb ze natuurlijk niet.' Ze schudde met haar krullen.

'Ik geloof niet dat één vetrolletje jou bodypositief maakt, Victoria. En het gaat er niet om dat jij alleen jouw lichaam accepteert en respecteert, het gaat erom dat alle lichamen waardering verdienen.'

'Alle lichamen? Zoals die van jou? Nou, dan vraag ik Aniek toch of ze een foto van ons samen wil maken? In bikini of zo...' Victoria was duidelijk in haar nopjes. 'Als ik dat zou plaatsen en er dan die quote van jou bij zet – Everbody is beautiful – dan is dat toch een duidelijk statement? Toch? Denk je dat ik daarmee...?'

JoJo staarde Victoria aan.

Sanne trok aan haar arm. 'Kom, JoJo, we gaan. Dit is dom... en toxic, en wij hebben de keuze om hier niet naar te luisteren.'

JoJo holde terug. Ze waren de schilderijen vergeten! JoJo had aangeboden om ze te gaan halen, want Sanne stond in het fietsenhok nog steeds druk te discussiëren met een paar meisjes uit hun klas. Ze glimlachte. Sanne als bodypositivityactivist. Niet zo lang geleden was het allemaal nog één grote grap geweest. Dikkerds die van zichzelf wilden houden...

En nu was zelfs Victoria bereid om het idee te omarmen – als het maar volgers opleverde... Ze draaide met haar ogen. Met grote passen bestormde ze de trap naar de eerste verdieping en nam de bocht naar het lokaal. Ineens hoorde ze een kermend geluid. Alsof er een dier in nood was. Ze hield haar pas in. Het geluid kwam uit de ruimte waar ze de presentatie hadden gehouden. Met ingehouden adem liep ze op de deur af. Ze drukte haar lichaam tegen de deur en gluurde door een kier het lokaal in.

'Ik kan niet meer.' Victoria zat op de grond, in een hoek van het lokaal. Haar ogen waren rood van het huilen. Eronder zaten dikke zwarte vegen van de mascara. Didi zat op haar hurken naast Victoria en hield haar hand vast. 'Het is gewoon nooit goed genoeg. Niet voor mijn moeder, niet voor de castings en niet voor dat klotebureau!' Ze trapte met haar voet tegen een tafel. Met een verdraaide stem zei ze: 'Je bent er nog niet, Victoria. Die foto's die Aniek gemaakt heeft zijn heel aardig, maar je moet blijven oefenen. Je bent niet van de ene op de andere dag model. Dat heeft tijd nodig. En je zult nog op heel veel castings afgewezen worden. Je bent nog jong en moet nog veel leren. En tegen een beetje kritiek kunnen.'

Didi streek meewarig over haar arm.

'Tegen kritiek kunnen?' vervolgde Victoria huilerig. 'Nou, dan moeten ze met mijn moeder kennismaken. Die is nooit tevreden. Deze week zei ze nog dat ik een aardig dikke kont begon te krijgen. Of ik niet wat minder eten moest opscheppen. Dat ik het modellenwerk anders helemaal op mijn buik kon schrijven. Minder opscheppen? Weet je hoeveel ik eet?' Ze maakte een klein bolletje van haar handen. 'Ik verrek soms van de honger als ik naar bed ga. Ik kán niet minder eten! En dan komt er een vetzak in je klas en die post wat over bodypositivity en floep...! Daar zijn de volgers. Weet je hoelang ik moet doen om er honderd volgers bij te krijgen? En zij kreeg er gewoon honderd bij in een dag!'

‘Kom op, Vic, niet huilen. Het komt vast goed, wacht maar af. Je bent perfect, dat weet je toch?’

‘Perfect?’ schamperde Victoria. ‘Volgens wie dan? Ik ben klaar met “perfect”! Ik geef het op. Ik stop vandaag nog met lijnen! En die modellenshit? Dat kan me geen reet meer schelen. Wat heeft het voor zin als er toch niemand in je gelooft?’ Ze keek Didi met betraande ogen aan. ‘Ik kan echt niet meer,’ zei ze en toen begon ze met gierende uithalen te huilen.

Didi nam haar in haar armen en wiegde haar zachtjes heen en weer. ‘Ik snap het, Vic. Maar het komt goed. Echt.’

Zo verdrietig had JoJo Victoria nog nooit gezien. Hoeveel druk moest ze wel niet ervaren om elke dag maar weer perfect te moeten zijn? JoJo dacht aan de gesprekken die ze met de klas hadden gevoerd na de presentatie. Iedereen voelde zich weleens onzeker. Iedereen was op zoek naar positieve aandacht en liefde en respect. Ook Victoria, al wuifde ze dat weg. JoJo zou nu niet naar binnen gaan. Die schilderijen konden wachten. Toen ze zich omdraaide, raakte haar hak de deur, wat een doffe ‘klak’ veroorzaakte.

‘Wie is daar?’ riep Didi argwanend.

JoJo schatte de afstand naar het einde van de gang. Waarschijnlijk zou ze er niet ongezien vandoor kunnen gaan. Schuchter duwde ze de deur open en ze stak haar handen in een hulpeloos gebaar omhoog. ‘Sorry, ik eh…’

Victoria keek verschrikt op en stopte meteen met huilen.

‘Hoelang sta jij daar al?’ vroeg Didi scherp.

‘Ik eh… ik… Niet lang.’

‘Niet lang als in “ik heb niets gehoord?”’ Didi’s beschuldigende ogen namen haar op.

JoJo’s antwoord kwam net iets te laat. ‘Eh… nee, ik…’

Didi sprong op en keek haar dreigend aan. ‘Denk eraan, als je hier ook maar iets tegen anderen over zegt, zul je megaspijt krijgen.’

JoJo kromp ineen. Ze verwachtte dat Didi haar elk moment kon slaan.

'Het is goed, Didi.' Victoria stond nu ook op. Ze oogde kalmer. 'Didi is af en toe een beetje té beschermend, hè Died? Ga jij anders alvast naar de fietsenstalling. Dan babbel ik nog even met JoJo.' Ze wisselden een blik van verstandhouding, waarna Didi het lokaal verliet.

'Je begrijpt wel dat dit binnen dit lokaal moet blijven, toch?' zei Victoria.

'Natuurlijk,' antwoordde JoJo. 'Ik snap het.'

'Dank je wel.' Victoria schudde nonchalant haar krullen over haar schouders en haalde een hand door haar haar. 'Ik was even mezelf niet. Kan gebeuren, hè? Maar gelukkig gaat het weer.'

'Fijn dat je je weer goed voelt,' zei JoJo. 'Niet dat ik het niet begrijp, hoor. Soms is het net of alles tegenzit. Daar word je dan super onzeker van. Zo erg dat je moet huilen. Ik herken dat. Maar dat is niets om jezelf voor te schamen. Ik heb dat zo vaak.'

'Haal jij je niets in het hoofd,' zei Victoria ineens op scherpere toon. 'Ik ben niet zoals jij. Waarvoor zou ík me moeten schamen? Ik zie er goed uit, ik heb een leven, ik heb vrienden.'

'Ik bedoel...' Er tekende zich verwarring af op JoJo's gezicht.

'Je bedoelt...?' vervolgde Victoria met toegeknepen ogen. Ze zweeg even terwijl ze JoJo opnam. 'Je houdt er wel van, hè? Om de boel een beetje op te schudden. Ik zag dat wel, op dat feestje, dikke onruststoker. Ik snap nu waarom Tom jou...' Abrupt stopte ze.

JoJo verstarde. Waarom begon zij over Tom? 'Wat snap jij, Victoria?' Ze deed een stap naar voren.

'Nou...' Victoria aarzelde even, 'ik snap wel waarom hij je heeft gedumpt. Daar heb ik het met hem over gehad. Hij moest het toch aan iemand kwijt...'

De ondertoon in Victoria's stem maakte JoJo onrustig. Ze dacht aan de leugens die Victoria aan Aniek had verteld.

'Was je in dat gesprek net zo duidelijk als bij Aniek?' JoJo deed nog een paar stappen naar voren om haar woorden kracht bij te zetten. 'Heb jij soms iets tegen Tom gezegd, Victoria?' De woede in haar binnenste zorgde voor een ongekende explosie. Ze voelde zich ineens twee koppen groter dan Victoria.

Victoria kromp ineen. 'Ik heb hem alleen maar verteld wat er gebeurd was toen hij het feest had verlaten,' antwoordde ze op klaaglijke toon. 'Het kon je toch helemaal niets schelen dat hij boos was weggegaan? Daarna flirtte je lekker verder met Erik. Ik heb niks gelogen. Tom had zelf al gezien dat je Erik wel zag zitten. Iemand moest hem waarschuwen dat het daar niet stopte. Dat was wel zo eerlijk. Echt ordinair hoe jij je aan hem opdrong met je dikke lijf.'

Even werd het zwart voor JoJo's ogen. Ze hief haar hand om Victoria een flinke klets te geven. Op dat moment werd die door een onbekende kracht tegengehouden.

'Ho! Stop!' Sanne trok uit alle macht aan haar arm.

Victoria zag haar kans om weg te glippen. Ze rende naar de trap en riep: 'Hier kom je niet mee weg, dik kutwijf. Mij slaan? Ik zal zorgen dat je hier op school geen leven meer hebt – en denk maar niet dat iemand jou zal geloven. Eén leuke presentatie maakt je nog niet populair. Ik zal ze nog een keer aan jouw "optreden" herinneren.'

JoJo trilde van woede. Ze wilde achter haar aan gaan, maar Sanne hield haar stevig tegen. 'Hou je in, JoJo. Ik ga wel. Blijf hier, ik ben zo terug.'

'Ze is woest.' Sanne zat naast JoJo in de gang. Het was doodstil. Zo'n beetje iedereen had de school inmiddels verlaten. JoJo vroeg zich af hoelang het zou duren voordat de conciërge hen uit de gang zou verjagen.

‘Ja,’ was het enige wat ze uit kon brengen. Haar hart bonsde in haar keel. Ze was nog verre van kalm. Wat had ze gedaan? Ze was Victoria bijna aangevlogen. De tweede keer in nog geen paar weken tijd. Echt het stomste wat ze kon doen.

‘Maar ze gaat je in ieder geval niet meer exposen. Dat idee heb ik wel uit haar hoofd gepraat.’ Er viel een stilte voordat Sanne weer verder praatte. ‘Ik eh… ik durfde er niet eerder over te beginnen. Maar wat jou was overkomen… die avond op het feestje… dat ging echt veel te ver. Je was knock-out gegaan. Echt hartstikke gevaarlijk… Zoals je op dat bankje lag… Daarom had ik ook je moeder gebeld…’

JoJo keek verbaasd opzij. Sanne had mama die avond dus gebeld!

‘Maar toen ging Erik te ver en opperde Victoria ook nog eens om er een filmpje van te maken.’ Sanne viel weer stil. Haar hand trilde toen ze die op JoJo’s onderarm legde. ‘Wat er die avond gebeurde, is gewoon strafbaar, hè. Maar iedereen vond het kapot grappig. Ik durfde er niets van te zeggen. Ik heb nog wel geprobeerd om Victoria te laten stoppen met filmen, maar Didi zei dat ik op zoek kon gaan naar nieuwe vrienden als ik mijn bek niet zou houden. Ik was laf. Een meeloper. Maar ik heb Vic net gezegd dat wat ze doet hartstikke strafbaar is en ze flink in de problemen kan komen met haar exposen. Daar schrok ze volgens mij wel even van…’

‘Het lag ook bij mij, Sanne.’ JoJo’s stem leek van ver te komen. ‘Zoals je zei, ik was knock-out gegaan. Ik had nooit zoveel moeten drinken. Ik was straalbezopen. Hoe ik daar ook lag. De kots droop uit mijn mond. Dan vraag je er bijna om.’

Sannes hand vloog omhoog, haar ogen vlamden. ‘Hoe bedoel je, dan vraag je erom? Je had niet zoveel moeten drinken, dat is waar. Maar dat betekent niet dat iemand daar misbruik van mag maken! Ze mogen allemaal héél blij zijn dat jij geen aangifte hebt gedaan.’

‘Aangifte?’

'Ja, wat dan? De politie was hier echt wel achteraan gegaan. Want het mag niet! Je had het eigenlijk aan iemand moeten vertellen. Als ik stoer genoeg was geweest, had ik dat zelf gedaan. Was ik naar je moeder gegaan of naar een leraar. Maar ik was een schijterd. Bang voor mijn eigen hachje.'

JoJo sloeg haar ogen neer. Er druppelden enkele tranen op de vloer. 'Ik was ook bang! En ik schaamde me zo verschrikkelijk erg. Ik durfde het aan niemand te vertellen. Ik wilde het 't liefst zo snel mogelijk vergeten.'

'En?' vroeg Sanne zachtjes, terwijl ze een arm om JoJo's schouders sloeg.

JoJo keek op. 'Wat?'

'Ben je het vergeten?'

JoJo wendde haar blik af.

'Je kunt nog steeds...' begon Sanne.

'Nee... Ik wil het niet meer oprakelen. Mama en papa zouden zich kapot schrikken. Bovendien, ik heb het filmpje verwijderd.'

'Ik kan...'

Met een bruusk gebaar hief JoJo haar hoofd. 'Nee, Sanne... Ik schaam me zo. Als papa en mama ervan horen...'

Sanne knikte begrijpend. 'Als je maar weet dat het echt niet jouw schuld was.'

JoJo knikte aarzelend. 'Ja,' zei ze toen. 'Je hebt gelijk.' Er viel weer een stilte. JoJo's gedachten dwaalden af naar haar ruzie met Victoria. 'Zou Tom...?' vroeg ze zachtjes.

'... jou geloven als je vertelt dat Victoria een vuile leugenaar is die jullie tegen elkaar heeft opgezet?' vulde Sanne JoJo aan. 'Ik weet het niet. Er was daarvoor natuurlijk al het een en ander voorgevallen bij de bar. Denk je dat het nog goed kan komen tussen jullie?'

Kon het goed komen? JoJo dacht aan Aniek. Hoe die haar koud en onverschillig had aangestaard toen ze haar probeerde te overtuigen van Victoria's leugens. Een wassen beeld bij Madame Tussauds had meer emotie. *Je bent een onruststoker. Weet je dat? En Tom denkt er precies hetzelfde over.* Onruststoker, zo had Victoria haar net ook genoemd...

'Nee, ik denk dat er te veel kapot is gemaakt.' JoJo veegde met haar mouw langs haar wangen. 'Er zal altijd iets van de leugen blijven hangen. Ik was zo dronken. Ik weet zelf niet eens precies meer wat er gebeurd is. Wie zal Tom geloven, denk je? Het mooie, populaire meisje of de dikzak die hem op het feestje voor schut heeft gezet?'

'Je bent geen dikzak.'

JoJo keek weer verbaasd opzij. 'Iedereen op school ziet me wel als een dikzak.'

'Nou, om eerlijk te zijn: ik niet. Ik weet dat Victoria en Didi vaak over je gewicht zaten te kutten, maar dat interesseerde me eigenlijk niet zoveel. Je was gewoon niet het populairste meisje en daarom niet zo interessant.'

JoJo keek Sanne aan. 'Dus het ging niet om mijn gewicht?'

'Ik kan alleen maar voor mezelf spreken, maar voor mij niet. Ik was gewoon op zoek naar zo veel mogelijk aandacht en vrienden en ik had niet het gevoel dat jij me daarbij zou kunnen helpen. Misschien dat je zelf die conclusie getrokken hebt?'

JoJo dacht na. Zou dat waar kunnen zijn? Dat ze zo geobsedeerd was door haar uiterlijk dat ze andermans gedachten invulde? Dat ze de kritiek klakkeloos voor waarheid had aangenomen en zich vervolgens nog wat verder naar beneden had gehaald? Dat het voor anderen zo wel heel eenvoudig werd om haar niet te respecteren?

Het leek of Sanne haar gedachten kon lezen.

'Je maakte ook altijd van die stomme grapjes over jezelf. Net of je niets waard bent. Het was heel makkelijk om je een beetje op te naaien.'

De chaos in JoJo's hoofd werd steeds groter. Allerlei gedachten wervelden door elkaar heen. Al die tijd had ze het vooral buiten zichzelf gezocht, maar lag daar het antwoord wel? Misschien moest ze eerst naar binnen kijken. Want als zij altijd negatief over zichzelf was, hoe kon ze dan van anderen verwachten dat ze positief over haar dachten?

Op de stoel voor haar kaptafel tuurde JoJo weer naar de foto die Brian had uitgekozen. Ze beet op haar lip. Het vet was niet te missen: onder haar armen, boven haar broekband, bij de scheuren op haar knie... Het eerste wat opviel als je naar de foto keek. Ze zou het weg kunnen poetsen... Dan zou niemand er een opmerking over kunnen maken. Haar vinger gleed over het scherm. Was het waar? Zag ze zichzelf echt door andermans ogen? Of erger nog, hoe ze dacht dat anderen haar zagen? Ze rechtte haar hoofd en bekeek zich in de spiegel. Wie was zij? De meid met de puistjes, de veel te grote neus en de te dunne, rechte lippen? Of het meisje met de glanzende groene ogen, de blos op haar wangen en de speelse lokken die over haar voorhoofd wipten? Kon ze door de imperfecties heen kijken? Meer moois ontdekken?

#perfectgirl. De rimpel tussen haar wenkbrauwen werd dieper. Dat was insta fake. Niemand was perfect. Dat realiseerde ze zich wel. Maar loslaten, dat was een ander verhaal. Het moest toch altijd dunner, mooier, beter. Meer zoals Cameron. Of Victoria. Waarom wilde ze zichzelf eigenlijk zo graag met hen vergelijken?

Ze vond rozen mooi, maar ze hield ook van orchideeën, zonnebloemen, tulpen, zelfs cactussen. En die leken niets op elkaar. Dus waarom bestond er voor mensen dan maar één soort mooi? En waarom moest het altijd over de buitenkant gaan? Ze staarde een paar seconden voor zich uit. Toen pakte ze haar telefoon en begon te typen:

'Ik wil eerlijk zijn. In eerste instantie wilde ik deze foto niet plaatsen omdat je mijn vetrollen, mijn benen en mijn rondingen zo goed kunt zien. Maar toen dacht ik: wat maakt het uit? Ik wil trots zijn op mijn lichaam, mijn rondingen, op deze foto. Je lichaamsvet bepaalt niet hoe mooi je bent. Iedereen is uniek. Dank je @brianhill dat je mij dit wilde laten zien.' Ze drukte op delen en meteen stroomden de likes en reacties binnen.

Bijzonder hoe ze die haar eigenwaarde liet bepalen. Positieve reacties gaven een boost aan haar zelfvertrouwen. Maar dat werd in één klap tenietgedaan door een kutopmerking. Daar verspilde ze dan uren aan.

Kon er waarheid in zitten?

Moest ze daar iets mee?

Zou ze erop reageren?

Zo ja, hoe dan?

En als daar weer een hatelijke reactie op kwam?

Of moest ze het negeren?

Verwijderen?

Het account blokkeren?

Zo ging het maar door. Allemaal negatieve shit vanwege één hatelijke opmerking. Zou de persoon die de reactie geplaatst had er ook zo lang mee bezig zijn? Zou diegene überhaupt in de gaten hebben wat het met haar deed?

JoJo kon het zich bijna niet voorstellen. Zou je dat iemand expres aan willen doen? Ze nam zich voor om er de volgende keer minder aandacht aan te besteden. In die tijd kon ze ook dingen doen die haar energie gaven. Haar blik dwaalde af van het telefoonscherm en viel op het schaaltje met paarse snippers. Een tijdlang staarde ze naar de papiertjes. Ze moest eerst naar binnen…

Opnieuw googelde ze het woord affirmaties en begon te lezen. 'Affirmaties zijn korte zinnetjes die je hardop uitspreekt en herhaalt. Het is eigenlijk een boodschap aan jezelf. Door die boodschap te herhalen, ga je er op een gegeven moment in geloven. Dat is hoe je brein werkt. Soms zit je heel erg vast in negatieve gedachten. Wanneer je jezelf naar beneden blijft halen, trek je negatieve situaties aan en sta je vaak heel bang en onzeker in het leven. Daarom moet je proberen om jezelf te voeden met positieve gedachten. Je hersenen trainen om positieve uitspraken voor waar aan te nemen en geen negatieve. Hierdoor krijg je meer zelfvertrouwen. En meer liefde voor jezelf. Affirmaties zijn in het begin raar. Het voelt onwennig, soms zelfs idioot, om positieve zinnetjes over jezelf hardop uit te spreken. Je moet daar de tijd voor nemen. Uiteindelijk zul je de positieve effecten voelen en zal ook je omgeving het verschil zien. Tip is om rustig te beginnen. Honderd keer opdreunen dat je jezelf geweldig vindt terwijl dat niet zo is, heeft geen zin. Zoek naar affirmaties die bij je passen en die jij als realistisch ervaart.'

JoJo staarde naar het scherm. Raar eigenlijk dat ze zonder moeite verschrikkelijke dingen over zichzelf kon zeggen maar dat ze buikpijn kreeg als ze die wilde vervangen door aardige dingen. Zou ze echt kunnen kiezen hoe ze over zichzelf dacht? Het was de moeite waard om het nog eens te proberen. Wat had ze te verliezen? Ze moest gewoon zoeken naar zinnen die bij haar pasten. Ze googelde op 'voorbeelden van affirmaties' en kreeg meteen een pagina vol resultaten.

'Ik hou van mezelf.'

'Vandaag bruis ik van geluk.'

'Ik ben liefde.'

Mwah, misschien iets te veel van het goede.

'Ik accepteer mezelf zoals ik ben.'

Die was wel mooi.

'Liefde wijst me de weg.'

Daar kon ze ook wel iets mee.

'Ik ben wie ik ben en ik kan alles wat ik wil.'

Er schoot een siddering door haar lijf waardoor de haartjes op haar armen overeind gingen staan. Ze herhaalde de woorden in haar hoofd. 'Ik ben wie ik ben en ik kan alles wat ik wil.' De zin krabde iets open wat al heel lang verborgen zat. 'Ik. Ben. Wie. Ik. Ben.' Langzaam liet ze de woorden op zich inwerken. Ze keek op naar haar spiegelbeeld. 'En. Ik. Kan. Alles. Wat. Ik. Wil.' Haar gezicht lichtte op. Dat was hem, ze voelde het. Ze pakte een post-it en begon te schrijven.

LIEFDE WIJST
ME DE WEG.

IK KIES MOOI.

IK BEN WIE IK BEN
EN IK KAN ALLES
WAT IK WIL.

Wat is mooi?
Het schoonheidsideaal
onder de loep

19

'Heb je die oproep voorbij zien komen?' Sanne lag op haar buik op JoJo's bed en bladerde door een magazine.

'Welke oproep?' vroeg JoJo.

'Online, voor dat nieuwe tv-programma. *Curvy Holland Model*… of eh, *Super Holland Model*?' Peinzend keek ze op van het magazine. 'Nou ja, iets met modellen in ieder geval. Ik dacht dat jij dat wel gezien zou hebben. Ik hoorde Victoria er vandaag over praten in de pauze. En omdat jij de laatste tijd steeds meer fotoshoots doet, dacht ik…'

JoJo zuchtte. Sanne was echt superaardig, maar hier had ze duidelijk geen kaas van gegeten. Natuurlijk was een modellenprogramma niets voor haar. Ze had weleens een seizoen gekeken. Daar stuurden ze iemand met maat 36 nog naar de diëtiste. Dus duh, wat dacht je zelf? Ze staarde naar buiten en streek in gedachten over haar buik.

'Daar kan ik niet aan meedoen, San. Je kent die programma's toch? Die modellen zijn graatmager,' schamperde ze.

'Helemaal niet!' antwoordde Sanne verontwaardigd 'Je luistert niet, Ik zeg toch *Cúrvy Supermodel,* da's een nieuw programma. Daar moet je juist curves voor hebben. Victoria was al helemaal over de zeik. Had het de hele pauze over discriminatie. Omdat alleen "dikke wijven" zich ervoor op mochten geven. Je weet hoe ze dat kan zeggen. Volgens haar kon je het ook geen "Supermodel" noemen. Want welke dikzak heeft het in zich om een supermodel te worden. Maar goed, ze had een nicht of zo... En die mocht wel meedoen. Allemaal heel oneerlijk dus.' Ze keek JoJo aan. 'Ja, ik weet het niet precies meer, hoor. Victoria bleef maar doordraven... Maar het ging over curvy modellen, dat weet ik zeker, en ik zie jou wel staan tussen al die meiden.' Sanne liet zich van het bed af glijden en plaatste haar handen overdreven achter haar hoofd. Daarna stak ze een arm de lucht in en zette haar andere hand in haar zij. 'Strike a pose!'

JoJo giechelde. Haar wangen werden rood. 'Uh ja, ehm... Ja, ik weet het niet, hoor.' stamelde ze. 'Ik ben daar toch niet knap genoeg voor.' En nog steeds te dik. Maar dat zei ze niet hardop, want dan zou Sanne vast uit haar dak gaan. Niet dat het haar niet leuk leek. Ze deed tegenwoordig best veel portfolioshoots. Maar jezelf op tv laten zien, dat ging verder. Vijf kilo verder om precies te zijn. Dat was een feit, hè. Als je op televisie komt, zie je er dikker uit dan in werkelijkheid. Nog dikker, dus do the math. Ze ging zo op in haar gedachten dat ze niet in de gaten had dat Sanne haar aanstaarde. Pas toen Sanne haar zachtjes aanraakte, schrok ze op.

'Wat?' vroeg ze lachend. Ze stak haar hand in de lucht en kopieerde de pose die Sanne zojuist had aangenomen. Maar Sanne lachte niet mee. Dat was niets voor haar.

'Ik vind het niet grappig,' was haar antwoord.

'Wat niet?' vroeg JoJo verbaasd.

'Nou gewoon, de manier waarop jij over jezelf praat. Hoe jij jezelf altijd af zit te zeiken. Net of het wetenschappelijk bewezen is dat je er niet toe doet. Je bent helemaal niet lelijk. Verre van dat zelfs. Hoe vaak moet ik dat nog zeggen?'

Wow. Dat kwam binnen.

'Meen je dat?'

'Ja, en ik denk dat jij helemaal tot je recht zou komen in zo'n programma. Dat Nederland best kennis mag maken met iemand zoals jij. En misschien word je dan ook eens wat zekerder van jezelf. Jij kunt dat, JoJo. Model zijn.'

JoJo keek haar aan. Sanne meende het duidelijk echt. 'Dat is erg lief.' Ze slikte. *Hou je tranen in,* HOU ZE IN. Model. Hoe vaak had ze niet vurig gehoopt dat iemand dat ooit tegen haar zou zeggen?

'Als je maar belooft dat je er over nadenkt,' zei Sanne dringend.

Ze knikte. 'Ik beloof het.'

'Adem diep in door je neus, hou je ademhaling even vast en adem dan weer langzaam uit door je mond. Bij elke uitademing voel je je lichaam zwaarder worden. Laat alle spanning uit je lichaam via de grond verdwijnen.' JoJo lag op haar yogamat en luisterde met gesloten ogen naar de instructeur. De laatste oefening bleef lastig. De meditatie moest haar een gevoel van ontspanning geven, maar zij voelde zich meer als een angstig konijn, gevangen in de koplampen van een Land Rover. Gespannen, klaar om te vluchten. Gedachten schoten als vuurwerk door haar hoofd. Dat had invloed op haar ademhaling. Die was verre van rustig te noemen. Hoe meer ze zich erop concentreerde, hoe zekerder ze wist dat ze zo een papieren zakje nodig had tegen de hyperventilatie. De harde ondergrond lag ongemakkelijk. Ze wiebelde met haar billen en verplaatste haar handen naar haar buik. Dat was beter. Haar adem drukte haar buik tegen haar handen. In en uit... in en uit... in en uit... Haar buik was warm en zacht en daardoor ontspanden haar vingers. In en uit... in en uit... in en uit... Het contact stelde haar gerust. De zonnestralen die door het raam vielen, raakten haar hoofd. Ze draaide haar gezicht naar de warmte en verwelkomde het goudgele licht dat door haar wimpers glipte. In en uit... in en uit... in en uit... Haar ogen verzachtten, haar kaken ontspanden en de denkrimpel op haar voorhoofd loste langzaam op. Het licht werd een stroom van gele hartjes. Er vormde zich een glimlach op haar lippen. 'Denk aan iets waar je op dit moment dankbaar voor bent,' zei de stem in de verte. Flarden van fotoshoots wisselden elkaar af. Het warme gevoel in haar buik werd krachtiger, haar glimlach groter. 'Geef jezelf de tijd om de positieve gevoelens helemaal binnen te laten.' Ze zag Brian die druk naar haar aan het gebaren was, Sanne met haar strike a pose, haar ouders die trots het resultaat van de fotoshoots bekeken. In en uit… in en uit… in en uit… Gele hartjes. Warmte. Liefde. 'Bedenk welke positieve gedachten je vandaag mee wilt nemen. Wat wil jij doen dat jou gelukkig maakt?' Nog voor ze haar ogen opende, wist ze het. Ze ging het doen! Ze ging zich opgeven voor *Curvy Supermodel*.

Haar ogen vlogen over de pagina. Daar was het: 'Via deze link kunnen vrouwen en meisjes die zin hebben in dit modellenavontuur zich aanmelden.' Het afgelopen uur had ze internet afgestruind op zoek naar informatie. Ze zochten modellen met rondingen en minimaal maat 40. Als je gekozen werd, kwam je in een modellenhuis. Daarvoor was er eerst nog een selectie voor de casting. Het kriebelde in haar buik. Zou ze een kans maken? Een aantal meiden van het modellenbureau hadden zich ook opgegeven. Stuk voor stuk supermooi… Haar hand bewoog in de richting van het beeldscherm om de laptop dicht te klappen. Misschien moest ze er nog even over nadenken…

'Jij kunt dat, JoJo. Model zijn.'

Haar vingers gleden over het toetsenbord. Wel. Niet. Wel. Niet. Ze slaakte een zucht. Fuck, ze deed het gewoon. Ze kon zich altijd nog afmelden. Ze drukte op de link en er verscheen een aanmeldingsformulier. Met het puntje van haar tong tussen haar tanden vulde ze de vragen in. Naam, adres, leeftijd, maat.

Eerste shoot. Ze twijfelde. Zou ze invullen dat ze van jongs af aan foto's met haar moeder had gemaakt, of zou ze alleen de shoot met Brian vermelden? Mwah, die foto's met haar moeder stelden natuurlijk niks voor, ze kon het beter op de shoot met Brian houden.

Ervaring. Telden portfolioshoots mee als ervaring? Het waren wel fotoshoots, ze kreeg er alleen geen geld voor. Pfff, laat ook maar. Niemand in geïnteresseerd. 'Weinig,' vulde ze in. Motivatie. Ze begon te tikken:

'Vanaf jonge leeftijd vond ik het geweldig om voor de camera te staan. Omdat ik een vol figuur had, dacht ik dat een modellencarrière voor mij onmogelijk zou zijn. Tot ik erachter kwam dat er ook plussize modellen bestonden en ik in contact kwam met een fotograaf uit Amerika. Hij zei dat ik talent had en fotogeniek was. Toen groeide de wens om er meer mee te doen. Vervolgens heb ik veel testshoots gedaan met verschillende fotografen om een goed portfolio op te bouwen. Met dit portfolio heb ik ook een aantal modellenbureaus benaderd.'

Ze keek naar de tekst. *Jezus, wat overdreven! Zo doe ik net of ik heel wat ben. Fotogeniek. Arrogant bedoel je.* Ze drukte op de backspaceknop, haalde de tekst weg en begon opnieuw. 'Ik ben erg geïnteresseerd in de modellenwereld. Ik heb me er altijd al in verdiept en ik volg ook de carrières van veel supermodellen.'

Fangirl. Dat werkte al helemaal niet. Ze zagen haar aankomen. Opnieuw haalde ze alles weg. Ze zuchtte, dit viel niet mee. Niet dat ze geen motivatie had. Dit was alles wat ze wilde. Tijdens de shoot met Brian was het allemaal op zijn plaats gevallen. Ze wilde niets liever dan voor de camera staan. Het gaf haar een onbeschrijfelijk gevoel. En daar wilde ze helemaal voor gaan. Maar ja, dat kon ze natuurlijk niet opschrijven. Dan leek ze rijp voor een inrichting. Niet voor een tv-programma. In ieder geval geen programma over curvy modellen. Ze begon opnieuw: 'Model worden is mijn droom. Ik heb al een aantal fotoshoots gedaan en ik zou graag de kans krijgen om hier beter in te worden.'

Dat ging wel. Niet te opschepperig, niet te gretig. Gewoon. Normaal. Ze drukte op verzenden. Nu was het afwachten...

Sanne zat druk te gebaren dat er naast haar nog een plek vrij was. JoJo stak een hand op om aan te geven dat ze Sanne had gezien en liep dwars door de drukke aula naar de tafel toe. Vroeger zou ze dat nooit gedurfd hebben. Dan zou ze er veilig vanaf de zijkant naartoe geslopen zijn. Ze grinnikte. In haar ooghoek bespeurde ze een tweetal meisjes die elkaar aanstootten en iets fluisterden. Ze droeg een kort, wit getailleerd blouseje met een lage hals op een hoge spijkerbroek met witte laarsjes. Ze rechte haar rug toen ze hen passeerde. Nog niet zo lang geleden zou ze in elkaar gedoken zijn. Dan had ze die meiden haar humeur voor de hele dag laten bepalen. Nu haalde ze haar schouders op. Natuurlijk, schuurde er nog weleens een zweem onzekerheid langs haar maagwand, maar daar kon ze steeds beter mee omgaan. De outfit hielp. Ze was opgehouden met het kopen van te kleine kleding en had vrede gesloten met haar maat 42 (of 44 als dat beter zat). En ze was haar sterke punten gaan accentueren in plaats van weg te stoppen. Bleek ze toch mooi die killer taille te hebben. De hoeveelheid positieve reacties had haar verrast. Natuurlijk bleven er mensen die zich hardop afvroegen of ze dit wel moest dragen of dat ze beter niet iets anders kon eten. Maar ja, ze kon niet heel de wereld behagen.

'Hey Sanne, bedankt voor het vrijhouden.' Ze omhelsde haar kort en keek wie er aan tafel zaten. Dylan met een paar vrienden, en natuurlijk Victoria en haar tribe.

'Hé, JoJo, wat een schattig blouseje.' Daar was de beruchte glimlach weer. JoJo kon niet goed plaatsen of het deze keer oprecht was of dat Victoria weer op iets zat te broeden. Ze besloot er geen aandacht aan te besteden. Ze wist van Sanne dat ze vaak achter haar rug zaten te roddelen. Helemaal nu ze op Instagram van enkele tientallen volgers naar een paar duizend was gegaan. Dat was natuurlijk superraar. Een dikke chick met meer volgers dan zijzelf. Bovendien snapte Victoria niet hoe JoJo ooit bij een modellenbureau was gesigned en hoe ze het in haar bolle kop haalde om zich voor een programma als *Curvy Supermodel* op te geven. Helemaal omdat Victoria met haar portfolio stad en land af moest zeulen. Niet dat daar veel over gesproken werd. Ze zou haar perfecte masker niet nog eens laten vallen. JoJo kon er eigenlijk ook niet echt van wakker liggen. Voor haar hoefde die perfectie niet meer. Na de post met de bewerkte en onbewerkte foto was ze juist meer eerlijke dingen gaan plaatsen. Onbewerkte foto's, selfies van 'probleemgebieden' en captions vol onzekerheden. Uit de reacties kon ze opmaken dat haar eerlijkheid op prijs gesteld werd. Ze merkte zelfs dat ze er anderen mee steunde. En wat was er mooier dan dat?

Poseren in bikini was nog steeds lastig. Ze had er wel één gekocht. Een rode, haar lievelingskleur na de shoot met Brian. Eentje die goed paste. Niet dat haar borsten uitpuilden als meloenen of platgedrukt werden als kadetjes. Ze had de bikini een paar keer aangedaan voor de spiegel. Gewoon, om aan het idee te wennen dat ze er ook mocht zijn in zwemkostuum. En dan mocht ze alleen de mooie dingen benoemen… Binnenkort was het gedaan met oefenen. Dan zou ze met Sanne echt gaan zwemmen. Voor het eerst sinds het foundation fiasco…

'Weet jij daar iets van, JoJo?'

Ze schrok op uit haar gedachten. 'Huh?'

'Nou, wat Victoria net zei?' antwoordde Sanne. 'Wat zei je ook alweer?'

'Nou, ik hoorde dat de modellen voor dat programma *Curvy*

Supermodel al geselecteerd zijn. Julia, de vriendin van mijn neef, had zich opgegeven. Zij mag zaterdag naar de casting komen. Jij had jezelf toch ook opgegeven?' Weer dat lachje.

JoJo verstarde. Ze wenste dat Sanne haar kop had gehouden over de aanmelding. Maar die was super trots geweest. Victoria's vraag overviel haar. Weer zo'n goed geplande aanval.

'Eh ja, nee. Ik bedoel. Ik heb me opgegeven, ja. En nee, ik heb nog niks gehoord.' Ze frunnikte aan haar blouseje.

'O jammer, JoJo,' antwoordde Didi, terwijl Victoria meewarig met haar hoofd zat te schudden. 'Dan denk ik dat ze jou niet hoeven. Vind je het erg?'

'Ja jammer,' was het enige dat ze uit kon brengen. Ze knipperde met haar ogen en slikte de brok in haar keel weg. Iedereen kon zien dat het haar raakte... Haar hand ging naar haar voorhoofd. Nonchalant probeerde ze een pluk haar uit haar gezicht weg te strijken.

'Misschien moet je nu je goals bijstellen?' sneerde Victoria. Haar ogen glinsterden. 'Toch maar dat baantje in de snackbar, schat?'

Slam. Dunk. Out. Iemand trok haar bij de tafel weg.

'Ik laat je volgende week wel weten hoe de casting is geweest. Dat weet Julia me dan vast wel te vertellen.' Victoria jubelde bijna van enthousiasme.

Kutwijf.

Het holletje in haar bed voelde nog vreemd vertrouwd. Ze had zich in een zwart joggingpak gehesen en was met een lading eten onder haar dekbed gedoken. Het witte blouseje lag, als enige teken van haar zelfvertrouwen, op een vodje in de hoek van de kamer. Zaterdag was dus de casting. Ze stak een Choco Wafer in haar mond, de chocolade smolt op haar tong. Op de een of andere manier troostte dit haar. Wat dacht ze ook? Natuurlijk was de keuze niet op haar gevallen. Toen de meiden van het modellenbureau hadden gezegd dat ze zich op zouden geven, had ze het al kunnen weten. Zij waren veel mooier. Hadden meer jobs ook. Lees: JoJo had eigenlijk geen jobs. Eerder had het modellenbureau al bedenkingen geuit. Hun meningen over haar kansen hadden zo ver uit elkaar gelegen dat ze hadden besloten om uit elkaar te gaan. Gisteren was ze nog vol vertrouwen geweest dat er een nieuw bureau op haar pad zou komen, nu wist ze dat niet meer zo zeker.

Ze pakte haar telefoon. Zou ze die meiden een DM sturen? Vragen of zij waren uitgekozen? Maar dan zou ze toe moeten geven dat zij niets gehoord had. Nog maar een Choco Wafer. Ze likte de chocolade van de buitenkant en duwde het koekje in haar mond. Nou, dat was het dan. Weg toekomst, ciao carrière. Je moest groot dromen. Je moest positieve gedachten uitspreken. Je moest er vooral zelf in geloven. My ass. Ze taste naar het pak koekjes. Shit. Op. Dan maar de kaasflips. Ze graaide in de zak en propte een vuist vol flips in haar mond. Ze moest het weten. Ze pakte haar telefoon, zocht een van de meiden op en begon te typen.

Hey, Mel, ga jij zaterdag naar die casting?

Geen reactie. Natuurlijk zou ze daar niet meteen op antwoorden. Ze ging terug naar haar feed. Op de laatste foto had ze een felgeel pak aan met daaronder een strakke top.

When life gives you curves, flaunt them. Ze had de quote gevonden op internet. Als het leven je rondingen geeft, mag je daar best mee pronken. Dat betekende het. Op dat moment had de quote haar aangesproken. Nu wilde ze helemaal niet meer pronken. Ze dacht aan het voorval met Victoria. Ze was niet uit haar woorden gekomen. Ze had voor heel de aula voor schut gestaan. Hoeveel mensen zouden het gezien of gehoord hebben? Tien? Twintig? Te veel in ieder geval. Gelukkig had Sanne haar bij die tafel weggetrokken. Morgen zou ze ziek zijn. Als ze zo zou doorgaan met eten, zou ze het niet eens hoeven te faken. Zaterdag was de casting. Ze kon wel janken. Eerder had ze spanning gevoeld of ze er wel bij zou zitten. Die onzekerheid was prettiger geweest dan de definitieve afwijzing. Ze bekeek het account van Melanie. Zij had een mooi figuur, net maatje 40. Aparte uitstraling ook. Ze snapte eigenlijk wel wat die vrouw van het modellenbureau bedoelde. Ze was te gewoon. Dertien in een dozijn…

Ze fronste haar wenkbrauwen. *Daar ga je weer. Dat iemand anders mooi of aardig is, hoeft niet ten koste te gaan van jezelf. Jij mag er ook zijn.* Normaal voelde ze zich na zo'n peptalk wel iets beter, maar op dit moment hielp niks.

Op scherm verscheen een reactie van Melanie. JoJo tike erop.

Ja, ik ben gevraagd voor 'Curvy Supermodel'. Sharon ook. Cynthia mocht niet van onze agent. Echt een hoop gezeik. Vertel ik je nog wel. Zie ik je zaterdag?

Verdomme, Mel en Sharon zaten erbij. En zij niet. Wat een afgang. De gedachte zorgde voor een explosie in haar maag. Het zuur golfde haar keel in. Ze trok het dekbed opzij en wist net op tijd het toilet te halen, waar ze alles wat ze zojuist had opgegeten eruit gooide. Tranen biggelden over haar wangen. Alle positieve gedachten, het voorzichtig opgebouwde zelfvertrouwen en het zelfrespect verdwenen met de chocolade en de kaasflips de wc in. Ze veegde haar mond af en slofte terug naar haar bed. Ze had niet eens de puf om haar tanden te poetsen. Het enige wat ze wilde was wegkruipen en alles vergeten.

Ze werd wakker door het aanhoudende trillen van haar telefoon. In eerste instantie wist ze niet precies waar ze was. Het dekbed had zich als een cocon om haar lichaam gedraaid. Een sliertje spuug op haar kussen en de smaak in haar mond, herinnerden JoJo aan de uitbarsting boven de wc. Haar maag trok weer samen en ze slikte een zure oprisping weg. Ze pakte haar telefoon en keek op het schermpje. Vier oproepen gemist. Drie van Sanne en één van een nummer dat ze niet kende. Ze typte een berichtje voor Sanne.

JoJo:

Het gaat wel. Heb niet zo'n zin om te praten. Bel je straks ff, goed? xxx

Ze kreeg meteen een reactie terug.

Sanne:

Zo blij iets te horen lieverd. Laat je niet gek maken hè, je bent un kanjer x.

En Curvy Supermodel?

Die hebbe geen ogen in hun kop!

Het bericht toverde een lachje op haar lippen. Geen ogen in hun kop. Ze zuchtte. Zo kon je het ook zien. Het onbekende nummer trok weer haar aandacht. Netnummer Amsterdam. Wie zou haar bellen vanuit Amsterdam? Ze haalde haar schouders op. Vast per ongeluk. Ze ging op het randje van het bed zitten.

'Kom op, jankbal,' zei ze hardop tegen zichzelf. 'Laat het gaan. Ga effe lekker douchen en daarna naar de sportschool.' Haar oog viel op de affirmaties die ze op post-its rond haar spiegel had geplakt. 'Ik ben wie ik ben en ik kan alles wat ik wil.' Nog steeds haar favoriet. Ze herhaalde de affirmatie in haar hoofd. Daarna sprak ze hem zachtjes uit. 'Ik ben wie ik ben en ik kan alles wat ik wil.' Ze liet zich niet op haar kop zitten. Ze herhaalde de affirmatie, nu met wat meer kracht. 'Ik ben wie ik ben en ik kan alles wat ik wil.' Ze had schijt aan die kutwijven op school. En aan *Curvy Supermodel.* Zij bepaalde haar eigen pad. Een vlinder fladderde door haar buik. Nog wat harder. 'Ik ben wie ik ben en ik kan alles wat ik wil.' De vlinder werd een leeuw. Het fladderen een onoverwinnelijk gevoel. Ze zoog de lucht in haar longen en gooide het eruit: 'IK BEN WIE IK BEN EN IK KAN ALLES WAT IK WIL!!!' Ze zou zich niet van de wijs laten brengen. Niet nu alles een beetje op zijn plaats begon te vallen.

De telefoon ging toen ze haar kamer uit wilde lopen. Ze keek op het scherm, weer dat 020-nummer. Nieuwsgierig nam ze op.

'Hallo?'

'Hallo, met Susan van T2Produkties. Spreek ik met JoJo?'

T2Produkties? Kende ze die? Zou het? Of niet? Haar gedachten vlogen alle kanten op.

'Ja, u spreekt met JoJo.'

'Ah fijn, ik ben blij dat ik je te pakken heb gekregen. We zijn bezig met de casting van *Curvy Supermodel* en nu is jouw file op de verkeerde stapel terechtgekomen. Gelukkig dat een stagiaire jou er nog net op tijd tussenuit heeft gevist, maar we beseffen dat we rijkelijk laat zijn met bellen. Aanstaande zaterdag is de casting. Zou je toch kunnen komen?'

Ik ben wie ik ben en ik kan alles wat ik wil.

'JoJo? Ben je daar nog?'

'Ja, ja, ik ben er nog.'

'Kun je komen?'

'Ik denk wel dat ik kan zaterdag. Hoe laat?'

'O, wat fijn! We verwachten je om zeven uur 's ochtends. Reken er maar op dat het een lange dag zal worden. Ik stuur je een mail met het adres en andere aandachtspunten. Kunnen we er dan van uitgaan dat je er zaterdag bij bent?'

JoJo's emoties gingen door het dak. Ze mocht komen!

'Ja, ik ben er. Echt leuk!' was alles wat ze uit kon brengen.

Nadat Susan had opgehangen, maakte ze een vreugdedansje. She did it!

Ze stuurde een appje naar Sanne.

JoJo:

Ik zit erin!

ZE ZULLEN ZIEN DAT IK
HELEMAAL NIET ZO GOED BEN.

IK BEN IN STAAT OM DIT
TE OVERWINNEN.

IK HEB DE KRACHT
OM MIJN DROMEN
UIT TE LATEN KOMEN.

Manifesteren en mediteren:
de do's & don'ts

DEEL 4

DWARS DOOR DE WOLKEN HEEN

20

Op de heenrit had ze nauwelijks iets gezegd. De spanning zat als een dikke prop in haar keel. Ze was die ochtend voor de wekker van halfzes wakker geworden. Snel had ze een basis-make-upje aangebracht zodat ze er fris maar niet té opgemaakt uit zou zien. Ze wilde het er vooral niet te dik bovenop leggen. Daarna had ze wat kleding in een koffer gedaan. Ook had ze zeker vijf keer de e-mail gecheckt. Tot ze hem uit haar hoofd kende. Ze had niet ontbeten. Wie kon er op een ochtend als deze een hap door zijn keel krijgen? En nu waren ze op weg naar Amsterdam. Ze staarde uit het raam en zag hoe de opgaande zon de wereld langzaam inkleurde. Haar hand friemelde aan de edelsteen die aan haar ketting hing. Ze had die van Sanne gekregen. De steen was glad en koel.

'Deze steen geeft succes en leert je voor jezelf opkomen,' had Sanne verteld. 'Dus jij gaat ze daar allemaal een poepie laten ruiken.' Gefascineerd door de werking, had JoJo Sanne overgehaald om samen naar een kristallenwinkel te gaan. De winkel was knus, rook kruidig en lag tot de nok toe vol met edelstenen. JoJo voelde zich als een kind in een snoepwinkel. Grote brokken zachtroze rozenkwarts glinsterden naast helder bergkristal, dieppaarse amethist en groengrijze labradoriet, die vanuit bepaalde hoeken verrassend helgroene en blauwe vegen vertoonde. Iedere steen had een unieke werking. JoJo was meteen fan van celestien en malachiet. Celestien omdat deze ook wel de engelensteen werd genoemd en je met die steen dromen kon onthouden, malachiet omdat die beschermde tegen negatieve energie. Na een uur moest Sanne JoJo letterlijk de winkel uit slepen zodat ze niet al haar geld uit zou geven. Het leek JoJo een goed idee om de stenen, net als in de winkel, een speciaal plekje in haar slaapkamer te geven. Haar helende hoekje. Ze had het aangekleed met het *EveryBODY is beautiful*-kunstwerk, wierook, geurkaarsen en ingelijste quotes en affirmaties. Het hoekje herinnerde haar aan het voornemen om vaker positief te zijn. Haar moeder had er vorige week nog een steen bij gelegd. Toen ze thuiskwam lag er ineens een rozenkwarts, zachtroze en glanzend als de huid van een pasgeboren baby'tje. 'Je bent precies wie je moet zijn,' stond er op het bijgesloten briefje.

Ze friemelde weer aan de ketting. *Ik ben precies wie ik moet zijn. Ik ben wie ik ben en ik kan alles wat ik wil.* Was ze klaar voor dit nieuwe avontuur? Sanne dacht van wel.

'Die steen sleept jou zaterdag door de casting heen, zo het modellenhuis in.' Gevolgd door een vette knipoog. JoJo glimlachte. Die Sanne. Die deed net of ze er al was. Toch moest ze eerst vandaag maar eens zien door te komen. Hoeveel meisjes zouden er zijn? Zou ze in het niet vallen vergeleken bij hen? Ze kende er twee via het modellenbureau en dan die vriendin van de neef van Victoria.

Victoria... Haar gedachten gingen terug naar afgelopen donderdag. Op haar gezicht vormde zich een grijns. Nooit eerder was ze zó graag naar school gegaan. Ze had extra veel aandacht aan haar outfit besteed en was in de pauze direct naar hun tafel gelopen.

'Nieuwe jurk?' had Victoria smalend opgemerkt, terwijl de anderen hun lach onderdrukten. 'Staat je goed. Zo jammer dat je hem zaterdag niet naar de casting aan kunt...'

'Niet?' had ze sarcastisch geantwoord.

De spottende blikken waren omgeslagen in verwarring.

'O, ik zie het al. Niemand heeft jullie op de hoogte gebracht. Valt dat even tegen… Nou, ik laat je volgende week wel weten hoe het geweest is.' Daarna had ze zich omgedraaid en was met opgeheven hoofd en een triomfantelijke lach op haar lippen de aula uit gewandeld. Als een model op de catwalk. Thuis had ze haar BFF gepakt. Ze sloeg het notitieboekje open. Het was tijd om dit hoofdstuk af te sluiten. Ze dacht even na en begon te schrijven:

Aan Victoria, Eline en Didi,

Deze brief is voor jullie. Ik weet niet goed waar ik moet beginnen, maar ik zet dit op papier omdat ik het achter me wil laten. Het verdriet en de woede van me af schrijven. Al die tijd heb ik jullie bewonderd. Ik wilde niets liever dan een van jullie zijn. Jullie waren alles waar ik elke nacht stiekem van droomde. Maar jullie moesten me niet. Dat lieten jullie duidelijk merken. Ik was de dikzak, de sukkel die je kon negeren, de idioot die toch wel achter jullie aan bleef lopen, wat je ook deed. Wat moeten jullie gelachen hebben om de 'tips' die jullie me gaven. Schaamde ik me nog niet genoeg voor mezelf? Want hoe superieur zijn jullie? Jullie zagen hoe wanhopig ik was. En toch wilden jullie me nog verder de grond in trappen. Totdat er niets meer over was. En nu ben ik er klaar mee. Ik laat me niet meer door jullie bespotten. Vanaf nu kies ik voor mezelf, ik kies mooi. Jullie zijn gewoon een stelletje gemene trutten die zichzelf beter voelen dan de rest. Ik ben misschien niet 'flawless', maar ik ben wel echt. Bedankt dat jullie uit alle macht wilden voorkomen dat ik erbij zou horen. Dat ik ooit zou worden als jullie. Ik ga nu mijn dromen waarmaken. Watch me. En jullie mogen aan de zijlijn meegenieten van mijn succes, jezelf afvragend hoe die dikke chick het ooit zover heeft weten te schoppen.

JoJo

Ze las de brief nog een keer door en zuchtte diep. Ze ging hem niet echt versturen. Maar zo kon ze het wel een plekje geven. Het laten gaan. Ze scheurde de brief uit het boekje, vouwde hem een aantal keer dubbel en stopte hem in een doosje in haar helende hoekje. Bij de eerstvolgende volle maan zou ze hem verbranden. Ze grimaste. Weg met die oppervlakkige dramaqueen-shit. Voortaan alleen nog maar positieve gedachten. En nieuwe uitdagingen. Zoals het modellenbureau uit Engeland! Die hadden interesse getoond. ENGELAND! Kon je het je voorstellen? Het leek of ze tegenwoordig het geluk aantrok.

Ze moest het nog wel met T2Produkties overleggen. Tenminste, áls ze vandaag gekozen zou worden…

'We zijn in Amsterdam, JoJo.' Haar vader zette de richtingaanwijzer aan. Typ jij het adres in?' JoJo pakte haar telefoon. *We zijn in Amsterdam. Showtime!*

Ze zaten in een kringetje om het haardvuur. JoJo telde het aantal hoofden. Het waren er twintig. De een nog mooier dan de ander. Ze had spijt dat ze niet wat meer aandacht aan haar make-up had besteed. Sommigen zagen eruit of ze zo van de set waren weggelopen. Ze draaide met haar ogen. *Slim om je daar nu druk om te gaan maken… Je bent wie je bent… En je kunt alles wat je wilt.* De tweede zin volgde automatisch. Ze glimlachte. Dat een paar woorden zoveel effect konden hebben.

'Ken jij al andere meiden?' JoJo schrok op uit haar gedachten en bekeek het meisje naast zich. Een paar donkere ogen met lange wimpers keken haar vriendelijk aan.

'Ja, ik ken er twee via het bureau waarvoor ik heb gewerkt. En er is hier iemand over wie ik gehoord heb, maar ik weet eigenlijk niet hoe ze eruitziet. Ik heet JoJo trouwens, en jij?'

'Kylie,' antwoordde ze. 'Ik ken echt niemand en ik ben stikzenuwachtig.'

'Ah joh, je bent hartstikke mooi. Ik zou me niet zo druk maken. Je kunt niet meer doen dan je best. We moeten er gewoon van proberen te genieten.' *Topadvies, meid. Hou dat zelf ook even vast.*

'Ik ben echt superonzeker,' vervolgde Kylie op zachtere toon. 'Twijfel overal aan. Alles moet altijd perfect. En als dat niet lukt, dan raak ik in paniek. Wil ik meteen de controle terug. En toch zit ik hier…' Ze staarde voor zich uit.

JoJo was onder de indruk van haar openheid.

'Maar goed.' Kylie herpakte zich. 'En jij?'

JoJo wist niet goed wat ze moest zeggen. Impulsief legde ze een hand op die van Kylie. Zo zaten ze daar een poosje, beiden opgaand in hun eigen gedachten.

'De volgende kandidaten kunnen zich opmaken voor de eerste opdracht: JoJo, Melanie, Vera, Nyah, Sharon. Je kunt jezelf nog omkleden of even naar het toilet. We verzamelen over vijf minuten in de hal.'

'Succes vandaag en pas goed op jezelf,' zei ze zachtjes en ze gaf nog een laatste klopje op Kylies hand.

De deur die leidde naar de ruimte waar ze de opdracht uit moesten voeren, zat op slot. JoJo was de eerste in de rij, Melanie stond meteen achter haar. Haar ogen lichtten op toen ze JoJo zag en ze begon meteen te praten.

'Zoooo! Ik kan bijna niet geloven dat ik hier sta. Wat een gedoe voordat ik mee mocht doen. Dat gekke mens wilde ons gewoon aan het contract houden, hè. Terwijl er nauwelijks werk was. Hoe kun je nou iemand vasthouden als je niets te bieden hebt?'

'Ik was blij dat ik al weg was. Ze was echt gemeen,' antwoordde JoJo. 'Ik bedoel, ik mocht van haar niet eens groot dromen.' Ze stak haar wijsvinger omhoog en verdraaide haar stem: 'E-commerce kan misschien lukken, meid, maar ga vooral niet aan campagnes denken en al helemaal niet aan high fashion.'

Melanie grijnsde. 'Ja, dat had ze eerder ook al tegen Sharon gezegd. Haar toekomst was het foldertje van de Zeeman. Ik denk dat ze gewoon een punt wilde maken met *Curvy Supermodel.* Bang dat we ooit zelf een carrière zouden opbouwen. Zonder haar. Wel fijn dat ze vanuit het programma met haar zijn gaan praten. Maar Cynthia was natuurlijk haar goudmijntje, die wilde ze niet kwijtraken aan een of ander big shot modellenbureau. Echt kut voor haar, ze zou waarschijnlijk het meeste kans hebben gemaakt van ons allemaal... Maar goed, wij hebben het gered en de show is about tot start. Succes meid. Zet 'm op.'

'Jij ook, Mel.'

JoJo had geen idee hoe de show zo zou starten. Haar zenuwen namen een loopje met haar gedachten. Wat voor een opdracht zou ze moeten doen? Als ze zichzelf maar niet voor schut zou zetten... Dat zag je vaak op tv, bij zangprogramma's en zo. Van die deelnemers die superzeker naar binnen gingen, zichzelf helemaal voor schut zetten en dan totaal afgebrand naar buiten kwamen. JoJo rilde. Wat als ze stomme dingen zou doen? Of zeggen? Zouden ze haar wel geschikt vinden? Haar brein maakte overuren en voordat ze het wist, kreeg ze een seintje dat ze aan de beurt was. Een beetje stijfjes liep ze de ruimte binnen. De opdracht beleefde ze als in een roes. Ze moest met een zelfontspanner foto's van zichzelf maken in badpak. En haar curves moesten goed uitkomen. De zenuwen waren echter niet alleen naar haar hoofd gestegen, ook haar lichaam werkte niet echt mee.

'Je benen mogen ook bewegen, hoor,' grapte een van de juryleden.

Haar mondhoek trilde. Daar had je het al. De eerste die niet blij van haar werd. Bij een volgende pose lette ze meer op haar benen, waardoor ze allerlei onnodige en ongecontroleerde bewegingen ging maken. Net zoals wanneer je per ongeluk iets raars tegen iemand zegt en dit probeert te corrigeren door nog dommere dingen te zeggen.

Voordat ze het in de gaten had, stond ze weer buiten. Eén ding was zeker: zij kon naar huis. Terug bij de anderen werd dit gevoel alleen maar versterkt. De een had nog een beter verhaal dan de ander. Woorden als geweldig, fantastisch en super buitelden over elkaar heen. Stilletjes luisterde ze mee.

'En hoe ging het bij jou, JoJo?' Een blond meisje met felblauwe ogen en een vuurrode mond keek haar uitdagend aan. JoJo kende haar niet. Hoe wist zij haar naam?

'Mwah, ging wel.' Ze hoopte dat het meisje door het lauwe antwoord haar interesse zou verliezen. Helaas was niets minder waar.

'Wat zei die fotograaf bij jou?'

'Dat ik mijn benen meer moest bewegen,' mompelde JoJo binnensmonds.

'Wat zeg je? Ik kon het niet verstaan.'

'DAT IK MIJN BENEN MEER MOEST BEWEGEN!' JoJo gaf haar een dodelijke blik.

'Juul! Juul! Hoe ging het bij jou? Pfff man, ik was echt teringzenuwachtig. Maar die vent die mocht mij wel volgens mij. Ik kon er zelfs nog een paar grapjes uit persen.' Een vrolijke krullenbol petste Juul speels tegen haar billen. Juul vergat JoJo en begon een geanimeerd gesprek met krullenbol. Juul? Als in Julia? Als in de vriendin van de neef van Victoria? Het zou haar niet verbazen. Die twee hadden het natuurlijk uitgebreid over haar gehad en dat zou niet echt een complimenteus gesprek geweest zijn. Nou ja, niet dat het nog iets uitmaakte. Er waren zeker twaalf meisjes met een positief gevoel teruggekomen en er werden er maar tien geselecteerd voor het huis. Dus waarschijnlijk zou het bij deze eenmalige ontmoeting blijven. Ze keek om zich heen of ze Kylie ergens kon ontdekken. Hopelijk was het bij haar beter gegaan. Ze had het gevoel dat ze haar moest beschermen tegen… Ja, tegen wat eigenlijk?

'JoJo, jij bent de volgende die voor de jury mag verschijnen.' Susan van T2Produkties tikte op haar schouder en gebaarde dat ze mee kon lopen. JoJo ademde een paar keer diep in en uit zoals ze bij de meditatie had geleerd. Oké kom op, let's do this. Wonderbaarlijk genoeg waren er deze keer geen zenuwen. Het maakte toch niets meer uit. Dan kon ze er maar beter van genieten.

'Hoi, ik ben JoJo.' Ze lachte en blikte nieuwsgierig naar de jurydesk. Er zaten vier mensen, twee mannen en twee vrouwen. Ze kende er drie. Een fotograaf uit Amerika, een plussize model en een bekende influencer. De vierde man had ze nooit eerder gezien. Maar hij zag er supermodieus uit, dus hij zou er wel verstand van hebben.

'Kun je ons vertellen waarom we juist jou moeten kiezen uit de meiden die nog over zijn, JoJo?'

Weer ademde ze diep in en keek de jury recht aan.

'Ik was altijd heel erg onzeker over mezelf omdat ik eigenlijk altijd al curvy ben geweest. Ik heb het daar heel erg moeilijk mee gehad. Ik probeer mezelf nu meer te accepteren en dat gaat steeds beter. Ik wil dat graag laten zien en anderen inspireren om zichzelf te zijn. Omdat ik dat echt superbelangrijk vind.' Adem uit. De bemoedigende blikken van de jury hielpen. Ze ging wat meer rechtop staan. *Ik ben wie ik ben.*

Het plussizemodel nam het woord.

'Je hebt jezelf ook gefotografeerd. Hier is je beste foto. Prachtig lichaam. Je kunt ook goed met je expressie omgaan. Dus ik vond het eigenlijk wel goed gaan. Ja, je had je benen wat meer kunnen bewegen, maar je was ook als allereerste, dus ik ben trots op je, hoor.'

Waaattt?! JoJo's hart maakte een sprongetje. Zei ze nou zojuist dat ze het goed vond? Niet! In de verte zei de fotograaf nog iets over 'diversiteit in de modewereld' en 'great curves', maar ze kon de woorden niet meer goed plaatsen. De verplichte wandeling over de catwalk voelde meer als zweven dan als lopen en opnieuw stond ze buiten voordat ze het doorhad. Deze keer wel met een aanzienlijk beter gevoel. Wat er ook gebeurde, ze had het goed af kunnen sluiten. Ze kon met opgeheven hoofd naar huis.

Ze stonden met zijn twintigen voor de jury. De helft zou afvallen. JoJo had het ritueel al meerdere keren op tv gezien, toch had ze nooit bedacht hoe zenuwslopend dit kon zijn. Haar handen waren ijskoud en haar benen papperig. Alsof ze een meter in de blubber was gezakt. Haar hoofd klopte, haar mond was droog en er zat een nerveuze trilling bij haar ooglid. *Please, laat het snel voorbij zijn.* Maar wat op televisie amper tien minuten in beslag neemt, duurde in werkelijkheid uren. Een lamp aanpassen, verschillende close-ups nemen, personen verzetten, nog een extra shot, nog een loopje en nog een extra juryoverleg. Haar lot lag in de handen van de influencer. Zij hield de foto's vast van de deelnemers die door waren. Hoelang stond ze hier al? Een halfuur? Een uur? Door de spanning kon ze niet goed bijhouden wie er al waren afgevallen. Mel en Sharon waren zeker door. Die stonden al op het podium voor de winnaars. En Kylie? Ze wilde zich niet omdraaien. Dat zou er vast raar uitzien op tv. Was ze al voorbijgekomen? Had ze dat gemist? *Hoofd erbij houden, JoJo. Straks noemen ze jou en vergeet je naar voren te lopen.* Een hysterische snik ontsnapte aan haar lippen en ze schraapte gegeneerd haar keel. Julia mocht ook aanschuiven bij de winnaars. Victoria zou wel in haar nopjes zijn. Twee meisjes die JoJo niet van naam kende, werden de studio uit begeleid. Zou ze dadelijk ook zo van het toneel verdwijnen? Ze had de neiging om de hand van de persoon naast haar te pakken. Ze keek voorzichtig naar rechts. Ze kende haar niet eens… Ze sloeg haar armen over elkaar. Dan zou ze in ieder geval van haar buurvrouw afblijven. Er stonden nu zeven meiden op het winnaarspodium. De kans dat ze er nog bij zou zitten, werd wel erg klein.

'JoJo, wil je even naar voren komen?' Langzaam zette ze een paar pasjes in de richting van de influencer. This is it. Ze slaakte een diepe zucht.

'Spannend hè,' reageerde de influencer. 'Hoe ging het voor je gevoel?'

'De shoot ging wat minder, maar daarna werd ik wel op mijn gemak gesteld door de jury.' JoJo antwoordde op de automatische piloot.

'Ik kan je zeggen dat wij als jury niet heel erg lang hoefden te discussiëren.'

Ze bereidde zich voor op haar aftocht.

'Op basis van de foto en je houding, is het natuurlijk best wel duidelijk…'

Ze hield haar adem in. O please, zeg het gewoon. Ze hield het niet meer van de spanning.

'... dat je door bent.'

JoJo sloeg een hand voor haar mond. Niet! Ze was door?

'Hebben jullie Kylie gezien?' Kylie had niet bij hen op het podium gestaan. Dat betekende dat ze niet was gekozen voor het huis.

'Ja, volgens mij is ze daarachter haar spullen aan het pakken.' Een van de crew members wees naar een plekje achter in de zaal. JoJo volgde haar vinger, ontdekte Kylie en liep naar haar toe.

'Hey, Kylie, ik wilde nog even afscheid nemen. Balen dat je niet gekozen bent.'

Kylie keek haar aan. Haar mascara was uitgelopen.

'Don't worry. Ik wist al dat ik er niet bij zou zitten.'

'Zo moet je niet over jezelf praten, Kylie. Je bent een supermooie meid. Ik vind je echt geweldig!'

'Nee, ik bedoel, ik wíst al dat ik niet gekozen zou worden, JoJo. Het ging vandaag zo slecht met me dat iemand van de crew naar me toe is gekomen om me gerust te stellen. Dat ik me niet zo druk hoefde te maken omdat ze toch al van plan waren om me niet te kiezen. Maar ik wilde helemaal niet meer, weet je. Ik wilde niet gekozen worden. Vandaag is me één ding duidelijk geworden. Dit wereldje is niets voor mij. Dus don't worry. Ik huil wel, maar dat zijn tranen van ontlading. Dat er eindelijk een einde is gekomen aan deze dag.'

Vol ongeloof staarde JoJo haar aan. Het moest er grappig uitgezien hebben, want Kylie begon te lachen.

'Hey girl, doe je mond dicht. Ik kan zo in je maag kijken.'

JoJo grinnikte schaapachtig.

'Nee serieus, meis, dit soort spanning is niet goed voor mij. Ik wil alles veel te perfect. Zo ben ik ook aan mijn eetstoornis gekomen. Het heeft jaren geduurd voordat ik daar een beetje bovenop was. Iedereen had een mening over me. Te dik, te dun, vetzak, gratenpakhuis, eet iets meer, ga eens lijnen, je ziet er goed uit, je ziet er niet uit. Weet je wat dat met me deed? Ik wil dat nooit meer meemaken. Dat iedereen denkt iets over je te mogen zeggen. Dus ik wil niet met mijn hoofd op tv. Ik wil niet voor een jury die iets van mij vindt en ik wil me niet blootgeven aan een publiek dat dit klakkeloos overneemt. Wapen je daartegen, JoJo. Laat je niet gek maken. That's all I'm saying.' Ze omhelsde JoJo, pakte haar tas en verdween in de donkere nacht.

JoJo staarde haar na. Kylies woorden bleven in de lucht hangen. 'Laat je niet gek maken.'

IK BEN PRECIES
HOE IK MOET ZIJN.

IK OPEN MIJN HART
EN VERWELKOM
PRACHTIGE DINGEN IN MIJN LEVEN.

OOK UIT SPANNENDE DINGEN
HAAL IK VREUGDE EN PLEZIER.

Hoe werken kristallen?

21

'Heb je alles?' Het was halfzes in de ochtend. Toch had haar moeder al drie keer deze vraag gesteld. Het leek wel of zij het modellenhuis in zou gaan. Het avontuur in het huis kon maximaal drie weken duren. Iedere drie dagen vond er een juryoverleg plaats en moest een kandidaat het huis verlaten. Uiteindelijk bleven er vier modellen over die in het voorjaar, als alle afleveringen op tv waren geweest, in een live finale om de titel zouden strijden. Maar dat duurde dus nog bijna een halfjaar.

'Hier, schat, dit is voor jou.' Haar moeder drukte een envelop in haar handen. 'Beloof me dat je deze pas openmaakt als je er doorheen zit, goed?'

'Maak je niet zo druk, mam. Het komt goed. Waarschijnlijk heb ik het niet eens nodig.' Ze sloeg haar armen om haar moeder heen. Iedereen die op de hoogte was, leefde enorm met haar mee. Het liefste had ze haar deelname van de daken geschreeuwd, maar ze mocht het met zo min mogelijk mensen delen. In het huis was contact met de buitenwereld zelfs helemaal verboden en moesten telefoons worden ingeleverd. Of ze het zou overleven zonder telefoon? Haar ouders dachten van niet, de laatste tijd zat ze er bijna aan vastgeplakt. Maar dat had een reden. Ze had een missie. Ze wilde iets voor anderen betekenen. De dingen die ze voelde bespreekbaar maken. Eerlijke foto's delen. Want ze was niet de enige die worstelde met haar zelfbeeld.

Soms werd de missie behoorlijk op de proef gesteld. Als mensen haar een overdreven dramaqueen noemden of een dikke aandachtstrekker. Als ze haar captions belachelijk maakten of haar uitscholden voor dikke trol, zeekoe of vieze zeug. Als ze haar enge ziektes toewensten of zelfs hardop hoopten dat ze zich dood zou vreten. Maar ze wilde niet meer buigen voor pestkoppen. Haar verhaal was nodig. En Sanne zou haar helpen met de posts als ze in het huis zat.

Wonderlijk genoeg had ze geen last meer gehad van Victoria en co. Kwam het omdat ze zich niet meer met hen bezighield? Ze had zich niet eens afgevraagd of Julia Victoria had verteld dat ze door was. Julia moest daar trouwens haar mond over houden. Het maakte eigenlijk ook niets uit. Victoria was verleden tijd en JoJo richtte zich op de toekomst. De wedstrijd, het huis en het modellenwerk. Mét bureau, want ze had getekend! Er was zelfs al een optie vastgelegd voor een shoot. En T2Produkties vond het prima. Mocht ze *Curvy Supermodel* winnen (haha, dat ze tegenwoordig zelfs aan iets als winst kon denken) dan zou een Nederlands bureau haar moederagency worden en dat beet elkaar niet. Zelfs de optie voor de shoot was akkoord, zolang die maar buiten de opnameweken in het huis werd ingepland. Haar ogen glinsterden. Ineens had ze een bureau, een mogelijke job én een plek in het modellenhuis. Het was bijna te mooi om waar te zijn. Ze keek haar kamer rond. Ze was klaar voor *Curvy Supermodel.*

Ze stonden al een uur op de parkeerplaats toen de laatste kandidaat het terrein op kwam rijden.

'Sorry, file,' mompelde ze, terwijl ze uitstapte.

Zondagochtend zeven uur.

Er werd een lading koffers uit de achterbak getoverd. JoJo's vader keek haar veelzeggend aan. 'Die rekent vast op een finaleplaats,' fluisterde hij met een knipoog.

JoJo grinnikte. Ze was opgetogen dat het avontuur nu kon beginnen. Het was koud buiten, maar ze hadden moeten wachten tot de groep deelnemers compleet was. De eerste reacties op het modellenhuis werden opgenomen en die waren alleen echt als niemand eerder binnen was geweest.

Ze omhelsde haar vader. 'Tot over maximaal drie weken, pap.'

'Ja, eerder kom je er niet in.' Hij lachte terwijl hij over haar bol aaide. 'Dus je zorgt maar dat je in de finale staat.'

De eerste opnamen verliepen zoals je bij tien vrouwen en een luxe modellenhuis kunt verwachten. Eerst liep iedereen met veel oeh's en ah's door de benedenverdieping om daarna met een rotgang naar de slaapkamers te rennen en de beste plek te claimen. Maar toen de bedden eenmaal verdeeld waren, was de sfeer ontspannen te noemen. In ieder geval tot de metamorfose werd aangekondigd... Idioot hoe een metamorfose altijd weer de boel op scherp zet. Terwijl je dat eigenlijk bij een modellenprogramma wel kon verwachten... Plus een paar heel ongemakkelijke shoots.

Zolang het oordeel niet 'kaal' zou zijn, vond JoJo het prima. Als model zou ze er waarschijnlijk sowieso aan moeten wennen dat klanten specifieke eisen aan haar, make-up en kleding konden stellen. Eisen die niet altijd haar smaak zouden zijn.

De dagen in het huis vlogen voorbij. Wat op televisie een week zou duren, nam in werkelijkheid nog geen drie dagen in beslag. Tijd om op adem te komen en over dingen na te denken, was er niet. Het was een aaneenschakeling van opnames, challenges, fotoshoots en eliminaties. Iedere ronde had een ander thema en een nieuwe opdrachtgever.

De eerste shoot was voor National Glamour Day en vond plaats in een groot warenhuis. Omdat het winkelend publiek er geen last van mocht hebben, moest de fotoshoot voor openingstijd plaatsvinden. Dat betekende om vier uur opstaan. Niet per se superglamorous. Vooral koud en donker. De opwinding zorgde ervoor dat iedereen goed wakker was. Dat kon ook niet anders, want je kreeg ongeveer vijftien minuten om de perfecte foto te maken. Terwijl het plussize jurylid met tips en aanmoedigingen de spirit probeerde te verhogen, klaagden een aantal meisjes over hun look en de tijd die beschikbaar was per shoot. Was het wel zo slim om daar openlijk over te mopperen? Er waren altijd camera's in de buurt en je kon niet weten of het tegen je gebruikt zou worden...

Bovendien, er was geen tijd voor negatieve energie. Ze had vijftien minuten op een roltrap. Een kwartier om een goede indruk achter te laten. Minuten die voorbij tikten als seconden. Voordat ze het goed en wel doorhad, werden de kleren die ze in haar handen had alweer aangepakt.

'Goed gedaan. Prima geluisterd ook. Maar we moeten door, want de winkel gaat zo open.'

JoJo hoopte dat de feedback erop duidde dat er een goede foto tussen zat. Maar helemaal zeker wist ze het niet.

Dat dingen inderdaad werden opgemerkt, bleek toen een van de juryleden aan het einde van de dag naar het modellenhuis kwam. Met gefronste wenkbrauwen wandelde hij de woonkamer binnen.

'Ik heb gehoord dat sommigen van jullie de opdrachten niet zo serieus namen. Wanneer ik terugkrijg van fotografen dat ze niet geïnspireerd raakten of van de productie hoor dat verschillende mensen bij de metamorfose geklaagd hebben, dan word ik boos. Ik hoop dat jullie beseffen dat dit een kans is? Misschien vind je niet alles even leuk. Misschien is de metamorfose niet helemaal naar je zin of ben je bij een shoot niet blij met je kleding of make-up.

Maar als model draait het niet om jouw mening. Jij bent er om je werk te doen. In de echte wereld moet je het opnemen tegen duizenden meiden die dolgraag deze baan willen hebben. Hebben jullie daar al eens over nagedacht?'

Met verschrikte ogen keken ze naar hem op. Terwijl haar hart in haar keel bonsde, groeide ook de vechtlust om zich niet te laten kennen en zich voor de volle honderd procent te geven.

Bij een volgende shoot werd de spanning wat meer opgevoerd. De influencer kondigde aan dat de deelnemers voor deze sessie hun schaamte opzij moesten zetten omdat ze met de billen bloot zouden gaan. Op de bank klonken een paar gesmoorde kreten. Een aantal meiden sperden hun ogen wijd open en sloegen een hand voor hun mond.

'Ja maar... wacht even. Met de billen bloot, dat is toch gewoon naakt?' Met een schuin hoofd keek Imane de anderen aan.

JoJo's gezicht begon te gloeien. Naakt?

Het bleef een paar seconden doodstil. Toen begon iedereen door elkaar te praten.

'OMG, naakt?'

'Naakt is mijn grens, ik ga echt niet in mijn blote kont op tv.'

'Denk maar zo, je hebt altijd nog twee handen...'

'Lingerie vind ik al heftig, laat staan naakt.'

'Ik ben basically een nudist, dus ik heb er geen problemen mee.'

'Ik wil naar huis.'

De spanning liep zo hoog op dat een paar meiden spontaan een huilbui kregen en een enkeling er zelfs aan dacht om alvast haar koffers te pakken. Midden in de chaos zat JoJo met een zorgelijk gezicht op de bank en luisterde naar alle commotie en peptalks. Zou ze zich ook naakt voor honderd procent kunnen geven?

De spanning was om te snijden toen ze de volgende ochtend in alle vroegte naar een geheime locatie werden gereden. Een paar meisjes hadden gedreigd het huis te verlaten als ze echt naakt voor de camera moesten verschijnen. Tot ieders opluchting had de influencer 'ietsiepietsie' overdreven… 'Met de billen bloot' bleek 'in elegante lingerie' voor een luxe privéjet te zijn. Daar knapte de sfeer meteen van op. Zelfs de meiden die eerst lingerie al veel te ver vonden gaan, klapten in hun handen omdat ze in ondergoed op de foto mochten. De opdracht was 'rock your curves'. En toen JoJo als een fifties-ster met geglamd haar in een supersexy body op hoge hakken bij het vliegtuig stond, was ze haar zorgen van de avond ervoor vergeten. Ze was een curvy supermodel. Zelfs op haar twee maten te kleine schoenen…

De meest onvergetelijke shoot was de regenshoot. Terwijl ze op haar beurt wachtte, kwamen andere kandidaten terug met horrorverhalen over ijskoud water dat recht in je ogen werd gespoten terwijl je er klappertandend een goede foto uit moest persen. Trillend, huilend en gewikkeld in gouden warmtedekens werden ze naar de gezamenlijke ruimte begeleid. Met haren als zeewier, mascara tot aan hun neusvleugels en een walm van grondwater die opsteeg uit hun doordrenkte kleding. Het was winter, en dus geen weer voor een lekkere regendouche. JoJo probeerde zich op haar beurt te concentreren, maar haar oksels waren klam en ze kon niet stoppen met ijsberen. Ze moest zich terugtrekken, anders zou ze al een zenuwinzinking krijgen voordat er een foto gemaakt was. Ze verstopte zich in de aangrenzende kamer. Daar bleef ze tegen zichzelf herhalen: 'Je kunt dit, wat is nou een beetje regen, je kunt dit…' Toen Susan haar uiteindelijk kwam halen, had ze zich voldoende moed ingepraat om de kou te trotseren. Ze ging zich door niets laten tegenhouden! Zelfs niet door een beetje ijswater. Ze bewoog haar lichaam, zwiepte met haar haar, luisterde naar de aanwijzingen van de fotograaf en probeerde haar ogen door de waterstralen op de camera te focussen. Tot ineens de regen stopte, de reflectieschermen werden weggezet en de lampen werden gedimd. De fotograaf, die ook in de jury zat, gaf zijn camera uit handen en liep op haar af. JoJo probeerde uit zijn blik iets af te leiden. Was hij boos? Teleurgesteld? Ze kreeg een onbehaaglijk gevoel in haar buik. Waarschijnlijk vond hij haar een waardeloze mislukking…

Toen hij haar naderde, strekte hij zijn armen uit. Hij pakte haar vast. Van schrik hield ze haar adem in.

'Je bent geweldig,' reageerde hij.

Onwerkelijk keek ze hem aan. Ze vergat om uit te ademen.

'Jij deed wat drie of vier andere meisjes deden allemaal ineen. Je mag trots op jezelf zijn. Je kwam heel erg professioneel over.'

Sissend ontsnapte een grote hap lucht tussen haar tanden. Ze geloofde haar oren niet. Er vormde zich een onnozel lachje op haar lippen en meer dan 'dank je wel, dank je wel, dank je wel' kon ze niet uitbrengen. De explosie in haar binnenste was echter onbeschrijfelijk. Een golf van blijdschap, plezier en trots gutste door haar lichaam. Een gevoel dat ze niet meer had ervaren sinds de lagere school, bij haar laatste buiging tijdens de finale…

Iemand, die er verstand van had, vond haar geweldig. Zei dat ze professioneel overkwam. Zou het dan toch mogelijk zijn? Ook voor haar? Het dikke meisje?

De eliminaties waren zo mogelijk nog spannender dan de shoots. Elke derde dag trok er een misselijk gevoel van haar maag naar haar darmen en was het rennen geblazen om de wc te halen. De hele dag verliep in een waas. Het ene moment waren ze nog gezellig aan het kletsen, het volgende moment klonk er een oorverdovend alarm, het teken dat er een nieuw bericht was. Dan liet iedereen alles vallen en vlogen ze naar de woonkamer waar de influencer op het tv-scherm vertelde dat het weer zover was: er moest iemand het huis verlaten. Dag gezelligheid, welkom stressaanval. Er was dan nog één ding belangrijk: zorgen dat je er zo goed mogelijk uitzag voor de jury. Want hoe erg je het de anderen ook gunde, zelf wilde je er in geen geval uit. De keuze van de jury leek gebaseerd op de beste foto, maar iedereen wist dat ze ook naar andere dingen keken.

Gedurende de dag sloeg de paniek toe. Dat begon in de auto naar de opnamelocatie. Dan was iedereen in gedachten lijstjes aan het maken. Wie was zeker safe en wie zat waarschijnlijk in de gevarenzone? Vervolgens was het op de locatie wachten geblazen. Vaak duurde het nog twee uur voordat de opnamezaal werd geopend. Waar ze het dan over hadden?

'Wie denk jij dat eruit gaat?'

'Ben jij bang dat je deze week weg moet?'

'Ik denk dat ik het ben.'

'Als ze me maar niet weer afzeiken.'

'Mijn foto zal wel kut zijn.'

'Jij mag zeker blijven.'

'Ik ben echt zo fucking zenuwachtig.'

'Ik denk dat ik moet kotsen.'

Dat soort dingen. Vervolgens werd iedereen besproken totdat er ook een gezamenlijk lijstje was. Want ja, waar moest je het anders over hebben zonder telefoon of andere afleiding? Wanneer de zaal tenslotte openging, stond iedereen op scherp en schoten de zenuwen als vuurpijlen door hun lijven. Vervolgens moest eerst de binnenkomst worden gefilmd aka tig keer heen en weer lopen op hoge hakken. En dan... begon eindelijk de opname voor de eliminatie... die zelf ook nog een paar uur duurde. En waarvan ongeveer tien minuten zou worden uitgezonden.

Bij de eerste eliminatie kreeg JoJo een paniekaanval en barstte ze voor de jury in tranen uit. En dat terwijl de jury eigenlijk heel lovend over haar was geweest en haar roltrapfoto als beste had gekozen. Niemand begreep er iets van, ook JoJo niet, maar de spanning die zich in de uren daarvoor had opgebouwd, kon zelfs van iemand met stalen zenuwen een bibberend rietje maken. Vooral omdat niemand wist welke kant het op zou gaan. Natuurlijk, ze hadden hun gezamenlijke lijstje en meestal zat daar een kern van waarheid in, maar een tevreden fotograaf of een jubelende klant hoefde niet per se tot een positief jurycommentaar te leiden en grote stommiteiten werden niet altijd afgestraft. Bovendien waren niet alle juryopmerkingen even mild.

'Ik zie niet dat je het echt wilt.'

'Ik ben geschokt dat dit je beste foto is.'

'Ik ben helemaal niet onder de indruk van jou.'

'Ik vind het niks, het oogt te plat.'

'Je bent net een pin-up hier.'

'Ze verkopen niet jouw lach, ze verkopen hun lingerie. Jij hebt niets te kiezen.'

'Op de een of andere manier heb je het resultaat toch weer naar beneden weten te halen.'

'Dit is echt middelmatig.'

Iedere eliminatie knaagde de onzekerheid of die ronde je wereld zou vergaan of dat je, ondanks een slechte foto of een beroerde houding, toch een reddingsboei toegeworpen zou krijgen. Waarschijnlijk dé formule voor spannende tv, maar je kon ook overdrijven.

Bij eliminatieronde vijf was Julia niet in JoJo's koffer komen neuzen. Dat was niets voor haar. Normaal was ze er altijd. Meestal met Sharon, Melanie en Imane.

'JoJo, uw persoonlijke stylist uit het Zuiden,' noemden ze haar gekscherend. JoJo kon er wel om lachen.

'Ja ja, plunder deze stylist maar weer,' antwoordde ze dan met een knipoog. Maar stiekem vond ze het geweldig om de anderen te helpen er zo goed mogelijk uit te zien voor de jury. Helemaal als ze complimenten kregen over hun outfit. Dan moest ze zich beheersen om niet zelf te gaan staan glunderen.

'Hey Mel, heb jij Julia gezien?' Nog een goed uur en dan moesten ze weer in de auto zitten.

Melanie schudde ontkennend haar hoofd terwijl ze goedkeurend naar haar spiegelbeeld keek en een wolk gellak over haar blonde lokken spoot.

'Nee? Is ze niet op haar kamer?' Inmiddels waren er vier meiden afgevallen en had ze het rijk alleen.

JoJo versnelde haar pas en liep door naar Julia's kamer. Maakte ze zich nou zorgen? De afgelopen weken hadden ze het prima met elkaar kunnen vinden. Ze was aardig en leek in niets op Victoria. Behalve dan dat ze ook een enorme flapuit was. JoJo gooide de slaapkamerdeur open.

'Julia?'

Julia zat met een make-uploos gezicht en haar haren in een rommelige knot tussen een berg kleding en een halflege koffer.

'Wat ben je aan het doen? We moeten over een uur weg.'

'Weet ik,' antwoordde Julia, terwijl ze onverstoorbaar verder ging met pakken.

'Ben je nou aan het inpakken?'

'Dat zie je toch?' Het kwam er bitser uit dan ze waarschijnlijk bedoelde.

'Waarom?' JoJo keek haar met grote ogen aan terwijl ze een jurkje uit de stapel viste. 'Je moet jezelf aankleden en opmaken.'

Julia trok het jurkje uit JoJo's hand en propte het in de koffer. 'Ik moet helemaal niks.' Er was duidelijk iets aan de hand.

JoJo zakte op haar knieën en begon de kleding mee op te vouwen.

‘Is er… Is er iets?’ Ze probeerde haar blik te vangen.

Julia’s lichaam verstrakte. Ze stopte met inpakken en keek JoJo grimmig aan.

‘Ik ben er helemaal klaar mee. Vanaf het begin ben ik hier de pispaal. Ga niet zitten klagen, hou je commentaar voor je, wissel van lipstick, verander je instelling, wil je het wel, je kunt het niet, jij hebt niets te kiezen, heb je er wel over nagedacht, je moet niet nadenken. Gek word ik ervan. Ik herken mezelf niet eens meer in al dat commentaar. Ik ga bijna zelf denken dat ik wel een verschrikkelijke draak moet zijn. Een arrogante betweter.’

‘Ben je niet.’

Julia stopte met inpakken en keek JoJo aan. Haar ogen spuwden vuur. ‘Je ziet het niet, hè, JoJo? We hebben allemaal onze eigen rol in dit grote Curvy Superdrama. Suze het onzichtbare muurbloempje, Jill de actrice, Nyah de dramaqueen, Sharon de gevoelige huilebalk. En jij? Jij bent de potentiële kanshebber. Sorry, jij wás de potentiële kanshebber. Want door dat eentonige smoelwerk van je hijgen nu de ondeugende chick en de exotische schoonheid in je nek.’ Julia zwaaide verontwaardigd met een slip om haar hoofd om haar woorden kracht bij te zetten. Het was dat haar stem zo serieus klonk, anders zou JoJo in lachen zijn uitgebarsten. Maar de woorden van Julia maakten iets bij haar los.

Met haar smoelwerk bedoelde Julia JoJo’s gezichtsuitdrukking. Na de preek in het modellenhuis had JoJo zich voorgenomen iets van het jurycommentaar te leren en zich vooral niet aangevallen te voelen. Dus toen de jury aangaf dat haar gezichtsuitdrukking te vaak hetzelfde was, ging ze ermee aan de slag. Er was niet genoeg tijd om heel grote stappen te maken, maar ze wilde laten zien dat ze hun advies serieus nam. Daarom oefende ze verschillende uitdrukkingen voor de spiegel en probeerde ze die bij de shoot erna ook echt in de praktijk te brengen. Afgaande op de feedback en het feit dat de klant haar met een extra shoot beloonde, met succes. Helaas viel de keuze weer op eenzelfde soort foto als de rondes ervoor en vond de jury dat ze niet vooruitging.

'Ondanks het feit dat wij niet onder de indruk zijn van je foto ben je wel gekozen om een extra foto te maken,' was het commentaar. 'Het goede nieuws is dat je überhaupt die foto mocht maken. Dat betekent dat de klant iets in je ziet, het slechte nieuws is dat het weer dezelfde gezichtsuitdrukking is. Dank je wel.'

Eh… Graag gedaan?

Ze wilde zich niet laten ontmoedigen. Maar soms was dat lastig. Ze bespeurde het ook bij de anderen. Maar ze had niet verwacht dat het zoveel met Julia deed.

'Waarom denk je dat wij niet weten wie de beste foto bepaalt? Of dat we nooit een andere foto te zien krijgen dan de "beste foto"?'

JoJo schrok op uit haar overpeinzingen en constateerde dat Julia haar vragend aanstaarde terwijl haar vingers aanhalingstekens maakten in de lucht.

'Ik… eh…'

'Weet je nog dat ik op een gegeven moment aangaf dat ik het jammer vond dat ze geen lachende foto hadden gekozen? Omdat iedereen op de set daar heel enthousiast over was? Dat was niet aan mij, werd gezegd. En vervolgens kraakten ze mijn "beste" foto helemaal af. Hoe zat dat bij jou trouwens? Lachte jij nooit tijdens een shoot of zo?'

'Ja, zeker wel,' antwoordde JoJo verdedigend. 'Ik wilde na het jurycommentaar juist verschillende gezichtsuitdrukkingen laten zien.'

'Nou? Waarom bleven ze dan foto's kiezen met je mond open?

Omdat dat je beste foto's waren? Omdat de klant die het mooiste vond? Of omdat het verrekte goed paste bij de verhaallijn? De laatste keren wist ik van tevoren al dat ik weer iets op mijn bordje zou krijgen. Soms leek het zelfs of ze bewust dingen uitvergrootten zodat ze me die later in konden wrijven. Alsof ik de enige was met domme acties of uitspraken. Maar die van mij werden altijd vastgelegd. Dus ik pak mijn spullen. Vanavond lig ik eruit. Mark my words.'

'Julia, zo moet je niet denken.'

'Ik weet het gewoon, JoJo. Op het moment dat ze die bloementuin op mijn hoofd plantten, wist ik dat het mijn laatste shoot zou zijn. Laat me maar. Ik ben gewoon boos... En verdrietig.'

JoJo streek met haar hand over Julia's haar en liep naar de deur. Daar twijfelde ze even.

'Als je maar weet dat je geweldig bent, Julia. Je moet niet opgeven, hoor je? Je moet gewoon je dromen blijven volgen. Jij kunt dat. Model zijn.'

Er verscheen een geforceerd lachje op Julia's lippen, maar JoJo besefte dat haar mondhoek lichtjes trilde.

'Ik zie je zo in de auto,' zei Julia zachtjes.

Toen ze zich klaarmaakte voor de eliminatie, bleven Julia's woorden door haar hoofd spoken. Diep vanbinnen waren ze allemaal jonge, onzekere meisjes, op zoek naar de bevestiging dat ze er mochten zijn. Niet direct geschikt voor een curvy eliminatieprogramma dat kijkcijfers moest scoren? De druk om te presteren was hoog. Zo hoog dat er genoeg ruimte was voor onzekerheid en twijfel. De gedachte aan de eliminatie deed haar huiveren. Wat als niet Julia maar zij het huis zou moeten verlaten? Haar hand trilde toen ze de jade steen om haar hals vastpakte.

'Ik mis jullie,' fluisterde ze zacht.

Ze had zich voorgenomen om de brief ongeopend te laten. Maar een peptalk was op dit moment geen overbodige luxe. Haar ogen verslonden de regels en vulden zich langzaam met tranen toen ze de laatste zinnen las.

Laat je niet op je kop zitten, JoJo. Je bent mooi, je bent lief, je bent bijzonder. Wat ze ook zeggen. Je bent op de goede weg. Laat niemand dat van je afnemen. Je kunt het! Nog even volhouden. In gedachten ben ik bij je. I love you, mama xxx.

Aflevering 7 bracht ups en downs. De ups waren insane. Met nog maar vijf kandidaten in de running moesten de koffers worden gepakt en ging de rit naar het vliegveld. De motregen gaf de dag een mistroostig karakter en stiekem hoopte JoJo dat hun bestemming zonniger zou zijn. Ze werd niet teleurgesteld. Breed lachend kondigde de influencer aan: 'De komende dagen wordt het even bikkelen, maar niet op zo'n heel vervelende plek, denk ik. We gaan namelijk naar... Marrakesh!'

De meiden slaakten opgewonden kreten, als aapjes die rondsprongen en een vreugdedansje deden. Marrakesh! Het was al bijzonder dat ze de drie weken in het modellenhuis bijna hadden volgemaakt, nu mochten ze ook naar Marrakesh.

Julia was inderdaad de avond ervoor afgevallen. JoJo zag de teleurstelling in haar ogen, maar ook de opluchting dat het avontuur erop zat. Dat ze weer normaal kon ademhalen zonder steeds bekritiseerd te worden. Zelf was ze ook wel klaar voor het echte leven, maar de trip naar Marrakesh had ze in geen geval willen missen. De magische sfeer van de medina met smalle straatjes en steegjes, de geur van specerijen en gebrande noten, het goudgele zonlicht. De sfeervolle riad waar ze logeerden, het Marokkaans herenhuis met een mooie, ruime binnenplaats, gekalkverfde muren in zachte kleuren, sfeervolle doorkijkjes onder Moorse bogen, warme kleden, bontgekleurde kussens en prachtig houtsnijwerk rondom de ramen. Een sprookje uit Duizend-en-één-nacht. Maar dan duizend keer beter. Terwijl de deelnemers zich nog niet echt realiseerden op wat voor een prachtige plek ze terecht waren gekomen, was het al tijd voor de challenge. En die startte... op de rug van een kameel. Liggend op de grond maakten de dieren een kalme en geduldige indruk. De indringende geur zorgde ervoor dat JoJo haar reisgezel niet direct wilde knuffelen, maar toen hij haar van onder zijn lange wimpers vriendelijk aanstaarde, vond ze het geen punt om op zijn rug te klimmen. Dat veranderde zodra het dier op zijn poten ging staan. JoJo zwiepte als een speelgoedtuimelaar heen en weer terwijl ze minimaal de helft van Marrakesh wakker schreeuwde. De kameel, die waarschijnlijk dacht dat hij JoJo moest steunen, brulde vrolijk mee. Ook de andere meiden verging het niet veel beter. Vijf hysterische modellen op luid blatende kamelen, schommelend door de woestijn. Te hilarisch voor woorden. De kamelen hadden hen naar een nomadenkamp gebracht waar ze foto's van elkaar moesten maken. De opdracht: spelen met zand. Niet als kinderen in een zandbak, maar op een gracieuze, bijna dansende manier. Nou, gespeeld werd er zeker, want aan het einde van de shoot zat overal zand. Zelfs op plekken waar je dat niet direct zou verwachten...

Na het zandbad waren ze teruggekeerd naar het hotel, waar ze zich klaarmaakten voor de avond. JoJo was blij geweest met de foto die Nyah van haar had gemaakt. Ze had het zand zo sierlijk mogelijk boven haar hoofd losgelaten en dat was goed gelukt. Als je goed keek, had het zand de vorm van een hart. De liefde voor zichzelf... En een teken dat ze op de ingeslagen weg moest doorgaan?

De laatste fotoshoot was in de woestijn. In alle vroegte paradeerde ze in een wit mini-jurkje, ja MINI-jurkje, langs de palmbomen terwijl de fotograaf er lustig op los klikte. De shoot was voor een fashion editorial in een magazine.

And so she smized.

Ze waren net klaar toen de opdrachtgever een rode truck door het landschap zag rijden. Misschien konden ze daar nog even mee shooten? De chauffeur bleek een welwillende, oudere Marokkaanse man. Die geen woord Engels sprak. Of Duits. Of Frans. Dus toen JoJo onwennig naast hem voor de auto stond, bedacht ze dat het niet echt gepast zou zijn om zich zomaar op die man te storten. Niet zonder overleg in ieder geval. En er sprak niemand Marokkaans... Daarom besloot ze zich op haar eigen pose te concentreren. Ze snapte eigenlijk ook niet wat ze naast die man deed. Volgens de fotograaf waren de beelden bij de palmbomen editorialwaardig. Maar de klant had het idee geopperd en de klant is áltijd koning. Toch? Of moest ze haar bedenkingen uitspreken? Zeggen dat ze het niet zo'n goed idee vond. Aarzelend keek ze in de richting van het groepje mensen achter de camera. Ze besloot zich in te houden. Het kon achteraf misschien alleen maar verkeerd worden uitgelegd.

De downs volgden tijdens de eliminatie. Haar beste foto was niet de foto bij de palmbomen... Een van de juryleden merkte op dat ze een mooie, sterke blik had maar dat de foto op zich geen geheel vormde. Ze had meer interactie moeten tonen met de man. Hem niet het gevoel moeten geven dat ze hem gebruikte voor de foto.

Haar kaken verstrakten. Wat voor een interactie had de jury passend gevonden? Dat ze even op zijn schouders was gaan hangen? Hem een boks had gegeven? Even diep in de ogen had gekeken?

Hey ouwe, je verstaat me niet, maar laten we samen die editorial rocken...

De woorden van Julia schoten door haar hoofd. Dus dit was haar beste foto? Kon ze nu maar even een vluchtige blik op de andere foto's werpen. Ter bevestiging dat ze echt het beste met haar voor hadden. Ze schrok op toen de influencer het woord nam.

'Mij is ter ore gekomen dat je meer open moet staan voor feedback en kritiek.'

Ze verstijfde. Wat? Wie? Verwarring tekende zich af op haar gezicht. Koortsachtig liet ze de afgelopen dagen passeren.

'Je hebt de neiging om tijdens gesprekken te vertellen over je ervaringen in het modellenwereldje en dat kan nogal betweterig overkomen.'

Haar adem stokte. De opmerking was een klap in haar gezicht. Het lukte haar niet om haar emoties te verbergen. Ineens kwamen als vanzelf de herinneringen omhoog. De minachtende blikken, de afwijzingen, de spottende lachjes, het gestaar, geknor en gefluister. Het duizelde haar. Ze moest moeite doen om haar tranen in te houden. Zie je wel. Zelfs bij *Curvy Supermodel* moesten ze haar niet. Vonden ze haar een betweter. Iemand die niet openstond voor kritiek, iemand die ongevraagd haar ervaringen deelde. Een lastpost, een buitenbeentje. Zo lang had ze vanaf de zijlijn toegekeken hoe anderen het spel speelden en nu ze eindelijk zelf in het veld stond, kreeg ze rood omdat ze mee wilde doen. Ze twijfelde of haar benen de paar stappen terug konden zetten. Waarom had ze gedacht dat ze het zou kunnen redden? Dat anderen haar bijzonder zouden vinden? Dat ze misschien wel een plaatsje in de finale verdiende? Haar blik schoot door de ruimte en bleef op het scherm met de foto rusten.

STOP! Daar ga je weer. Altijd maar jezelf naar beneden halen. Wil je jezelf door één kutopmerking uit het veld laten slaan? Kijk wat je geleerd hebt de afgelopen weken. Hoeveel zelfvertrouwen je door dit avontuur hebt gekregen. Je bent bijna in de fucking finale gekomen! Het is een sterke, mooie blik... Je hebt dus in ieder geval iets met hun advies gedaan. En aan een professionele houding gewerkt. Je hebt je nooit laten gaan. Niet over kleding, niet over make-up, niet over andermans mening. Je hebt er het beste van gemaakt. Je bent boven alles positief gebleven. Bij de opnames, de quotes, op de set, tegen klanten. En niet alleen over jezelf maar ook over anderen. Dus hé. Het is maar show. Alles voor spannende tv. Jij mag er gewoon zijn. Mét je ervaringen. Het is toch geweldig dat je die met anderen wilt delen. Laat je niet gek maken. You are fucking amazing! Langzaam kalmeerde haar ademhaling zich en kreeg haar hartslag weer enigszins het normale ritme. Deze keer zou ze de opmerking niet met haar zelfvertrouwen aan de haal laten gaan.

De strijd ging tussen haar en Nyah. Een van hen zou de finale niet halen. Afgaande op het jurycommentaar had ze dit wel verwacht. De potentiële kanshebber has left the building...

Ze sloeg haar arm om Nyahs schouders. Wat waren ze dichtbij geweest.

'Nyah en JoJo, jullie hebben allebei heel goede weken gehad en helaas viel het deze week behoorlijk tegen. Het was geen makkelijke keuze...'

Ze kneep in Nyahs hand. Opnieuw werd de spanning tergend langzaam opgebouwd.

'Dus in wie zien we nog de meeste potentie. Nyah? Of toch JoJo?'

Oké, we begrijpen het, schiet maar op. Ze had zich erbij neergelegd. In gedachten zat ze al in de auto naar huis.

'JoJo, we denken dat het er voor jou net wat meer in zit. Dus ben jij door.'

JoJo staarde de influencer aan. Haar ogen wijd open. Ze was door? De betweter? Ze sloeg haar hand voor haar mond. Er rolde een traan over haar wang. Ze besefte hoe klote Nyah zich moest voelen en pakte haar vast.

'Sorry,' fluisterde ze haar toe voordat ze bij de influencer haar foto in ontvangst ging nemen.

'Gefeliciteerd met je finaleplek, JoJo, maar het was echt kantje boord.'

Kantje boord. Maar nog niet afgelopen…

HOEWEL IK HET NU MOEILIJK HEB,
WEET IK DAT DIT OVER ZAL GAAN.

IK KAN ANDERS TEGEN
PROBLEMEN AANKIJKEN.

VANDAAG LAAT IK MIJN
NEGATIEVE GEDACHTEN LOS
EN RUIL ZE IN VOOR POSITIEVE.

Hoe gaat dat,
zo'n modellenshoot?

22

‘Gefeliciteerd.’ Susan van T2Produkties stak haar hand uit.

JoJo lachte flauwtjes. ‘Dank je wel. Ik ben kapot. Wat een emoties. Ik moet echt even bijkomen.’

‘Dat snap ik,’ zei Susan. ‘Eigenlijk wilde ik je nog wel even spreken. Je moeder had tijdens je verblijf in het huis gevraagd of het mogelijk was om wat lingerie door te passen voor een shoot? Natuurlijk begrijp je wel dat shoots nu niet meer worden toegestaan.’

JoJo keek haar verward aan. De weken in het huis waren zo intens geweest dat ze het even moest laten bezinken. Had ze het over de bodypositiveshoot via het Engelse bureau? Maar daar had ze toch toestemming voor gegeven?

‘Eh, dat mocht toch, Susan? Tenminste, jij zei dat het geen probleem was als dit na de opnameweken zou plaatsvinden? Zo heb ik dat ook doorgegeven bij...’

‘Ik denk dat we elkaar dan niet goed begrepen hebben, JoJo,’ antwoordde Susan fijntjes. ‘Je bent nu verbonden aan de show en dat betekent dat je minimaal tot aan de finale geen andere dingen mag doen.’

JoJo slikte. ‘De finale? Maar die is toch pas over vier maanden?’

‘Denk er maar aan dat de show je veel gaat brengen. Dus even volhouden, jij.’ Ze gaf JoJo een speels tikje op haar neus. ‘Ik begrijp dat je vader je oppikt? Zie je snel, schat!’ Susan maakte zich uit de voeten terwijl JoJo haar met open mond nakeek.

'Mam, ik weet echt honderd procent zeker wat ze tegen me gezegd heeft. Ik mocht geen shoot doen tijdens de weken die ik in het huis zat, maar daarna zou het geen probleem zijn.'

Haar moeder ijsbeerde door de kamer.

'Het bureau wil vandaag weten of ze de vlucht kunnen boeken. Ze willen niet langer wachten.' Haar stem klonk gespannen. Aan tafel bladerde haar vader door het contract.

'Kunnen ze die shoot echt verbieden?' JoJo fronste haar wenkbrauwen en wierp een blik in de richting van de tafel.

'In het contract staat inderdaad dat je vanaf de productieperiode tot een aantal weken na de finale geen klussen aan mag nemen,' antwoordde haar vader. 'Behalve dan als je het aan ze hebt voorgelegd en zij schriftelijk toestemming hebben gegeven.' Hij pauzeerde om zijn laatste zin kracht bij te zetten en keek haar ernstig aan. 'De vraag is dus: heb je wat ze gezegd heeft ook op papier?'

JoJo zag haar vaders serieuze blik en liet haar gedachten uitzwerven over de afgelopen weken. Ze had bij het tekenen van het contract veel contact gehad met Susan. Via de telefoon, maar ook via de app en de mail. Ze had nogal wat vragen gehad. Of ze met het Engelse bureau in zee kon gaan, of ze nog een item over bodypositivity bij een plaatselijk tv-station mocht doen, of ze iemand anders haar Instagram mocht laten bijhouden als ze in het huis zat.

Op welke manier had ze antwoord gekregen op haar vraag over de shoot? Ingespannen tuurde ze naar buiten. 'Ik moet even nadenken,' antwoordde ze terwijl ze de kamer uit liep.

'... en daarom wil ik me houden aan de afspraak met mijn modellenbureau en de shoot gewoon door laten gaan. Natuurlijk zal ik alle toekomstige aanvragen, zoals ik ook nu heb gedaan, ter goedkeuring aan je voorleggen. Met vriendelijke groet, JoJo.'

Ze keek opzij naar haar vader. Die knikte instemmend. JoJo drukte op SEND.

Niet lang na hun gesprek had JoJo het bericht gevonden waarin Susan aangaf dat ze de job kon accepteren. Zolang die maar niet samen zou vallen met de opnames in het huis. Ook de data na de productieperiode vormden geen probleem. JoJo zuchtte opgelucht. Het zou echt heel onprofessioneel zijn geweest als ze de klus af had moeten zeggen. Niet alleen omdat het haar eerste opdracht was, maar ook omdat ze bij het Engelse bureau had aangegeven dat zij pas groen licht konden geven na de goedkeuring van T2Produkties. Dus als ze het nu alsnog af had moeten zeggen, had ook het modellenbureau een enorme flater geslagen. Zo zou je carrière al voorbij zijn voordat die goed en wel begonnen was… Ze wilde niets liever dan nu echt als model aan de slag gaan. Gelukkig zou het misverstand met T2Produkties niet in de weg staan…

'Je haalt die post ervan af. Nu meteen. Ik weet niet hoeveel problemen je wilt krijgen…'

JoJo drukte het gesprek weg. Wat een kutzooi. Ze had die nacht bij een vriendin geslapen en was op weg naar een portfolioshoot, het enige verzetje waar ze tegenwoordig nog toestemming voor kreeg. Uit frustratie schopte ze tegen een Amsterdammertje dat recht voor haar op het trottoir stond. Haar grote teen sloeg dubbel en een pijnkreet ontsnapte aan haar lippen. Wat een vreselijke, onbegrijpelijke kutzooi! Ze moest zich beheersen om haar telefoon niet op de kinderkopjes kapot te smijten. Dit konden ze toch niet van haar verwachten. Ze ging het ook níét doen. Ze hinkte naar de gracht en zocht een plekje waar ze kon zitten. Ze deed haar sneaker en haar sok uit en wreef over de pijnlijke teen. Ze was zo ver gekomen. Ze kon nu toch niet alles af laten nemen? Haar telefoon begon weer te trillen. Papa.

'Hey pap.'

'Hoi JoJo, ik heb begrepen dat je net je moeder gesproken hebt? Het is belangrijk dat je het weghaalt, JoJo. In ieder geval de tags. Ze zijn bloedlink. Ze dreigen met rechtszaken.'

JoJo zuchtte en ontdekte een bootje dat sierlijk door het glinsterende water van de gracht gleed. De zon liet zich, na talloze grijze weken, weer een keertje voorzichtig zien. Het bootje had een doel en leek daar moeiteloos op af te gaan.

'Het is gewoon niet eerlijk, pap. Ze hebben me zelf toestemming gegeven, en nu mag ik er niets over posten? Moet ik de komende maanden dan maar in een klooster gaan wonen?'

Het bootje sneed in een kaarsrechte lijn door het water. Het kabbelende geluid van het bootje stond in schril contrast met haar kolkende woede. Het glanzende notenhouten dek weerkaatste de zonnestralen, waardoor ze haar ogen moest afwenden.

'Het moet lijken of je nog geen ervaring als model hebt, Jo. Dat zij degene zijn die je hebben ontdekt en een carrière hebben gegeven. Daar past geen Engelse bodypositivecampagne bij.'

'Dat is toch bullshit, pap. Ze wisten dat er meiden waren die ervaring hadden en die zelfs bij een modellenbureau zaten. Ze hebben bij een aantal onderhandeld om ze daar weg te krijgen. Echt zo dom. Iedereen heeft er last van.'

'JoJo, het gaat nu niet om iedereen. Het gaat om jou. En op dit moment zijn ze vooral pissed over jouw post. Haal het weg, oké. Hou nog even vol.'

Mokkend keek JoJo weer de gracht over. Ze bespeurde dat het bootje achteruit wilde steken. Waarschijnlijk had de schipper ontdekt dat hij verkeerd ging. Nu de zon achter een wolk zat, kon ze de naam op de boeg lezen: *Change of Wind.*

'Jo?'

'Ja.' Er viel een stilte.

'Maar alleen voor jou en mama, niet voor die lui die mijn carrière zitten te verkloten.'

Ze hing op en zocht naar het bootje. Waarschijnlijk had die de afslag gevonden, want het water lag er weer stil en verlaten bij.

JoJo dacht aan de shoot in Engeland. Ze was zo opgewonden geweest toen het vliegtuig landde: haar eerste echte betaalde campagne, een lingerieshoot voor een groot Engels warenhuis! Een campagne waarvoor ze op het vliegtuig moest stappen, in haar eentje, naar Londen. Mijlpalen waarvan ze alleen maar had durven dromen. De shoot was in een statig oud huis in victoriaanse stijl. Veel fluweel, gouden krullen en beschilderde panelen. Door het indrukwekkende gebouw voelde ze zich heel klein. Het feit dat iedereen Engels praatte en elkaar kende, hielp ook niet echt mee. JoJo bewonderde de vaardigheid waarmee de make-up artist haar gezicht een naturel uitstraling gaf terwijl hij met de hairdresser, die grove krullen in haar haren boetseerde, discussieerde over andere jobs. Zouden ze in de gaten hebben dat zij nog maar een groentje was? Als dat het geval was, lieten ze het niet merken. Haar handen beefden. Hopelijk kon ze de verwachtingen waarmaken en zou ze niet als een Bridget Jones de complete fotoshoot verknallen. Maar iedereen was zo aardig en behulpzaam dat ze zich steeds meer op haar gemak ging voelen. Bij het doorpassen van de setjes kon ze de bewondering niet inhouden. Ze was verliefd! Op Engeland, het huis, de bodysuits, de gestreepte pyjama! De styliste moest glimlachen om haar enthousiasme. In tegenstelling tot *Curvy Supermodel* werd bij de shoot alle tijd genomen en door de positieve feedback had ze er op een gegeven moment echt van kunnen genieten. Als een droom die werkelijkheid werd.

Ze haalde haar hand van haar teen. Die voelde beurs door de aanvaring met het paaltje, maar hij was niet gebroken. Ze moest zich leren beheersen. Er zouden wel meer tegenslagen volgen. Als ze dan elke keer bijna haar teen moest breken… Ze schudde haar hoofd en begon langzaam haar sok en schoen weer aan te trekken. In opdracht van het Engelse warenhuis was geen enkele foto bewerkt. Een echte bodypositivitycampagne dus. En nu was de campagne live en waren de reacties lovend. En wilde ze niets liever dan het resultaat delen. Het van de daken schreeuwen. Niet alleen omdat ze er trots op was, ook omdat het onderwerp haar aan het hart ging. Maar T2Produkties had geëist dat ze alles weg zou halen. Net doen of het haar niets kon schelen. Alsof het niet bestond. Het modellenbureau had aangegeven dat de campagne de belangstelling van andere klanten had gewekt. Maar ja, ook die moesten wachten. Als het aan T2Produkties lag nog zeker een aantal maanden. Een aantal máánden… Dan was alles waar ze zo hard voor had gewerkt wel weer afgebroken.

'Ik snap dat het even balen is, maar ik hoop dat je je realiseert dat jouw deelname aan het programma juist een enorme boost voor jouw carrière kan zijn. Dat merk je natuurlijk pas als bekend wordt dat je meedoet, en als de uitzendingen beginnen. Maar zo lang duurt dat niet meer.' Dat was Susans peptalk.

Na het slippertje met het warenhuis werden alle verzoeken standaard geweigerd.

'Een modeshow?'

'Nee, wij hebben ook een kledingsponsor.'

'Een interview over bodypositivity?'

'Wacht maar tot bekend is dat je met CSM meedoet.'

'Een shoot voor een merk in Portugal?'

'Nee, dat kan niet.'

'Maar het is niet te koop in Nederland en België, niet eens online.'

'Je moet gewoon geduld hebben. Je kunt niet succesvol zijn voor je deelname.'

Gek werd ze ervan. En dan was zij nog een tiener die thuis woonde.

'Nee hoor, zet je leven maar een paar maanden on hold. Maar dan... Dan zal je carrière echt een vlucht nemen.'

Ja duh, want dan had ze geen carrière meer. Ze strikte de veters van haar sneaker en pakte haar telefoon. Tergend langzaam scrolde ze door haar feed naar de gewraakte post en drukte op archiveren. Ze was zooo dichtbij geweest...

JoJo tuurde haar kast in. Naast de zwarte en donkergrijze stapeltjes, lag er her en der een gekleurd kledingstuk en zelfs een heel stapeltje witte kleding. Deze keer ging ze het drastischer aanpakken. De stress rondom *Curvy Supermodel* maakte haar boos en onrustig en ze had ruimte nodig. Ruimte in haar hoofd, ruimte in haar kamer én ruimte in haar kledingkast. In het helende hoekje had ze een bosje witte salie aangestoken. Hiermee kon je negatieve energie verwijderen. En die was er op dit moment in overvloed! Ze liep door de slaapkamer en waaierde het bosje heen en weer. De salie verspreidde een kruidige geur. Ze wapperde net zolang tot ze ervan overtuigd was dat ze alle Curvy Supermonsters had uitgerookt. Daarna had ze de ramen opengezet en op YouTube 'house cleanse music' opgezocht. Ze drukte op play en een laag vibrerende toon met tinkelende belletjes stroomde de slaapkamer in. Ze keek in haar kast en begon aan kleding te trekken. Waar was die broek maat 40? Die moest als eerste weg. Samen met die afgrijselijke grijze sweater. Ze scheurde een vuilniszak van de rol en begon er kledingstukken in te proppen. Ze ging ze niet aan iemand geven. Deprimerende rotzooi. Dat kon je toch niemand aandoen. Het liefst zou ze ze verbranden... *Nu sla je door, JoJo.*

Je lijkt wel gek geworden. Er brak een glimlach door op haar gezicht. Het was maar goed dat niemand haar kon zien. Ze keek in de spiegel: een verwilderde knot waar de haren als grassprieten uitstaken, een vuilniszak in de ene hand en een paar grijze lappen die kledingstukken voor moesten stellen in de andere. I'm a model, darling. Really. Ze barstte in lachen uit terwijl de belletjes tinkelden en de wind het raam dichtsloeg. Ze liet alles uit haar handen vallen en pakte haar telefoon.

JoJo:

Hey Sanne, ik weet het zkr. Ik ben officieel gek geworden 😊

Meteen volgde een reactie.

Sanne:

Kom je daar nu pas achter? Wist ik allang 😂

Sanne bleef aan het typen.

Sanne:

Maar ff serieus. Hoe gaat het met je? Nog steeds oorlog met T2Pr?

Ze had de laatste tijd niet veel van zich laten horen.

JoJo:

Gaat. Heb nog steeds geen werk. Mag niks. Echt kut. Had er zoveel van verwacht

Sanne:

Ja snap ik lieverd. Waren echt prachtige foto's. Pasten ook goed bij je boodschap. Zo oneerlijk dat je ze niet mocht posten. Had je verdiend

Ja, verdiend had ze het zeker. De energie die ze erin had gestoken voordat CSM überhaupt in beeld was gekomen. Het leuren bij de bureaus, de tientallen portfolioshoots door het hele land, de uren in de trein, metro, bus. Alles om ervaring op te doen, om beter te worden, om ergens te komen. Keep your eyes on the prize, hield ze zichzelf voor als het zwaar of moeilijk werd. Als ze in de vroege uurtjes haar bed niet uit kon komen of 's avonds op een verlaten station moest wachten op een trein die voor de zoveelste keer vertraging had. Of niet kwam. En toen het eindelijk iets op leek te brengen, toen ze eindelijk op snelheid kwam, trok T2Produkties aan de rem, waardoor ze met een enorme klap tot stilstand was gekomen. En deze keer kon ze haar volgende stap niet zelf bepalen. Ze schudde haar hoofd. Ze wilde er niet aan toegeven.

JoJo:

Het is wat het is. Natuurlijk ben ik boos. En verdrietig. Maar ik kan er toch niets aan doen. Ik probeer gwn maar zo positief mogelijk te denken.

Want al had ze de laatste tijd meer moeite om ze te zien, toch waren er lichtpuntjes. Haar familie, haar vrienden, een nieuwe studie, het contact met haar volgers. Haar eigen ontwikkeling.

ZORGEN VERVANG IK
DOOR DADEN EN DROMEN.

IK BEN KLAAR VOOR
EEN NIEUW HOOFDSTUK.

IK GELOOF DAT IK HET KAN,
IK GA ERVOOR.

23

The word was out. Zij was een van de kandidaten in *Curvy Supermodel.* Ze was opgelucht. In ieder geval hoefde ze daar niet meer geheimzinnig over te doen. De andere kandidaten had ze na het avontuur nauwelijks nog gesproken. Ze mochten elkaar niet volgen en al helemaal niet samen gezien worden. Want er zou maar eens een Curvy Superspy in Nederland rondlopen die koste wat kost uit wilde vogelen wie er in het huis zouden komen… Ze had superveel leuke reacties gekregen. Haar familie was natuurlijk apetrots. En Sanne voerde nu al campagne voor #teamJoJo.

Verschillende klasgenoten hadden via een berichtje laten weten dat ze het geweldig vonden dat ze haar dromen najaagde. Zelfs Eline had een appje gestuurd.

Eline:

> Echt zo cool JoJo dat je meedoet met Curvy Supermodel, ik ga zeker kijken! Ik vroeg me trouwens af of je het leuk zou vinden om weer eens af te spreken? Kunnen we wat bijkletsen. Lunchen? Of een terrasje pikken?

Uit die woorden had JoJo opgemaakt dat VED ook haar beste tijd gehad had. Ze had zich na die brief eigenlijk niet meer met hen beziggehouden. Daarmee had ze het voor zichzelf afgesloten.

Het leek lang geleden dat ze haar leven af liet hangen van haar vriendinnen.

JoJo:

Superlief Eline, ga mijn best doen! En no hard feelings hoor, maar ik wil op dit moment liever vooruitkijken. Hoop dat je dit begrijpt…

Ze had geen reactie meer gekregen. Tot zover het begrip. Victoria en Didi kregen zoals gewoonlijk niks aardigs over hun lippen. Het hele bodypositivitygedoe werkte op hun zenuwen. Dat kon JoJo duidelijk opmaken uit de reacties die ze onder haar posts plaatsten. Die waren nog steeds lacherig. En gemeen. De dikke dwaas die met bodypositivity haar vetzucht goed wilde praten. Ze dachten ook nog steeds dat ze ermee weg konden komen. Al ging dat wel moeilijker omdat er support kwam vanuit een onverwachte hoek. Stiekem moest ze lachen als iemand hen online aansprak op hun venijnige uitspraken. En wat kostte een beetje aardigheid? Van Tom had ze niets gehoord. Ook geen verrassing. Nog even en dan was ze van school af. Ze zou het die paar weken tot het examen nog wel volhouden. Trouwens, er waren nauwelijks nog lessen. Ze had niet verwacht nog iets van Aniek te horen. Tot haar naam ineens op haar schermpje oppopte.

Aniek:

Als eerste: gefeliciteerd met CSM. Als tweede: srry ik had het anders aan moeten pakken

JoJo tuurde naar haar scherm. Zelfs na al die tijd deed het haar nog steeds iets. Moest ze…? Haar hand trilde lichtjes toen ze begon te typen.

JoJo:

Hey wat een verrassing
1. dank je.
2. het spijt mij ook

Aniek:

Kon het gwn niet aan. Al dat gedraai en gelieg. Ik was mezelf niet

JoJo:

Het is goed

Aniek:

Was zo kwaad toen jij me liet zitten
en niet op je besluit terugkwam.
Had ik eerst met Pieters ruziegemaakt,
moest ik nog met V samenwerken 😠

JoJo:

Had ik niet moeten doen, had gwn meer op jou moeten vertrouwen

Aniek:

En toen begon V te stoken. Ze duwde precies op de zere plek. Daar is ze goed in weet je

JoJo:

Ja daar weet ik alles van 😭

Aniek:

En voordat ik het wist, gooide ik er alles uit

JoJo:

Daar zal ze wel blij mee geweest zijn

Aniek:

V? Heel blij! Maar ik voelde me schuldig. Ik had jou toch een soort van verraden

Aniek:

En toen kreeg ik ook nog eens een keer dat filmpje…

JoJo:

Ja

JoJo:

Heb je gekeken?

Aniek:

Ja, srry. Kon echt niet wat ze deden! Hoopte dat je er melding van ging maken

Aniek:

Ben trouwens geen vriendinnen met V geworden hoor

JoJo:

Nee dat zag ik op je insta

Aniek:

Kon er alleen niet over praten.
Met jou. Ook niet in de fietsenstalling.
Ik was gwn boos. Op mezelf, op jou,
dat alles kapot was

Aniek:

En ik schaamde me

JoJo:

Hzo?

Aniek:

Dat ik me zo mee had laten slepen.
Da's niks voor mij

JoJo:

Nmand is perfect

Aniek:

Nee, maar toch…

Aniek:

Weet je nog dat je zei: creatief of populair?

JoJo:

Ja

Aniek:

Je had gelijk. Voor mijn kunst wilde ik grenzen over gaan. Daar ben ik niet trots op. Ik had nooit…

JoJo:

Wat gebeurd is, is gebeurd.
Ik ben blij dat je me nu appt

Aniek:

Echt?

JoJo:

Misschien dat we na de CSM nog eens een keer af kunnen spreken?

Aniek:

Dan hebben we examen…

JoJo:

O ja, heb jij al een studie gekozen?

Aniek:

Kunst natuurlijk, of iets met fotografie.
Jij?

JoJo:

Weet niet, wil misschien
een tussenjaar nemen

Aniek:

Voor je modellenwerk?

JoJo:

Dat wil ik proberen. Is dat raar?

Aniek:

Nee, je moet je dromen volgen

JoJo:

Dat is mooi

Aniek:

Jij bent mooi ❤ ❤ ❤

JoJo:

❤

Aniek:

Heel veel succes met de show.

JoJo:

Aniek?

Aniek:

Ja?

JoJo:

Dus we spreken elkaar nog een keer?

Aniek:

Ja na het examen

JoJo:

Oké

Aniek:

Succes JoJo

JoJo:

dank je 😘

Aniek:

❤

Hoe kwetsbaar ben je als je met je hoofd op televisie komt? Daar had ze nooit bij stil gestaan. Het had haar vooral opwindend en spannend geleken. Nu moest ze regelmatig aan het gesprek met Kylie terugdenken.

'Ik wil niet met mijn hoofd op tv. Ik wil niet voor een jury staan die iets van mij vindt en ik wil me niet blootgeven aan een publiek dat dit klakkeloos overneemt. Wapen je daartegen, JoJo. Laat je niet gek maken.'

En hoe moeilijk was dat! Om je niet gek te laten maken. Vooral omdat ze nog helemaal niets had gezien. Goed, ze hadden met zijn twintigen de aflevering over de casting bekeken. Maar over de rest werd redelijk geheimzinnig gedaan en ze had geen idee wat ze kon verwachten. Was het leuk? Goed gelukt? Waren bepaalde dingen eruit geknipt? Of er vooral in gelaten? Zouden ze haar op een bepaalde manier neerzetten? Of juist niet? Ze moest geduld hebben. De afleveringen waren pas op het moment van uitzending beschikbaar. Dus zij zag de beelden gelijk met de rest van Nederland. Dat was best eng. Net of ze met haar blote kont op tv zou komen.

De eerste weken vielen mee. Nadat ze de beste foto had gewonnen in aflevering 2 en de regenshoot volgde in week 3, was haar account ontploft met complimenten. Het ontroerde en verwarde haar. Misschien had ze zich druk gemaakt om niets?

De eerste donkere wolk ontstond na de challenge in aflevering 4. In die aflevering kregen ze de opdracht om een één minuut durend bodypositivityfilmpje te maken. Gehuld in een badjas was ze ingegaan op alles wat er mis was met haar lichaam. Vervolgens had ze de jas uitgegooid om in een sexy bodysuit te verkondigen dat ze zich niet langer wilde schamen, maar dat ze wilde staan voor positiviteit en zelfliefde. Het filmpje won. Toen de opdrachtgever opmerkte hoe mooi en zelfverzekerd ze overkwam, was ze volgeschoten. Het waren geen tranen van verdriet. Zij had een bodypositivitychallenge gewonnen! Na alle struggles met haar zelfbeeld! Als iemand dat een jaar geleden had voorspeld, had ze hem recht in zijn gezicht uitgelachen. De reacties op het filmpje waren gemengd. Naast hartverwarmende comments volgden er ook sceptische, lacherige of soms ronduit nare opmerkingen. En hoewel JoJo positief in het leven wilde staan, schrok ze van wat het met haar deed. Vooral toen er, na het advies van de jury om meer met haar gezichtsuitdrukking te spelen, ook negatief commentaar ontstond op haar foto's.

Ja hoor, weer hetzelfde gezicht
Doe die mond eens dicht, dom wijf
Echt slecht dit!
Dat is toch geen model!

LAAT JE NIET GEK MAKEN. Maar hoe dan? Ineens leek het gemakkelijker om mee te gaan in de negativiteit dan zich te focussen op de positieve kant.

Hadden ze een punt?

Was het niet goed genoeg?

Haar ouders merkten wat voor een invloed het op haar had.

'Je moet jezelf niet onderuit laten halen door een paar rotopmerkingen,' zeiden ze. 'Dat zijn mensen die zelf niet lekker in hun vel zitten of die niet gewoon niet nadenken.'

Maar het duiveltje klauwde zich weer stevig in haar schouder en was niet van plan zich snel weg te laten jagen.

JoJo zuchtte. Ze had al drie keer haar caption verwijderd om weer opnieuw te beginnen. Iedere keer sloop de frustratie haar woorden in. Ze kon tegenwoordig niet eens meer een inspirerende tekst schrijven. Ze keek naar haar moeder, die aan de andere kant van de bank helemaal opging in haar telefoon. Aan haar had ze ook niks. Ze staarde naar haar foto van deze week. De foto was en profil. Voor een sieradenmerk. De fotograaf vond haar profiel sterk. Maar dat was dan ook het enige positieve wat er over deze week te melden viel. Volgens de andere juryleden had ze meer met haar houding moeten spelen. Best lastig als de sieraden op je rug hangen. Er trok een geïrriteerde tinteling door haar lijf. Ze was de laatste tijd vaker kortaf en geërgerd. Met haar hand masseerde ze haar nek. Misschien moest ze een paar paracetamols innemen.

En dan was er nog de go see met de eigenaar van de Nederlandse agency. Die constateerde meteen dat ze niet gewend was om op hakken te lopen. Ze had zich er destijds met een geintje vanaf proberen te maken, maar op tv was duidelijk te zien hoe stuntelig ze overkwam. En dat was nog wel de man bij wie ze het contract kon winnen. Niet echt een model in the making.

Haar week kort samengevat: ze kon niet poseren, ze kon niet op hakken lopen en ze had maar één gezichtsuitdrukking. Gefeliciteerd, u bent klaar voor de finale. Steeds wanneer ze daaraan dacht, draaide haar maag om. Dat zou ook nog wel voor het nodige commentaar zorgen. Ze ging zo op in haar zure, afwijzende overpeinzingen dat ze niet in de gaten had dat haar moeder haar op zat te nemen.

'JoJo,' zei ze zachtjes. 'Wat ben je jezelf aan het pijnigen?'

Ze keek op met een felheid die een kat niet zou misstaan. 'Wat?'

'Ik zie dat het je pijn doet, schat. Laat me je helpen.'

'Hoezo? Kun jij deze shit laten verdwijnen dan? Ik ben er klaar mee. Ik wou dat ik mezelf nooit had opgegeven!' Het huilen stond haar nader dan het lachen.

Haar moeder keek haar een tijdlang strak aan, pakte toen haar telefoon en begon te scrollen. JoJo had meteen spijt van haar woorden. Ze had niet zo fel tegen haar moeder moeten reageren. Die kon er tenslotte ook niets aan doen.

'Je mag zo trots zijn op jezelf. Je bent echt een hele inspiratie.' Uit het niets begon haar moeder voor te lezen.

'Wauw, je bent zo mooi. Blijf vooral wie je bent, je bent een voorbeeld voor veel meisjes.' Haar moeder wachtte even en ging verder: 'Ik vind het knap hoe je jezelf openstelt en omgaat met feedback. Dat je jezelf wilt blijven verbeteren. Dat maakt jou jou en daar mag je trots op zijn.'

JoJo slikte even.

'Je bent een prachtige powervrouw met een heel mooie boodschap voor alle onzekere vrouwen mét en zonder curves. Love it! Ga zo door!'

'Ik las je caption en ik vind je echt een topvrouw. Het mooiste vond ik je opmerking dat je stretchmarks gefotoshopt zijn. Ik denk dat elk meisje die dit leest daar oprecht gelukkig van wordt. De waarheid, een keer. En ik maar denken dat ik de enige was die ze had.'

Haar moeder keek haar aan.

'Moet ik doorgaan?' Opnieuw keek ze naar haar telefoonscherm. Haar stem trilde even toen ze weer voor begon te lezen.

'Je bent geweldig. Maak jezelf niet te veel zorgen over wat andere mensen zeggen.' Er blonk een traan in haar ooghoek en JoJo moest moeite doen om zelf niet in huilen uit te barsten.

'Als je mij niet gelooft, JoJo, geloof dan in ieder geval de bijzondere reacties op je posts. Ik ben ze al de hele ochtend aan het lezen en geloof me, ik kreeg kippenvel toen ik besefte dat je anderen echt helpt. Je kunt dus twee dingen doen. Je kunt die paar mensen die je niet begrijpen een plezier doen door in de put te blijven zitten of je gaat door met waar je mee bezig was. Met het delen van jouw verhaal, jouw eerlijke en kwetsbare verhaal. Een verhaal dat schijnbaar herkenbaar is voor veel meisjes en jonge vrouwen en dat verteld moet worden. De keuze is aan jou. Zei je zelf niet: Don't let others dim your light because it shines in their eyes?'

Haar keel was ineens zo droog dat ze moeite had met slikken. Hoe had ze zo stom kunnen zijn om er weer in te trappen? Om zichzelf met het grootste gemak met negatieve gedachten om de oren te slaan. Net of ze vond dat ze dit verdiende. Maar deze keer zou ze doorzetten. De strijd aangaan. Laten zien dat een positieve mindset kan winnen, als je maar volhoudt.

'Dank je mam, dat had ik even nodig,' fluisterde ze, terwijl ze haar telefoon oppakte en begon te typen.

'Stop! Stoohoop!' JoJo rende de straat over en zwaaide driftig met haar hand door de lucht in de hoop dat de buschauffeur haar op zou merken. Misschien zou hij over zijn hart strijken en op de rem trappen om haar binnen te laten. Anders zou ze gegarandeerd de trein naar Amsterdam missen. En te laat komen bij het eerste interview in de voorbereiding op de finale. De bus remde iets af en JoJo versnelde haar pas. Alsjeblieft, laat het haar geluksdag zijn!

Ze slaakte een zucht van opluchting toen de chauffeur de deuren opende om haar binnen te laten.

'Dank u wel! U bent mijn redder,' gooide ze er in een opwelling uit, terwijl ze met rode wangen de bus in klom.

'Ja ja,' antwoordde de chauffeur met een zuinig lachje. 'Het is al goed. Ga maar snel zitten, jij.'

JoJo keek de bus rond. Voorin zaten een aantal meisjes te fluisterden terwijl ze elkaar aanstootten. JoJo beantwoordde de opgewonden blikken met een vriendelijk lachje en liep door. Daar had ze nu geen zin in. Haar blik gleed over het achterste deel van de bus. Was daar een rustiger plekje? Ze ving een glimp op van een hoofd dat zich verdacht snel terugdraaide. Ze staarde naar het achterhoofd. Donkerblond kort haar met een lichte slag. Was dat...? Nee, ze vergiste zich... Ze wilde zich net op de dichtstbijzijnde stoel laten vallen toen het hoofd zich weer draaide. Ze hield haar adem in. Nee, ze vergiste zich niet. Hij was het. Tom. Haar hart bonsde. Zo te zien deed hij zijn best om niet herkend te worden. Moest ze hem ook maar gewoon negeren? Maar het moest een keer ophouden. Waarom dan niet vandaag? Ze raapte haar moed bij elkaar en liep door naar achteren. 'Tom?'

Heel langzaam draaide hij zich om. Hij schoof ongemakkelijk heen en weer op zijn stoel.

'O hoi. Eh, ik had je niet gezien.' Hij glimlachte geforceerd en keek naar de uitgang.

Ze had geen handleiding nodig om de signalen te begrijpen. Hij zat duidelijk niet op dit gesprek te wachten. Toch ging ze op de stoel tegenover hem zitten en keek hem aan.

Tom wendde zijn blik af. 'Eh, hoe is het?' Zijn stem klonk ongemakkelijk.

'Goed,' antwoordde JoJo zo normaal mogelijk. 'Druk. Vooral nu de afleveringen op tv zijn.'

'O ja. Dat,' zei hij. 'Ik eh… ik had nog een berichtje gestuurd.' Opnieuw gleden zijn ogen naar de uitgang. Zijn voeten wezen zelfs in de richting van de deur, alsof hij zo snel mogelijk weg probeerde te komen. Maar de volgende stop liet nog even op zich wachten.

'Aardig van je. Ik heb het niet gezien. Anders had ik wel geantwoord.'

'Hm,' murmelde hij, terwijl hij elke vorm van oogcontact bleef vermijden.

JoJo negeerde zijn gestuntel. 'Maar daarvoor zit ik hier niet,' vervolgde ze op zachtere toon.

Tom slikte en tuurde naar zijn voeten.

'Ik wil je al heel lang zeggen dat het me spijt, Tom. Sorry. Voor alles. Voor de dingen die ik gedaan heb. En voor de dingen die ik niet gedaan heb. Je moet weten dat het nooit mijn bedoeling is geweest om jou pijn te doen. Je was mijn beste vriend.'

Even keek hij haar aan. Toen staarde hij uit het raam. Hij oogde vermoeid. 'Het is oké. Ik ben er zelf ook niet trots op.'

JoJo haalde diep adem. Dit was een opening. Nu moest ze doorzetten. 'Dat is het niet. Het is niet oké. Daarom wil ik dat je weet dat Victoria…'

'Dat weet ik,' onderbrak hij haar. 'Ik heb Aniek gesproken.'

De stilte die viel, hing als een dikke mist tussen hen in.

'Weet je…' Tom doorbrak de stilte terwijl hij uit het raam bleef staren. 'In eerste instantie was ik gewoon woest. Hoe je daar aan die bar hing en weigerde om mee naar huis te gaan, hoe je Erik om zijn nek viel. Het was gewoon vreselijk hoe je naar aandacht snakte. En nog geen halfuur daarvoor had je mij op de dansvloer gekust. Je had míj gekust. Ik dacht dat dat iets betekende…' Hij draaide zijn hoofd naar JoJo en keek haar aan.

JoJo voelde haar wangen kleuren. 'Dat… dat deed het ook. Ik…'

Tom hief zijn hand. 'Maar goed, toen kwam dat filmpje. Mijn

eerste reactie was: dit is niet oké. Dit gaat echt alle grenzen te buiten. Maar tegelijkertijd schaamde ik me. Je lag daar zo… zo laveloos. Was dit het leuke, spontane meisje op wie ik verliefd was geworden? En toen dacht ik weer aan je afwijzende houding op het feest, de manier waarop Erik je naar zich toe had getrokken… Als je echt iets om me gegeven had, had je hem op dat moment een rotduw gegeven. En toen je me na het weekend appte met de vraag of ik je kon helpen – toen knapte er iets. Was ik nu wel weer goed genoeg? Nu je echt niemand meer overhad? Daarom zei ik dat ik geen vrienden meer kon zijn. Toen je daarna een paar dagen niet op school was, ben ik erover na gaan denken. Oké, je had niet zoveel moeten zuipen en je had gewoon met mij naar huis moeten gaan in plaats van daar een showtje op te voeren, maar niemand heeft het recht om daar misbruik van te maken. Niemand!' Hij staarde naar zijn handen die in zijn schoot lagen en hij pulkte aan een nagel.

'Tom, neem het jezelf niet zo kwalijk. Ik had het op dat moment zelf niet eens door wie er schuld aan had. Ik dacht vooral aan mijn eigen drankmisbruik.' Ze wilde haar hand op de zijne leggen, maar hij trok hem terug.

'Ik heb het daarna wel geprobeerd. Om er iets aan te doen, bedoel ik. Ik had zelfs besloten om met het filmpje naar Dekkers te gaan. Maar eerst wilde ik Victoria met haar gedrag confronteren… Stond ik even met mijn oren te klapperen toen zij haarfijn uitlegde dat jij, nadat ik weg was, nog véél verder bent gegaan met Erik. En ik weet niet… Ik sloeg dicht. Ik wilde helemaal niets meer met dat wespennest te maken hebben. Dus ik heb niets gedaan. En daar voel ik me nog steeds schuldig over. Helemaal toen ik van Aniek begreep dat Victoria waarschijnlijk alles bij elkaar had gelogen. Dat had ik toch moeten zien?' Zijn ogen stonden verdrietig. JoJo kreeg weer de behoefte om hem vast te pakken, maar onderdrukte de impuls.

'Ik kan alleen maar zeggen dat het lang geleden is,' antwoordde ze. 'Dat we allebei fouten hebben gemaakt. Dat we misschien beter vooruit kunnen kijken...'

'Maar ik kan het niet...'

De bus remde. JoJo schoot iets naar voren, waarbij haar hand opnieuw de zijne raakte. Hij voelde klam aan.

'Sorry, ik moet gaan.' Hij schoot overeind en liep naar de deur.

JoJo drukte haar rug stevig tegen de zitting en staarde hem na. Een treurig gevoel overviel haar. Alsof ze voorgoed afscheid nam van een goede vriend. Bij de deur aarzelde hij – de lange, slungelachtige jongen met zijn verlegen lach en donkerblonde haar. Toen draaide hij zich om en stak zijn hand op.

'Oké, en dat doen we dan nog een keer van voren af aan. Dames, als jullie weer bij de coulissen willen gaan staan?' JoJo balanceerde kort op één voet. De repetitie duurde al bijna twee uur en haar hakken begonnen pijnlijk te knellen.

'Chop, chop, we hebben niet de hele dag de tijd.' De catwalk trainer klapte in zijn handen en dreef een wolk aftershave hun kant op terwijl hij hen naar het begin van de catwalk maande. JoJo rolde overdreven met haar ogen toen Imane in het voorbijgaan haar tong naar haar uitstak.

'Hij is niet snel tevreden,' fluisterde ze.

Melanie grinnikte en draaide nog een extra rondje op haar extravagant hoge hakken. Dat was haar specialiteit. Als zij het deed, leek het een koud kunstje.

Sharon knipoogde terwijl haar lach haar hele gezicht oplichtte.

Giebelend huppelden ze met zijn vieren terug naar de meters hoge projectiezuil. Daar zouden morgen foto's en filmpjes op worden afgebeeld. JoJo rilde. Morgen was het zover. De finale! De afgelopen week was intens geweest. Zelfs het gesprek met Tom leek maanden geleden. Ze waren van tv-interviews naar opnames naar repetities naar fotoshoots gegaan. Het had hen dichter bij elkaar gebracht en ze leken meer vriendinnen dan directe concurrenten. Ze voelde zich moe, licht gespannen, maar vooral voldaan. Ze had haar best gedaan om bij de finale goed voor de dag te komen. Haar lot lag nu in de handen van de jury en het publiek dat moest gaan stemmen. Wat er ook zou gebeuren, ze had er vrede mee. Het was een fascinerend en vooral enerverend avontuur geweest en ze kon niet wachten om zich straks weer op haar droom te storten. Want daar was wel wat werk aan de winkel. Door de strenge regels van het programma waren de aanvragen vanuit het buitenland zo goed als opgedroogd. Toch ging ze niet bij de pakken neerzitten. Eerst de finale, en dan zou ze gewoon weer opnieuw beginnen.

De matras in het hotelbed was hard en JoJo draaide van haar ene zij op de andere. Het was laat en iedereen was al naar bed, maar zij kon de slaap niet vatten. Steeds opnieuw speelde ze in haar hoofd de film af van die dag. Het fenomenale loopje van Melanie, de mysterieuze uitstraling van Imane, de charmante lach van Sharon. En zij? Waarmee zou zij morgen een verpletterende indruk maken op de catwalk? Ze dacht aan de modellen en influencers die in het publiek zouden zitten en er trok een misselijk gevoel door haar buik. Als ze zich maar niet voor schut zou zetten. Dat ze het lachertje van de show zou worden. Online was iedereen ervan overtuigd dat het zou gaan tussen haar en Melanie. Maar wat als ze als eerste de show zou moeten verlaten? Dat niemand haar goed vond? Of op haar zou stemmen? Dat zou echt een afgang zijn. Ze liet zich uit bed glijden en drukte haar rug tegen de houten bedrand. Ze zuchtte. Waarom lijken zorgen 's nachts altijd honderd keer groter dan overdag? Ze pakte haar telefoon om haar insta te checken, maar aarzelde ineens. Wat had ze eraan om alle reacties en aannames te lezen? Ze opende YouTube en zocht naar een geleide meditatie. Ze ging in de lotushouding zitten, rechtte haar rug, drukte op play en sloot haar ogen. Uit haar telefoon klonk serene, rustgevende muziek. Een warme, bijna eentonige stem sprak woorden van verlichting uit. Inspirerende woorden die goed van pas kwamen bij extreem spannende gebeurtenissen of beklemmende onzekerheid. Oftewel: een finaledag…

JoJo nam de woorden in zich op en gaf zich over aan de vredige gedachten die haar hoofd in stroomden.

Ik verdien het om mezelf goed te voelen. Geluk is mijn eigen verantwoordelijkheid, ik kan daar zelf voor zorgen. Door blij te zijn met iedere dag en mijn hart open te stellen voor de bijzondere dingen die op mijn pad komen. De grote gebeurtenissen, maar zeker ook de kleine dingen. Een blauwe lucht, een zonsopgang, het geluid van regendruppels, de geur van versgebakken brood, een simpele glimlach van een goede vriend. Dankbaarheid voor de dingen die ik eerder niet waardeerde: mijn zintuigen, ledematen en organen en het geweldige werk dat ze voor mij verrichten. De cellen in mijn lichaam, want zonder hen was ik hier niet. Bedankt, lief leven, voor de onvergetelijke reis die ik mag beleven in dit geweldige lichaam. Dat ik de vrijheid heb om mezelf te mogen zijn. Dat ik mijn licht kan laten schijnen en mijn waarheid mag verkondigen. Daarom wil ik echt en eerlijk zijn. Ik ben ik en daar ben ik dankbaar voor. Ik ben waardevol, ik ben belangrijk, ik ben kostbaar, ik ben sterk, ik ben wijs, ik ben liefdevol, ik ben nodig. Ik verdien een mooi leven en er is genoeg liefde hier voor mij. Ik kan goedheid verspreiden en een lichtpunt zijn in het leven van anderen. Ik ben dankbaar voor de lessen die het leven me biedt. Ik wil leren en groeien. Met mijn hart en mijn gedachten kan ik ervoor kiezen om dingen te veranderen. Dit hoeft niet. Maar het kan. Als ik dat wil. Ik ben dankbaar voor kansen en nieuwe mogelijkheden. Alles wat ooit bedoeld is voor mij, zal moeiteloos naar me toe stromen. Oude overtuigingen en emoties die me niet meer dienen, laat ik gaan. Bedankt, ik heb jullie niet meer nodig. Ik kies ervoor om voortaan te denken vanuit overvloed, met een positieve en inspirerende mindset waarmee ik mezelf en anderen kan aanmoedigen en ondersteunen. Ik wil plezier hebben in mijn leven en ik ga mijn best doen om van elk moment te genieten. Ook van dit moment. Dank je wel voor vrede, voor harmonie, voor liefde, voor passie en voor wijsheid. Vanaf nu kies ik ervoor mezelf te waarderen zoals ik ben en van mezelf te houden. Ik ben mezelf en dat is genoeg.

Ze bleef nog even met gesloten ogen zitten om de boodschap in zich op te nemen. De spanning had plaatsgemaakt voor verstilling. Hoelang had ze zich blindgestaard op de buitenkant terwijl het bijzondere diep vanbinnen zat? Waarom had ze zich altijd gericht op vriendschap met anderen als ze niet eens vriendschap kon sluiten met zichzelf? *Ik kies voor vrede. Vrede met mezelf.* Ze rechtte haar rug en opende haar ogen. Ze hoefde zich geen zorgen te maken. De finale zou precies gaan zoals deze moest gaan. Ze was er klaar voor.

Het was donker in de coulissen. Langzaam liet ze haar ogen wennen aan het duister. Ze was een finalist. Een finalist! De finale had al die tijd zo ver weg geleken en de hindernissen zo hoog dat ze er nooit bewust naartoe had geleefd. Maar nu begon de waarheid tot haar door te dringen. Ze stond in de finale van *Curvy Supermodel*! Deze avond zou de ontknoping een einde maken aan de onzekerheid wie er met de titel vandoor zou gaan en aan een lange periode van wachten en stilstaan. Ze was een finalist! De gedachte fladderde door haar hoofd als een vrolijk gekleurde vlinder. Had ze dat een halfjaar geleden durven dromen? Het geluid van enthousiast applaudisserend publiek bereikte de coulissen. Een publiek dat bestond uit familie en vrienden, maar ook uit een kleurrijk gezelschap van oud-kandidaten, influencers, modellen en persfotografen die het spektakel met kritische blik en opgeheven camera zouden volgen. Vanavond zouden ze zeker trending zijn op Instagram...

De gedachte aan een veel groter, onzichtbaar publiek gaf haar een tinteling in haar buik. Hoeveel mensen zouden het vanavond vanaf de bank volgen? Het was warm achter de schermen en de gekleurde theaterspots aan grote zilveren trussen deden er geen goed aan. Haar wangen kleurden van opwinding. Zou ze het redden op haar tien centimeter hoge hakken over de catwalk? Een catwalk die ze op het laatste moment nog een feestelijk tintje hadden gegeven door er een dikke laag glitters op te spuiten. Uitbundig én superglad! Ze keek van achter de metershoge zuil voorzichtig het publiek in. Er klonk geroezemoes vanaf de eerste rij, de plekken die aan de modellen en influencers waren toebedeeld. Een dun laagje zweet bedekte haar huid. Nog even en ze moest op. Zou ze nog een kleine touch-up kunnen krijgen? Hoewel het strakke, korte rokje haar bewegingsvrijheid beperkte, gaf de leren hot wheels outfit haar een strijdbaar gevoel. Ze zou er boven alles van gaan genieten. Het licht in de zaal doofde. Ze probeerde het bonzen van haar hart aan te passen op het ritme van het wegstervende applaus. Voorzichtig bewoog ze in de richting van het felle licht. *Daar ga je. Jij kunt dit, JoJo, blijf rustig ademhalen.* Een palet aan geuren bereikte haar neusgaten toen ze voor de zuil plaatsnam. Dure parfums vermengd met kokoshaarwax en bodylotion. De eerste rij was zo dichtbij... Boven haar hoofd stond in lichtgevende koeienletters CURVY SUPERMODEL op de glinsterende projectiezuil. Ze plantte haar benen stevig op de glittervloer. Haar striaeen cellulitisbenen die haar in de komende drie minuten over de catwalk zouden dragen. Mijn god, als ze maar niet op haar bek zou gaan... Ze zoog een hap lucht naar binnen voordat ze haar arm boven het hoofd hief voor haar eerste pose. Ineens was ze wonderbaarlijk kalm. Ze was een finalist.

'Weet je zeker dat je niets wilt, JoJo?' Haar ouders keken haar zorgelijk aan.

'Nee hoor, maak je geen zorgen. Het gaat goed met me. Echt.' Ze knipoogde. Na afloop van de finale wilde haar familie per se een hapje gaan eten bij een Chinees restaurant. Daarvoor had niemand namelijk een hap door zijn keel kunnen krijgen.

JoJo kon niet zeggen voor wie het een grotere tegenvaller was dat ze niet gewonnen had. Voor haarzelf of haar familie. Haar vader was het er absoluut niet mee eens geweest. Ze keek hoe hij onder het genot van een biertje weer het hoogste woord had. Hij was er zo te zien alweer overheen. Haar mondhoeken krulden omhoog. Eigenlijk had ze er zelf ook wel vrede mee. Natuurlijk had ze graag gewonnen, en toen ze als tweede afviel was dat een flinke domper geweest, maar eigenlijk waren ze alle vier winnaars. Want hoeveel onzekerheid hadden ze moeten overwinnen om er überhaupt aan mee te doen? Was er geen moed voor nodig om je op televisie als een mooie zwaan te presenteren terwijl je jezelf al jarenlang een lelijk eendje voelde?

Ze was trots op de foto's die ze voor het programma had gemaakt. Vooral de finalefoto was een van haar favorieten. Wie had ooit verwacht dat het meisje dat zelfs haar bh in bed aanhield het een goed plan zou vinden om alleen in haar slipje op de foto te gaan? Ze grijnsde, pakte een fortune cookie van tafel en liet die door haar vingers glijden. De woorden die ze op haar huid hadden geschilderd, waren de woorden uit haar hart geweest: uniek, acceptatie, trots, selflove. Zelf had ze daar nog een vijfde woord aan toegevoegd: dankbaarheid. Dankbaar dat ze dit avontuur mee had mogen maken. Dankbaar dat haar doel steeds duidelijker werd. Dankbaar voor het groeiende vertrouwen in zichzelf. In gedachten brak ze een randje van het koekje af en stak de kruimels in haar mond. Het smaakte naar ijshoorntjes. Ze stond nog maar aan het begin van haar reis. Ze wist niet precies hoe het verder zou gaan, maar ze vermoedde dat de woorden op haar lichaam er deel van zouden uitmaken. En ze zou ervan genieten. Van elke stap die ze zou maken. Er stak een wit stukje papier uit het koekje. Voorzichtig pulkte ze eraan tot ze het briefje eruit kon trekken. Ze streek het glad. Toen ze de tekst las, werden haar ogen zacht en verscheen er een glimlach op haar lippen: *Before you know it, you'll be sitting on top of the world.*

IK GA VOOR GELUK
EN IK TREK GELUK AAN.

NIETS HOUDT ME TEGEN
MIJN DOEL TE BEREIKEN.

IK KIES ERVOOR OM
MEZELF LIEF TE HEBBEN.

24

De zon brandde op haar huid terwijl ze voorzichtig langs de wankele reling het pad volgde. Het was dom geweest om slippers aan te trekken. De bandjes veroorzaakten rode striemen in haar voeten, die zwaar aanvoelden en leken op te zwellen door de hitte. Ze kreunde zachtjes. Ze had zich er zoveel bij voorgesteld, maar de werkelijkheid viel behoorlijk tegen.

Een gevoel dat ze maar al te goed herkende. Na de finale was ze klaar geweest om de wereld te bestormen. Ze had haar modellenbureau laten weten dat ze weer aan de slag kon gaan. Ze had mogelijke klanten, die ze vanwege het programma af had moeten zeggen, een bericht gestuurd dat ze weer beschikbaar was en fotografen benaderd voor nieuwe portfolioshoots. Maar hoewel iedereen haar hartelijk feliciteerde met de behaalde derde plaats, bleef het qua opdrachten stil. Akelig stil. Een week, veertien dagen, een maand. Ze vroeg haar agent of het slim was om naar Londen te komen, maar die antwoordde beleefd dat ze haar niet op kosten wilde jagen. De potentiële klanten hadden niet direct jobs en de fotografen geen ruimte in hun agenda. Ze constateerde hoe andere finalisten contracten tekenden, op covers verschenen, jobs binnenhaalden. Dit knaagde aan haar als een rat aan de poten van een favoriete stoel. Ondertussen was de rest van de wereld in de veronderstelling dat ze het helemaal voor elkaar had. Ze was immers één van de finalisten van *Curvy*

Supermodel met 100K volgers en Miss Positivity herself. Ze wilde daarom niet laten merken dat ze het idee had dat ze in een diep donker gat was gevallen en niet wist hoe ze eruit moest komen.

Misschien kon ze beter even gaan zitten om haar slippers uit te trekken en haar voeten rust te geven? Maar de zon was krachtig en ze had er niet aan gedacht om iets op haar hoofd te zetten. Ze waren zelfs vergeten water mee te nemen. Wat een globetrotters... De angst voor een zonnesteek was dus reëel. Haar haren plakten als spaghettislierten aan haar wangen, die er waarschijnlijk uitzagen als grote, overrijpe tomaten. 'Kom op JoJo, doorzetten,' mompelde ze tegen zichzelf. 'Je bent er bijna. Volhouden nu.'

Steeds wanneer ze in de periode na de finale vastliep, had ze zich afgevraagd of er nog een volgende stap was die ze kon nemen. Ze had contacten gemaild die ze via het programma had opgedaan, advies gevraagd aan de andere curvy meiden en opnieuw een aantal fotografen geappt. Bijna wekelijks organiseerde ze met haar moeder een fotosessie in de bossen. Dan maakte ze zich op, krulde haar haar en propte wat kleding in een boodschappentas. In de bossen kon ze alles loslaten en zonder weerstand genieten van het goudgele licht tussen de takken, de geur van mos en dennenappels, het fluitconcert van de vogels en het klikken van de camera. Gewoon wat spelen met poses en gezichtsuitdrukkingen terwijl haar moeder zich opwierp als grootste fan en criticus. Brian had gezegd dat ze er talent voor had. Die moeder van haar...

De foto's plaatste ze op Instagram, soms met quotes, soms met verhalen over haar eigen struggles. De onzekerheid over haar carrière besprak ze met niemand. Ze vreesde dat als ze die twijfel uit zou spreken haar droom echt gedoemd zou zijn te mislukken. Dus hield ze haar kaken stijf op elkaar. In plaats daarvan zocht ze haar heil in kristallen, affirmaties en meditaties en richtte zich op het helpen van anderen om positiever over zichzelf te denken. Ze had goede dagen, slechte dagen en dagen dat een raar, onbestemd gevoel haar influisterde dat ze de boot had gemist. Geen 'Wind of Change' voor haar. Ze haalde haar diploma en schreef zich in voor een nieuwe studie. En hoewel het leek dat haar droom nooit zou uitkomen, bleef het verlangen om model te worden in haar branden. Ze moest volhouden. Doorzetten. Uiteindelijk zou het goed komen… toch?

'Het is niet ver meer,' zei iemand in het gezelschap. Ze versnelde haar pas maar realiseerde zich direct dat de versnelling op het droge, korrelige zand een bijzonder slecht idee was.

Ze gleed weg en kon zich nog net aan de wrakkige reling vastgrijpen.

Angstige kreten van haar gezelschap weergalmden door het dal. Haar hart schoot richting haar keel terwijl haar lichaam wankelde. Op de een of andere manier wist ze zich tegen de reling af te zetten, waardoor ze terugveerde en plat op haar buik op het pad belandde. Geschrokken keek ze langs de helling naar beneden. De adrenaline gierde door haar lichaam. Wat een geluk dat ze daar niet vanaf was gedoken! Haar handen trilden. Terwijl het overspannen bonzen van haar hart langzaam kalmeerde, viel het haar op hoe fel de groene rijstvelden afstaken tegen het donkergroen van de palmbladeren. Etages met verschillende tinten groen, de scherpe lijnen onwerkelijk als getekende hoogtekaartjes uit een wiskundeboek. Vanaf de plek waar ze lag, was het uitzicht adembenemend. Ineens snapte ze waarom dit de 'hemelse trappen van de goden' werden genoemd. De bestemming was zo belangrijk geweest dat ze helemaal vergeten was om van de reis te genieten. Ze realiseerde zich hoe toepasselijk dit was. Ze had zich zo gericht op haar doel om model te worden dat ze niet meer had stilgestaan bij haar voornemen om van iedere stap te genieten. Twee jaar geleden zou ze al dolblij zijn geweest met iets meer zelfvertrouwen of het gevoel gezien te worden. Een jaar geleden zou ze niet geloofd hebben dat ze ooit openlijk over haar onzekerheden zou durven praten, zelfs maar een beetje van zichzelf zou kunnen houden of een voorbeeld zou kunnen zijn voor anderen. Acht maanden geleden had een plek in het modellenhuis haar onmogelijk geleken, laat staan dat ze in de finale terecht zou komen of op de derde plaats. Steeds opnieuw had ze haar grenzen verlegd en de vooruitgang als vanzelfsprekend beschouwd. Maar had ze geen reuzenstappen gemaakt?

Ze schrok op uit haar overpeinzingen, drukte zich op en kwam aarzelend overeind. Ze klopte haar shirt en shorts af, het feit dat ze een short droeg was al een overwinning, en gebaarde met een duim en een grijns op haar gezicht dat alles in orde was. 'Alles doet het nog, hoor. Ik zal me vanaf nu meer als een model gedragen.'

Het pad met het rode gravel kondigde aan dat ze hun bestemming bijna hadden bereikt. Het pad lag in de schaduw van de bomen. Er hing een kruidige geur van wierook en kaneel. JoJo knapte bij iedere stap zichtbaar op. De volgende keer zou ze beter voorbereid op avontuur gaan. Op het pad was het drukker dan bij de rijstvelden. Veel lachende toeristen in bontgekleurde outfits met camera's om hun nek en kleine kinderen aan hun hand. Ze volgde het houten bordje waar met witte letters TOILET op was geschreven. Daar kon ze zich opfrissen en omkleden voordat ze... Op de achtergrond klonken kreten van opwinding. En uitgelaten gejoel en applaus. Er ging een tinteling door haar buik. Ze kon nog terug... Maar dat was geen optie. Ze ging nóóit meer terug.

'Are you sure this is okay?' Ze trok aan de gespen en controleerde of ze wel vastzaten. Haar voeten zochten het krukje dat ze gebruikt had om erop te klimmen. De tinteling in haar buik was overgegaan in een licht trillerig gevoel. Ze ademde de warme lucht in en liet deze door haar mond ontsnappen.

'Yes lady, okay, okay. Don't worry.' Een man in een rood shirt met een rieten hoedje grijnsde naar haar om haar gerust te stellen.

Op dat moment trokken twee andere mannen de schommel van Bali Swing naar achter terwijl de man met het hoedje aan de band onder haar billen ging hangen om haar met een flinke aanloop de lucht in te zwiepen. De lucht in haar longen perste zich naar buiten in de vorm van een oorverdovende gil en in paniek klauwden haar handen om de touwen. Met grote snelheid schoot de schommel door de lucht, de riviertjes en rijstvelden ver onder zich latend. De adrenaline stuiterde door haar lijf als een pingpongbal. Het leek of ze de toppen van de palmbomen met haar voeten kon raken. Ze ging iets achteroverhangen en verstevigde haar grip op de touwen. Langzaam werd haar houding minder krampachtig. De wind streek door haar haren. Een sensationeel gevoel van vrijheid overmande haar.

I came to win, to fight. Ze was blijven geloven dat het goed zou komen. Blijven vertrouwen dat het met haar carrière net zo zou gaan als met de liefde voor zichzelf. Met vallen en opstaan. Hollen en stilstaan. Met dagen dat ze superblij was met zichzelf en dagen dat ze zo onzeker was dat ze moest huilen. Dat was niet erg. Ze mocht mindere dagen hebben, ze mocht fouten maken. Zolang ze maar bleef proberen om er een positieve draai aan te geven. Er iets van te leren. Of zich af te vragen: welke volgende stap kan ik nog nemen?

To conquer, to thrive. Na de eerste, pijnlijke maanden waren er weer aanvragen gekomen. Portfolioshoots met fotografen die haar via Instagram hadden gevonden, een trip naar Griekenland voor een Engels merk, een modeshow in Nederland. In samenwerking met een paar merken had ze met vriendinnen een trip naar Los Angeles kunnen maken. En nu was ze in het adembenemende Bali voor een wel heel bijzondere shoot.

I came to win, to survive. Ze spande haar benen en strekte haar voeten alsof ze de wolkjes in de helderblauwe lucht wilde wegschieten. Haar ogen schitterden terwijl de energie door haar lichaam scheerde. Je kon nou eenmaal niet alles voorspellen. Soms leek alles tegen te zitten en dan ineens… kwam toch dat ene kansje. Want, hoewel het tegendeel vaak wordt beweerd, toch zit er geluk in dat kleine hoekje! Dus wees voorbereid. Het kan iedereen treffen. Is het niet vandaag, dan is het morgen. Hou je ogen open, grijp je kansen, omring jezelf met mensen die je steunen en geniet van je journey.

To prosper, to rise. JoJo zweefde door de lucht terwijl de schommel haar hoger en hoger bracht. Iedere keer als ze de mannen naderde, gaven zij zo'n harde slinger aan de schommel dat ze de hemel in werd getorpedeerd. Haar angst was weg. In plaats daarvan leek het alsof ze rechtstreeks in verbinding stond met het universum. Als een wens je gedachten beheerst. Zo erg dat je er dag en nacht van droomt, dan kun je dat een roeping noemen. Is het niet de kunst van het leven om die roeping te vinden? Niet omdat het de meest verstandige keuze is of omdat anderen vinden dat het zo goed bij je past of omdat je wilt lijken op iemand die je bewondert, maar omdat het is wie jij bent.

To fly. To fly. Ze ontspande haar armen, sloot haar ogen en liet zich meevoeren door de wind. *Vlieg, JoJo. Vlieg. Je kunt het.*

ANGEL 44

MIJN KWALITEITEN
MAKEN ME BIJZONDER.

IN MIJN LEVEN CREËER
IK RIJKDOM EN OVERVLOED.

DROMEN KOMEN UIT,
HET BESTE MOET NOG KOMEN.

EPILOOG

'I am not a stranger to the dark
Hide away, they say
'Cause we don't want your broken parts
I've learned to be ashamed of all my scars
Run away, they say
No one will love you as you are'
– 'This is Me', uit *The Greatest Showman*

Lief lichaam,

Ik denk dat de tijd voor mij rijp is om je deze brief te schrijven. Ik heb je eigenlijk altijd voor lief genomen. Ik was tot jou veroordeeld en jij tot mij. Niets waar ik blij mee of dankbaar voor moest zijn, vond ik. Er mankeerde in mijn ogen zoveel aan je. Je had niet de juiste verhoudingen en je leek in de verste verte niet op de ideale lichamen die ik dag in, dag uit tegenkwam in magazines en op tv. Er moest dus wel iets mis met je zijn. Dat gevoel werd bevestigd door mijn omgeving. Ik moest aan je werken, ik moest je veranderen, ik moest je verbeteren. Ik liet het toe dat ze je bespotten. Je was iets om me voor te schamen…

Ik kon het alleen maar met die meningen eens zijn. Je was afschuwelijk, een gedrocht, een nachtmerrie. Daarom probeerde ik je te ontvluchten. Wat natuurlijk niet kan – we waren immers tot elkaar veroordeeld. In plaats daarvan probeerde ik je te vormen tot iets wat je niet was, door je te verbergen, door je eten te ontzeggen, door je uit te putten. Zo graag wilde ik van je af. Maar elke ochtend werd ik weer opnieuw met je wakker. Dan bracht je me naar school, naar een wedstrijd of het winkelcentrum. Ik zag niet wat je voor me deed, ik zag enkel je reflectie in de etalageruit en de afkeuring in de ogen van anderen. Ik zie nu dat ik je daarmee tekort heb gedaan. En daarom vind ik het nu tijd voor deze brief. Ik ben je na dit alles wel excuses verschuldigd.

Sorry dat ik al die jaren zo hard voor je ben geweest. Dat ik je nooit enige waardering heb getoond, dat ik nooit voor je ben opgekomen. Dat verdien je namelijk wel en dat heb je altijd verdiend. Jij was er altijd voor mij. Vanaf de dag dat ik mijn ogen opende, via het moment dat ik voorzichtig mijn eerste stapjes zette, viel en weer opstond, al dan niet met een schrammetje, tot het moment dat ik volleerd over de catwalk paradeerde. Je registreerde elke groeispurt, elke val, elke mijlpaal. Je hielp me dromen te verwezenlijken of gewoon van A naar B te komen. En dat doe je nog steeds.

Daarom wil ik je bedanken dat je nooit hebt opgegeven. Dat je bent gebleven. En al die moeite voor me bleef doen, ook al heb ik lang niet altijd zo mijn best voor jou gedaan. Ik ben dankbaar dat mijn ogen nu zijn geopend en dat ik op tijd vrede met je heb kunnen sluiten. Ik beloof je dat ik vanaf nu beter naar jou zal luisteren en niet meer zal afgaan op de mening van anderen. Ik ben trots op je. En ik ben blij dat wij tot elkaar veroordeeld zijn, want zonder jou was ik hier niet.

'Look out 'cause here I come
And I'm marching on to the beat I drum
I'm not scared to be seen
I make no apologies, this is me.'
– 'This is Me', uit *The Greatest Showman*

COSMOgirl!, juni 2021

IK BEN TROTS
OP MIJN LICHAAM.

IK BEN DANKBAAR
VOOR MIJN LEVEN.

IK BEN LIEF VOOR MEZELF.

NAWOORD

Lieve allemaal, dank je wel dat je de moeite hebt genomen om dit verhaal te lezen. Ik hoop dat dit betekent dat jullie, net zoals ik, op zoek zijn gegaan naar manieren om gelukkig te zijn met wie je bent.

In de afgelopen vier jaar heb ik heel veel geleerd over mezelf, maar ook heel veel vragen gekregen van jullie. Bijna allemaal hadden ze dezelfde strekking:

'Hoe kan ik leren mijn lichaam te accepteren zoals het is?'

'Kan ik ook ooit van mezelf leren houden?'

'Kun je me tips geven hoe ik zekerder word over mezelf?'

In eerste instantie wilde ik via social media deze vragen beantwoorden, door mijn journey naar een positievere mindset te delen. Maar de vragen bleven komen en vaak voelde ik het intense verdriet dat met een negatief lichaamsbeeld gepaard gaat. De reacties op het interview met *De Telegraaf* openden mijn ogen. Via social media alleen ging ik de strijd niet winnen. Ik moest het grootser aanpakken.

Ik heb er bewust voor gekozen om een verhaal over zelfliefde te vertellen en niet zozeer om een biografie te schrijven. Het verhaal is gebaseerd op mijn ervaringen, echter vanwege de privacy van personen en het gegeven dat ik me gesprekken of situaties niet meer letterlijk kan herinneren, heb ik gekozen voor een narratieve, fictionele stijl. Ik vind het ook helemaal niet belangrijk om precies te vertellen wie mij wat op welk moment heeft 'aangedaan'. Het gaat mij om de boodschap dat je als kind of jongvolwassene niet alle negatieve uitspraken over jezelf moet geloven. Wat iemand ook ooit tegen je gezegd heeft of ooit nog tegen je zal zeggen: JIJ BENT HET WAARD OM VAN TE HOUDEN. Ongeacht je gewicht, ongeacht hoe je eruitziet. Schoonheid zit immers niet alleen aan de buitenkant en schoonheid is ook niet voor iedereen hetzelfde. Vandaar dat ik mijn ervaring en de ervaring van anderen gecombineerd heb tot het verhaal van JoJo. Ik zou gewild hebben dat er vroeger zo'n boek voor mij geweest was. Een kleine handreiking om anders over jezelf te gaan denken. Natuurlijk kom je als oplettende lezer veel gebeurtenissen uit mijn leven tegen. Mijn ervaringen horen bij dit verhaal. De acceptatie van mezelf, hoe moeilijk af en toe ook, is tot nu de rode draad in mijn leven geweest. En ik ben er nog niet. Ook ik heb slechte dagen waarop ik mezelf waardeloos of lelijk vindt. Dagen waarop ik het uit wil schreeuwen omdat ik mezelf onzeker voel of buitengesloten en gewoon heel hard wil huilen. En dat is niet raar, dat hoort erbij. Het heeft jaren geduurd om het negatieve beeld over jezelf te creëren. Het is dus onmogelijk om dit in korte tijd los te kunnen laten en helemaal gek op jezelf te zijn. Maar geef het tijd. Het wordt beter. Dat beloof ik je. Ik kan het en dus kun jij het ook. Ik hoop dat mijn verhaal je herkenning, erkenning, troost en kracht geeft. Of je nu jong, oud, dik, dun, klein, groot, wit, zwart, hetero, homo, ziek of gezond bent: je verdient het dat er van je gehouden wordt en dat je van jezelf houdt. Vergeet dat NOOIT.

En als je de volgende keer een keuze moet maken, kies dan MOOI. Kies positief. Ga op zoek naar het bijzondere in jezelf en in anderen. Geef complimentjes. Of zoiets simpels als een glimlach. Je zult je zoveel beter voelen. Want wat je geeft en wat je uitstraalt, krijg je ook terug. Dus wil jij liefde en respect, geef dan liefde en respect. Onvoorwaardelijk. Zonder er meteen iets voor terug te verwachten. Dat komt vanzelf. Misschien wel uit onverwachte hoek. Je moet gewoon volhouden. En als het gaat om uiterlijkheden waar je superonzeker over bent: wees niet te hard voor jezelf. Iets waar je je nu erg druk over maakt, valt als je erop terugkijkt vaak mee: dikke benen, brede heupen, puisten, putjes of striae. Focus je niet te veel op dingen die je als negatief ervaart, maar richt je op de positieve dingen in je leven. Ik heb jarenlang dingen gemist omdat ik dacht dat mijn lichaam niet goed genoeg was. Maar wat kun je allemaal dankzij je lichaam? Gitaarspelen, zwemmen, zingen, tekenen, sporten, scoren, fietsen, paardrijden, wandelen, ademhalen, eten, knuffelen en lachen tot je erbij neervalt. Ik noem maar iets, de rest kun je zelf invullen. Mis het niet, je hebt maar één leven.

Bedenk dat het prinsesje uit de sprookjes waarmee we zijn opgevoed net zo goed een donker prinsesje had kunnen zijn of een dik prinsesje of eentje met een bril of een beugel of in een rolstoel. Die kans is misschien wel groter, als we goed naar onze samenleving kijken. Maar omdat ons een onbereikbaar schoonheidsideaal wordt voorgespiegeld, vergeten we vaak verder te kijken dan onze neus lang is. Sterker nog, we doen allemaal heel erg ons best, vaak onder druk van onze omgeving, om in dat onrealistische, ideale plaatje te passen. Zelfs al moeten we daarvoor gif in ons lichaam laten spuiten of in onszelf laten snijden. Helaas zal geen enkele plastische ingreep je strijd met onzekerheden oplossen. Sterker nog, hoe meer je dit ziet als een oplossing, hoe negatiever je zelfbeeld wordt en hoe lastiger het is om tevreden te zijn met wie je bent. De enige die dat op kan lossen, ben jijzelf. Door vrede te sluiten met je lichaam.

Probeer de Sanne of de Brian te zijn in andermans leven. Het is zoveel makkelijker om iemand neer te sabelen dan om iemand aan te moedigen of te steunen. Toch, als iemand me ooit nog een superpower zou aanbieden (DM me a.j.b. als je deze mogelijkheid hebt), dan zou ik graag de kracht willen hebben om iemand zelfvertrouwen te geven en liefde voor zichzelf. Het is namelijk niet zo dat jouw liefde op zal raken omdat iemand anders ook van zichzelf wil houden. Sterker nog, ik denk dat als je liefde deelt dat deze alleen maar groter wordt. En het is prachtig om iemand in zijn kracht te zien komen staan!

Bedenk, er is geen enkele reden die pestgedrag (of ander grensoverschrijdend gedrag) van anderen kan rechtvaardigen. Jouw lichaam is jouw heiligdom en niemand heeft het recht daar misbruik van te maken. Als we allemaal respect hebben voor elkaars grenzen, dan zouden we #metoo misschien ooit wel in #meneither kunnen veranderen.

En als ik je tot slot nog een advies mag geven? Laat die telefoon wat vaker liggen, Instagram en TikTok zijn er morgen ook nog. Heb je voor jezelf al eens bedacht hoeveel tijd je per dag besteedt aan het bekijken van levens van anderen? Is het misschien niet veel interessanter om je eigen leven eens onder de loep te nemen? Je te verdiepen in je spirituele kant? Er is namelijk meer op deze aarde dan geld, aanzien, kleding, make-up of een mooie buitenkant. Misschien vind je wel affirmaties of quotes die voor jou werken of raak je helemaal enthousiast van angel cards, voel je de kracht van kristallen of durf je jezelf over te geven aan een meditatie of vollemaanritueel. Natuurlijk leidt dit niet direct tot ultieme zelfliefde, maar het is een mooie start om wat dichter tot jezelf te komen. Om jezelf beter te leren kennen, om meer rust in je hoofd te creëren en te beseffen dat er meer tussen hemel en aarde is dan een mooi hoofd of een killer body. Dat respect voor jezelf je meer geluk zal brengen dan een wespentaille of een paar perfecte borsten of benen.

Laten we elkaar daarbij supporten, laten we elkaar complimenten geven, laten we elkaar zien groeien. Zelfs wanneer je denkt dat het misschien niet helemaal 'verstandig' is of 'gezond'. Denk je dat iemand die struggelt met zichzelf zich beter gaat voelen of, sterker nog, gewoontes gaat veranderen omdat jij hem of haar een 'goed advies' geeft? Wees gewoon lief, laat die persoon weten dat je er voor hem/haar bent. Geef respect. Ongeacht het getal op de weegschaal. Dan kunnen we op deze manier misschien ooit allemaal van onszelf houden. Of zoals ik in het *Telegraaf*-interview zei: mijn missie is pas volbracht als iedereen blij is met zichzelf. Ik hou van je. Jij bent een van de redenen dat ik op een andere manier naar mezelf ben gaan kijken en meer van mezelf ben gaan houden. Nu jij nog ❤.

Op de volgende twee pagina's kun je zelf op de post-its positieve affirmaties opschrijven. Kies de affirmaties die je echt voelt. Ga ervoor! Je bent mooi, je bent goed genoeg, je bent liefdevol, je bent een strijder. Luister naar het gevoel dat de affirmatie oproept, bedenk er een beeld bij. Maar ga jezelf niet forceren. Niets hoeft. Neem de tijd en doe de dingen die bij je passen en die jou gelukkig maken.

VUL HIER JE EIGEN AFFIRMATIES IN

DANKWOORD

Als je echt iets wilt, kun je alles bereiken. Dank je wel, papa en mama, voor deze wijsheid in mijn leven. Er waren verschillende momenten in de afgelopen jaren waar het misschien verstandiger was geweest om een andere keuze te maken, maar jullie hebben mij altijd gestimuleerd om mijn hart te volgen. Mama, jij bent mijn held. Mijn grote voorbeeld. Zonder jou was dit boek er niet geweest. Je was niet alleen mijn inspirator en klankbord, maar ook de drijvende kracht achter dit boek. Dank je wel dat we ons samen in dit avontuur hebben gestort.

Thille en Hannerlie, al na vijf minuten wist ik dat ik mijn ideeën met een gerust hart aan jullie kon toevertrouwen. Nooit hebben jullie geprobeerd de insteek te veranderen. Wat ik in gedachten had, was goed genoeg, en ik kreeg alle steun om het beste uit mezelf te halen. Wat een geweldig gevoel geeft dat!

Mijn familie en vrienden, alle mensen die me na aan het hart liggen. Jullie weten wel over wie ik het heb. Bedankt voor jullie nooit aflatende steun en vertrouwen. Ik hou van jullie. Dank aan mijn opa en tante voor hun scherpe oog. Oma Gigi, ik hoop dat je hierboven net zo trots op me bent als de rest.

Dank je wel, Timo, voor je support en hulp – en voor je hartstocht om nieuwe dingen te leren. Zonder jou waren er geen filmpjes. Je bent mijn soulmate. Dat we samen nog maar grootse avonturen mogen beleven!

En natuurlijk alle lieverds die me geholpen hebben met de opnamen van de filmpjes. Jullie zijn allemaal geweldig en ik ben super dankbaar voor jullie hulp en inspiratie.

Sterre en Tamara van Crocodile, dank je wel voor jullie goede adviezen en support. Die zijn onmisbaar!

Thanks Ry, for making me feel that I mattered. I told you a million times already, but even a million times isn't enough to let you know that something changed when you took that first photo.

Tot slot wil ik jou bedanken. Jij, die mijn teksten leest, op mijn posts reageert en mij lieve DM's stuurt. Sorry, dat ik ze niet altijd beantwoord. Soms zijn het er te veel om overal een persoonlijk antwoord op te geven. Maar ik wil dat jullie weten dat dit boek er is door JULLIE. Let that sink in. Jullie support heeft van mij de jonge vrouw gemaakt die ik nu ben en daar ben ik heel dankbaar voor. Forever!

Love you all,

Joann x

BOEKENLIJST

Wil je meer lezen over bodypositivity of een positieve mindset ontwikkelen? Kijk hieronder voor de boeken die mij hebben geholpen:

Almuli, Tatjana, *Knap voor een dik meisje*
Bernstein, Gabrielle, *Super Attractor*
Coelho, Paulo, *De alchemist*
Crabbe, Megan Jayne, *Body Positive Power*
Eason, Cassandra, *A Little Bit of Crystals*
Jongejan, Jiami, *Niet wat jij denkt*
Lodik, Chanel Matil, *Het antiracismehandboek*
Louise, Mayra, *Op je lijf geschreven*
Oranje, Eloise van, *Learning by doing*
Ruiz, Don Miguel, *De vier inzichten – Wijsheid van de Tolteken*
Welten, Willemijn, *Manifesteren kun je leren*

BEELDVERANTWOORDING SCHUTBLADEN

De uitgeverij heeft getracht alle rechthebbenden te achterhalen. Zij die desondanks menen aanspraak te kunnen maken op enig recht, worden verzocht contact op te nemen met uitgeverij Luitingh-Sijthoff: www.lsamsterdam.nl.

Voor (v.l.n.r. en v.b.n.b.)
Fotoshoot voor H&M © Lisette van den Herik
Bodypositivityfoto in witte bikini (detail) © Lisette van den Herik
Bodypositivityfoto in witte bikini © Lisette van den Herik
Fotoshoot voor cover *COSMOgirl!* © Tom ten Seldam @ Superstom
Fotoshoot voor instapost op Burano, Venetië © Tim Brederode
Vlindermuur in Los Angeles © Joann van den Herik
Fotoshoot voor cover *COSMOgirl!*, close-up © Tom ten Seldam @ Superstom
Allereerste fotoshoot op de Dam in Amsterdam © Ryan Hall
Fotoshoot voor *Viva* © Kee & Kee

Achter (v.l.n.r. en v.b.n.b.)
Influencerfoto in Marrakesh © Joann van den Herik
Fotoshoot voor cover *COSMOgirl!* © Tom ten Seldam @ Superstom
Fotoshoot voor Miljuschka, collectie Wehkamp © Ryan Hall
Fotoshoot voor aankondiging boek © Ryan Hall
Fotoshoot voor H&M © Lisette van den Herik
Fotoshoot voor Layered, pop-upexpo van Eloise van Oranje i.s.m. Magnum © William Rutten
Regenfotoshoot voor *Curvy Supermodel* © Nigel Barker
Influencerfoto in Bali © Joann van den Herik
Fotoshoot voor *Viva* © Kee & Kee

Joann